本书获国家社科基金

"我国高端制造强国战略下技能人才匹配策略与发展路径研究"

（编号17BGL103）资助

制造高端化趋势下的职业技能匹配

困境与应对

杜学文◎著

OCCUPATIONAL SKILL MATCHING
UNDER THE TREND OF
HIGH-END MANUFACTURING

THE DILEMMA AND RESPONSE

ZHEJIANG UNIVERSITY PRESS
浙江大学出版社
·杭州·

图书在版编目(CIP)数据

制造高端化趋势下的职业技能匹配:困境与应对 /
杜学文著 . — 杭州:浙江大学出版社,2025.4
　　ISBN 978-7-308-24939-3

　　Ⅰ.①制… Ⅱ.①杜… Ⅲ.①制造工业—人才培养—
研究—中国 Ⅳ.①F426.4

　　中国国家版本馆 CIP 数据核字(2024)第 092744 号

制造高端化趋势下的职业技能匹配——困境与应对

杜学文　　著

策划编辑	吴伟伟
责任编辑	宁　檬
责任校对	陈逸行
封面设计	雷建军
出版发行	浙江大学出版社
	(杭州市天目山路148号　邮政编码310007)
	(网址:http://www.zjupress.com)
排　　版	杭州晨特广告有限公司
印　　刷	浙江新华数码印务有限公司
开　　本	710mm×1000mm　1/16
印　　张	19.75
字　　数	340千
版 印 次	2025年4月第1版　2025年4月第1次印刷
书　　号	ISBN 978-7-308-24939-3
定　　价	88.00元

目　录

第一章　研究概述

西方发达国家从18世纪后期的工业革命到20世纪初建立的"福特制"机械化、标准化、流水线作业,将劳动分工发挥到极致,生产工艺细化至最小单元,直到分解到个体所及的程度。由职业院校和培训机构批量生产技能,再经由劳动力市场与生产过程完成匹配,匹配的效率是惊人的。但20世纪70年代,以自动化、标准化和精益生产著称的"丰田制"出现,其采用各种信息技术和组织创新追踪消费者的行为并予以及时反应,从而达到更短的生产周期、更低的存货水平。20世纪80年代中后期,随着信息技术的发展和个人电脑的普及,以模块化、外包生产模式构建水平型跨国生产体系的"温特制"生产组织形式出现,其将产业链按一定的"模块"加以分割、生产和组合。模块化包含产品设计、生产、企业组织三个方面。在这种生产体系中,产品功能通过相对独立的、不同的零部件加以实现,零部件之间的嵌合根据一套接口标准进行设计,从而确保零部件的可替代性。随着模块化的发展,出现了外包现象,企业通过外包使用更加专业化的外部资源或服务。在这个过程中,西方国家现代企业制度日趋完善,由制造大国转为制造强国,伴随制造业高端化升级,大量行业组织渗入,产业链完善,国家立法保障等循序渐进地推进。

我国的现代制造业从1978年改革开放才开始形成独立的完整体系。特别是20世纪90年代以后,从传统生产到"互联网+制造"经济的转变,再到数字化制造、物联网、虚拟现实等技术的不断裹挟,技术更迭日新月异。相比于西方国家工业革命以来200多年的积累,我国尚处在工业化后期的后半阶段，制造业的现代化体系还不健全。人工智能和智能制造引领的新一轮产业革命下，劳动密集型经济迅速转为知识密集型经济，我国与世界强国同步争夺高端制造的制高点，但原有的技能人才体系出现结构性不匹配问题，传统技能人才结构和制造强国战略下的企业匹配严重"失真"，单一的、重复的、周而复始的技术工艺逐渐被机器替代，即智能生产过程中的"机器换人"，使得物理信息系统（CPS）管理下的个性化定制生产逐渐取代了传统的流水线生产方式，出现了人类劳动高度去分工化的倾向。这对基于分工体系而建立的工业系统造成了很大冲击，基于学科或专业的专门化人才内生体系也面临巨大挑战。"机器换人"导致大量的细化分工岗位被取代，专门性人才产出模式需要让渡于一岗多能的复合型人才产出模式，而复合型人才本身的多面性和多岗迁移特性使得基于分工的传统劳动力市场技能匹配效率大大降低，导致"技能错配"的风险加剧，这是智能化生产时代面临的挑战。这一点在高端制造领域尤为明显，智能化和柔性化生产过程相结合，技术进化和技能演变的速度不断加快，技能需求的复杂度及复合程度都急剧增加，需要一种新型的技能形成方式与技能匹配体系与其相适应。

第一节　研究的基本逻辑

破解高端制造领域技能错配问题，既需要站在全局视角，借鉴发达国家的经验，又要聚焦微观群体，立足技能供需双方的实际，有针对性地提供具体解决方案。首先，要学习欧美日等西方国家和地区的先进生产技术、管理机制及科技人才激励办法，通过梳理历次工业革命中世界制造强国的技术变革历程及生产组织方式的演变，学习借鉴其技能评价的制度优势，既包括欧洲国家资历框架、欧洲"技能指数"等技能评价体系，又包括欧美日技术/技能激励制度，如德国"高技术战略（HTS）"下的科技战略、"双元制"体系下的管理制度和人才发展体系，英国面向科技前沿领域的科技研发策略、终身教育体系下的人才发展路径，美国完善的产学研协作体系、面向全球的人才战略以及日本的"产学官合作"背景下的企业发展路径与人才评价体系等。这是本研究的第一部分内容。其次，新中国成立初期，甚至改革开放前，我国制造业的基础极其薄弱。在改革开放至今 40 余年的时间里,我国制造业已经赶上甚至部分超越了西方强国,技能人才队伍也随之壮大,从古老的学徒制到学校职业教育,再到现代学徒制,发展出"产业园校企合作""职教集团""校中厂、厂中校"等一系列技能人才发展模式,培养了一大批高素质专业技术技能人才,制造业转型和人才发展两条主线彼此缠绕,相互促进。这一切是如何发生的?梳理我国制造高端化以及技能人才高层次化的历程,是一项非常有价值的工作。这是本研究的第二部分内容。再次,人才是制造强国的根本,是支撑科技创新的核心资源。我国现代制造业、新兴产业中,新增从业人员 70% 以上来自职业院校。本研究立足于支撑我国制造业发展的 70% 技能人才群体,面向"新一代信息技术产业、高档数控机床和机器人、航空航天装备、海洋工程装备及高技术船舶、先进轨道交通装备、节能与新能源汽车、电力装备、新材料、生物医药及高性能医疗器械、农业机械装备"等十大重点领域的职业院校及合作企业,发放问卷 1378 份,并邀请 282 位企业负责人、职业院校师生参加座谈会,系统梳理高端制造领域技能人才内生体系、评价办法及问题瓶颈。这是本研究的第三部分内容。最后,破解上述问题的关键是围绕"技能"这一变量建立高端制造领域的创新生态系统,针对技能人才内生体系、对接机制、评价体系、激励制度的构建展开深入研究。本研究有针对性地提出了关于支撑高端制造的内核"工匠精神"的培育策略、智能制造领域基于行业标准的现代学徒制发展策略、智能制造工业机器人领域技能人才发展策略、数控技术领域基于中小企业集群的技能人才发展策略以及增材制造领域基于创客教育的技能人才创新能力提升策略等。这是本研究的第四部分内容。在此基础上,根据数字化制造发展趋势,本书借鉴了丹麦的研究创新平台 MADE FAST、新加坡南洋理工学院数字化学习工厂的经验,提出我国在数字化制造领域技能人才匹配的策略。

第二节 针对的主要问题

通过梳理国内外研究成果并开展深入调研发现,我国高端制造领域及相关技能人才支撑领域存在以下主要问题。

一、"品牌制造"下的技能工匠源头力量不足

英图博略(Interbrand)发布的2021年"全球最具价值100大品牌"排行榜中,我国制造业品牌只占有一席(华为,排名85)。"工匠精神"是品牌制造的灵魂内核。针对机电一体化领域的241份调查问卷显示,职业院校、个体特质、社会氛围、国家政策及行业企业五个层面对工匠精神培育有较大影响,其中影响最大的职业院校占比92%,影响最小的行业企业仅占比36%。在职业院校层面,"教师队伍"对工匠精神的形成影响最大,占比95%。根据埃里克森的自我发展理论,工匠精神的最佳形成期在12—15岁。据统计,2020年我国中职阶段本科学历专任教师占比84.4%,硕士和博士分别占8.45%和0.07%,中职阶段高水平师资队伍不足,制约着人才发展。从调研来看,职业教育的工匠精神培育还不完善。这主要体现在三个方面:一是重心偏向职业后期的技能发展(岗位)阶段,而非前期的萌芽阶段;二是将大部分资源集中在少部分极具潜力人群,忽略了整体核心素养提升,特别是落后群体;三是职业教育内部不同层次之间及与外部技工教育之间割裂,技能人才成长空间不够大。

二、"机器换人"趋势下的高技能人才结构性失衡

随着"机器换人"的升级,制造业"去技能化"的趋势明显,技能短缺现象日趋严重,因为智能制造系统会导致对中低端技能型人才的需求减少,出现更多需要中高技能等级人才的新岗位。截至2021年底,我国技能人才总量已超过2亿人,高技能人才超过6000万人,技能人才占就业人员总量的比例超过26%,但技能人才结构不均衡。一是供需数量/规模失衡。从对10家规模以上机械制造企业的5537名从业人员的调查数据看,直接从事机械制造的相关人员共3603人,仅6%的数控操作人员是普通高校毕业,58%是中职院校毕业,29%是高职院校毕业,7%来源于其他。二是技能水平/技能等级失衡。机械操作与装配等技能类人才占60.98%,机电维修与数控编程等技术类人才占21.04%,生产管理与品质管理类人才占16.21%,产品营销人才占1.77%。三是专业/岗位匹配失衡。33.9%的学生和31.2%的企业员工认

为专业技能完全不能满足企业岗位需求。

三、中小企业集群下的技能人才创新生态尚未形成

德国的中小企业占其企业总量的99%以上。通过BioRegio计划、InnoRegio计划、领先集群竞争计划以及走向集群计划等,21世纪20年代前期德国就建立了23个创新网络和15个世界级创新产业集群,通过"双元制"技能人才培养模式形成有效的创新生态体系。我国产业集群众多,如制造业大省江苏拥有六大先进制造集群,23个全国百强先进制造园区;浙江共涉及纺织业、塑料制品业、医药制造业、通用设备制造业、交通运输设备制造业等28个工业门类120个产业集群,集群经济以中小企业居多。但调研发现,大型企业无法与中小企业形成互补型生态体系,进而形成人才集聚效应。如某个拥有5500名员工的国家级产教融合型企业明确指出,不愿意同上下游中小企业形成创新生态系统。虽然该企业有独立的职业技能人才培养体系,但年人才流失数量最高达2000人。产业集群内部无法形成合力,导致大量中小企业处于散沙状态,创新能力不足,大型企业除了"挖墙脚"行为,也无法在集群内共享资源。

四、数字化制造转型中的技能匹配机制还不完善

丹麦的研究创新平台MADE FAST、新加坡南洋理工学院都是数字化制造提升人力资本的典范,将增材制造技术、机器人技术、虚拟现实技术等应用于产教融合体系,适应了智能化、数字化给制造业带来的变革。我国高度重视数字经济发展,《中华人民共和国第十四个五年规划和2035年远景目标纲要》将"加快数字化发展,建设数字中国"单列成篇。如何将虚拟现实等前沿技术应用于校企合作,建立基于数字化学习工厂的职业技能匹配体系,是数字化制造转型中亟待解决的难题。一是技能要素不匹配,大部分职业院校与企业的合作还停留在传统的现场实验室阶段,与国家数字经济的发展趋势不符;二是制度要素不匹配,基于数字化能力体系的技能标准尚未建立,政府主导的数字化制造领域技能培训尚未形成制度优势;三是功能要素不匹配,政府、企业、职业院校在技能提升过程中的角色尚未明确,互联互

通、系统集成和数据信息融合三个核心功能要素未能有效融合。

第三节　研究的核心内容

中国制造、产业强国,呼唤大量有现代理念的高素质技术技能人才,亟须通过发展职业教育培养更多能工巧匠、大国工匠。因此,本研究聚焦现代制造业、战略性新兴产业和现代服务业等领域中70%以上来自职业院校的一线新增从业人员,借鉴日本、德国、美国等国的技能人才发展体系,围绕产业集群构建了创新生态系统(见图1-1)。

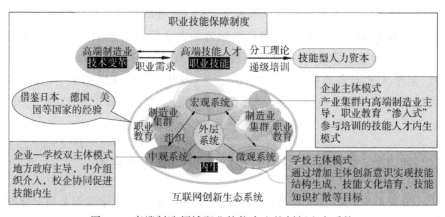

图1-1　高端制造领域职业技能内生的创新生态系统

一、宏观系统

借鉴日本"企业主体"模式,研究产业集群内高端制造业主导、职业教育"渗入式"参与培训的技能人才内生模式。

20世纪80年代末,英国学者弗里曼提出"学校—产业—政府"的合作机制,也被称为"三重螺旋(体)"概念。弗里曼主编了《技术和经济运行:来自日本的经验》,认为学校和产业的联系会越来越紧密,其中政府在校企合作方面起着举足轻重的作用。日本的"企业主体"模式在政府主导、企业主体方面呈现出明显优势:第一,产业需求更加直接,让职业教育与行业接轨,提高了毕业生就业率,提升了职业教育地位;第二,通过职业教育提高技能人才的个体素养,促进产业繁荣;第三,产业繁荣反作用于企业,极大调动企业员工的培训资源,为培训创造条件;第四,政府通过法律条文规范和约束相关主体的责任,并加大执法力度,使职业教育制度化和规范化。

二、中观系统

借鉴德国"企业—学校"双主体模式,研究地方政府、中介组织、行业组织在技术咨询、评估和传播中促进技能内生的机制。

德国的"企业—学校"双主体模式最著名的就是"双元制"技能人才发展体系。"双元制"有以下三个方面优势:第一,通过企业实践提高了技能学习者的工作能力;第二,生产性劳动可降低企业的培训成本;第三,企业在招聘过程中具有较大选择权。德国"双元制"技能人才发展体系,在具体实施过程中实行一分为二的策略,体现出明显的双元特征。企业作为"双元制"中的一元,主要结合自身的生产模式和技能需求,为学习者提供真实工作情境下的实训操作课程。职业院校作为双元制的另一元,主要负责向学习者传授专业基础知识与技术,在技能训练过程中注重学生的核心能力和职业素养养成。"双元制"中学徒在企业的培训时间与学校的脱产学习时间比例约为7:3。[①]学徒每周在企业参加实践技能训练三到四天,一到两天返回职业学校进行专业技术和通识课程学习。

三、微观系统

借鉴美国"学校主体"模式,研究通过增加主体创新意识实现技能结构生成、技能文化培育、技能知识扩散等目标。

美国通过"学校主体"的合作教育将课堂与工作岗位相结合,形成技能生成的结构性教育策略。合作教育具有较高的灵活性和自主性,包括三种

---

① 国家教委职业技术教育中心研究所.历史与现状:德国双元制职业教育[M].北京:经济科学出版社,1998.

模式:全日制交替式、平行模式和综合交替/平行模式。全日制交替式是学员在企业进行30周左右的全日制技能训练;平行模式则面向非全日制学员,学员两年内要完成四个工作和学习相结合的技能课程;综合交替/平行模式是在上述两种技能模式下分别植入全日制交替式和平行模式下的企业工作期。合作教育提供了两个有利条件:第一,为技能习得提供的工作环境与真实行业环境相同;第二,与其说是为劳动者提供工作机会,不如说是一个有酬劳的学习机会。[①]合作教育的特点主要包括四个方面:第一,学习者在实习过程中被视为公司的一分子,可以自主选择兼职实习或集中实习,两者都有酬劳;第二,实行学分制,实习时间是弹性的,学习方式灵活,个人遭遇经济困难时可以申请休学,条件允许可继续修学;第三,为了更直接地获得工作技能,学习者可以离开学校深入企业,明确自己的职业方向,通过技能的获得不断增强岗位自信;第四,培养方案由学习者自身、学校和企业共同设计,结合发展兴趣明确学习方向。为了便于指导,每个实习生都配有企业师傅,类似于高校的导师责任制,使得资源利用最大化。

四、外层系统

外层系统由互联网的网络空间组成,在制造业领域常表述为数字化制造(智能制造也是数字化的表征),外层系统的信息层将宏观、中观、微观系统相联结,组成技能人才形成、扩散的创新生态系统。

在自然界生态系统中,一类为K(Kapazitätsgrenze,容量限制)选择。此种群密度比较稳定,经常处于K值周围。这类动物通常出生率低、寿命长,个体大多具有较完善的保护后代的机制,子代死亡率低,大多不具备较强的扩散能力,适应于稳定的栖息生境。另一类为R(rate,速率)选择。此种群密度很不稳定,通常出生率高、寿命短、个体小,缺乏保护后代的机制,子代死亡率高,有较强的扩散能力,适应于多变的栖息生境。借用自然生态系统的概念,在基于技能供给的创新生态系统中,大型企业(集团)占据先天优势和生态位,具有与K选择相似的特征,有强大的生存能力和技能流动体系,

---

① 林健,彭林.美国合作教育认证制度分析及其对我国的启示[J].高等工程教育研究,2017(4):47-57.

定义为K型组织;中小企业则处于从属地位,具有与R选择相似的特征,技能供给能力较弱,定义为R型组织。不同于德国等"双元制"国家的行业组织拥有较大的话语权,中国的技能供需体系"大政府—小行业"特征明显,高校、职业院校、企业、行业组织、培训机构等在政府统筹下,形成有序的技能供需网络,构成了创新生态体系的外部系统(见图1-2)。

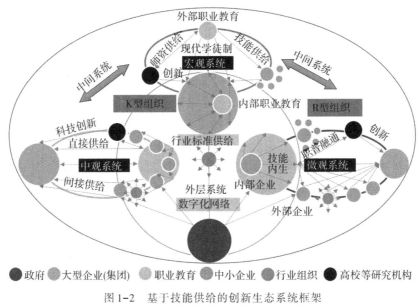

图1-2 基于技能供给的创新生态系统框架

第四节 主要研究方法

一、文献研究法

通过对《经济研究》《管理世界》《教育研究》等期刊上的国内外文献的研读,本书梳理了18世纪后半叶第一次工业革命以来制造业的发展历程、分工理论对劳动生产范式的影响,研究发现,技术变革会导致劳动生产方式的巨大变迁,如19世纪中叶工厂制的诞生、技术工人承包制的兴起、大规模职业学校的发展等,促进了生产组织方式的不断演变。福特工厂实行的五美元一天的最低工资举措成为美国工业界一项制度性措施,为现代工厂激励制度的构建提供了最早的借鉴样本。直到以模块化、外包式为特色的温特制生产组织方式逐步取代福特制的大规模流程化生产组织方式,技能人才的劳动分工从批量化迈向模块化和个性化。从18世纪以前的手工工场到19世纪的机器工厂,从19世纪末资本主义股份公司的诞生到企业的有限责任制度,从机械化、标准化、大规模流水线生产的福特制,到小批量、多品种、自动化、弹性生产线生产的丰田制,再到完全由市场决定生产品种和规模的温特制,历史的发展在不断演化,也在不断重复。面对21世纪智能化、数字化、人工智能等新技术挑战的世界各国,都能在制造业发展的制度演化中汲取有益的经验。

二、走访问卷法

聚焦新一代信息技术产业、高档数控机床和机器人、航空航天装备、海洋工程装备及高技术船舶、先进轨道交通装备、节能与新能源汽车、电力装备、新材料、生物医药及高性能医疗器械、农业机械装备等十大重点领域,笔者分别在湖南长沙、山东青岛和烟台、上海、江苏南京、浙江安吉、河北邯郸和唐山、深圳等15个城市200余家企业和职业院校开展调研,其中包括国家级产教融合型企业华海药业、吉利汽车,以及邯钢、唐钢、凯华模具、三一重工、蓝力电动、金火机床、富生电器、华为科技、浙江中控等高端制造领域大型企业,同时与校企合作开展技能型人才联合培养的相关职业院校——江苏理工学院、烟台职业学院、浙江机电职业技术大学、杭州职业技术学院、陕西国防工业职业技术学院、广东机电职业技术学院、富阳区职业高级中学、浙江省信息工程学校、台州科技职业学院等开展智能制造领域人才职业技能衔接问卷调研、访谈,获得有效问卷1053份,整理录音文字40余万字,确定了高端制造领域技能型人才的价值特质、知识结构、技能、贡献水平等要素,特别是在承担高端制造领域国家级教师教学创新团队培训工作过程中,这些要素对高端制造业技能人才的制造技能水平、创新特质、核心能力等指标融入职业院校人才培养(能力)体系发挥了重要的借鉴作用。

三、层次分析法和灰色关联分析法

运用质性研究软件NVivo12和统计分析软件SPSS等工具,在高端制造业改革发展和人才评价过程中,通过研究企业资产、生产要素配置、基础设施建设、效益等指标,对200余家企业进行选型,并进行问卷调查,访谈了职业院校负责人、国家技能大赛获奖选手、金牌教练、企业负责人、管理人员、工程师等多元利益相关者,在此基础上采用层次分析法(AHP)确立了技能评价指标体系的权重。评价指标体系模型的目标层设置为高端制造技术能力匹配度A;准则层分别设置为专业能力B1、技术能力B2、综合能力B3、创新能力B4;指标层选取信息技术产业C1、高档数控机床和机器人C2、航空航天装备C3、海洋工程装备及高技术船舶C4、先进轨道交通装备C5、节能与新能源汽车C6、电力装备C7、农机装备C8、新材料C9、生物医药及高性能医疗器械C10等领域,设置不同的数量和比例参数。面向高端制造领域的基本能力相关评价参数包括学习能力、反思能力、分析能力、专业规范、工艺流程、专业伦理、行业沟通协作、信息化能力、专业资格、技术创新、自我激励、缄默知识、企业实施规范等;面向高层次工匠型技能的评价参数包括工艺精进、创造意识、执着创新、价值理性、敬业精神以及人文素养。

四、比较分析法和个案研究法

本书对德、美、日以及欧洲各国高端制造业18世纪以来的政策和制度进行了梳理,包括英国中世纪行会学徒制度的演变历程、日本从《职业培训法》到《制造业白皮书》的演变历程、德国"双元制"建立到行会制度驱动下《工业4.0战略实施建议》对世界制造格局造成的影响,以及比较分析了美国的"先进制造伙伴计划""先进制造业国家战略计划""制造业创新网络计划",英国的《英国制造2050》,法国的《新工业法国》等计划和政策,从历史和国际两个维度比较分析强国崛起的典型个案,目的是为我国制造强国战略提供路径参考。中国至今进行了四次工业化,其中,第一次是清政府试图改变落后的农业经济,建立现代化的海军与工业体系,但遭遇巨大的失败。第二次是中华民国政府试图通过全面模仿美国的政治制度推动中国工业化进程,受过教育的精英革命者认为工业化失败以及中国长期落后是因为其缺乏民主的包容性、多元化的政府,经过近40年的尝试,一直到1949年中国依然是世界上最穷的国家之一。第三次是新中国政府通过模仿苏联的计划经济,开始了30年赶超型工业化模式的尝试,但直到1978年,中国人均消费和收入与第二次鸦片战争时没有显著差别。第四次为何西方国家制造高端化的改革能一举成功,经过几次工业革命而不断迭代,而中国始终遭遇发展的困境?本书通过比较分析和个例研究对我国技能人才提升与高端制造发展相匹配提出了制度建议。

第五节　国内外研究文献综述

一、高端制造战略的国际比较与中国制造高端化的内涵及发展路径研究

国内外研究现状可分为以下三个方面的内容。

（一）世界高端制造的发展战略、举措、影响和经验

第一,政策方面,美国发布了推动对新兴技术进行投资的"先进制造业伙伴计划",围绕中小企业、劳动力等五大目标的"先进制造业国家战略计划",专注研究3D打印等有潜在革命性影响的关键制造技术的"制造业创新网络计划"。德国发布了《工业4.0战略实施建议》,提出建设一个网络,研究两大主题,实现三项集成,实施八项保障计划。日本在《制造业白皮书》中强调重点发展机器人产业。英国发布的《英国制造2050》强调推进"服务+再制造"。法国发布《新工业法国》战略以解决能源、数字革命和经济生活三大问题等。此外,中国印发了《中国制造2025》,美国发布了《先进制造业美国领导力战略》,德国发布了《德国工业战略2030》等。第二,研究方面,李金华比较了德国工业4.0战略和《中国制造2025》二者在背景、框架、优先发展领

域、行动目标和路径等方面存在的差异。[①]杜传忠、杨志坤,以及黄阳华阐述了德国工业4.0战略对我国制造业转型升级和产业创新的启示。[②]赵宾宾基于金砖五国的经验对高端制造产品出口多样化的影响进行了研究。[③]傅天嫦等分析了美国高端制造业发展政策、相关领域取得的成果及对《中国制造2025》的借鉴。[④]杨长春等对大变局下全球中高端制造供应链重构趋势及我国的对策进行了研究。[⑤]

(二)我国高端制造业的发展现状

蔡翼飞等对我国城市高端制造业的综合成本进行了测算及敏感度分析。[⑥]蔡瑞林等用程序化扎根理论方法对低成本创新驱动制造业高端化的路径开展质性研究,揭示了技术、设计、市场和组织等管理要素的变革整合是低成本创新的动力源。[⑦]黄群慧、贺俊分析了中国制造业的核心能力、功能定位与发展战略。[⑧]《装备制造业标准化和质量提升规划》对接《中国制造2025》,瞄准国际先进水平,实施工业基础和智能制造、绿色制造标准化和质量提升工程,加快关键技术标准研制,推动机器人、先进轨道交通装备、农业机械、高性能医疗器械等重点领域标准化实现新突破。杜学文、邱茜茜分析

---

① 李金华.德国"工业4.0"与"中国制造2025"的比较及启示[J].中国地质大学学报(社会科学版),2015,15(5):71-79.

② 杜传忠,杨志坤.德国工业4.0战略对中国制造业转型升级的借鉴[J].经济与管理研究,2015,36(7):82-87;黄阳华.德国"工业4.0"计划及其对我国产业创新的启示[J].经济社会体制比较,2015(2):1-10.

③ 赵宾宾.OFDI对高端制造产品出口多样化影响的研究[D].沈阳:辽宁大学,2018.

④ 傅天嫦,叶怡扬,田诗梦.论美国发展高端制造业[J].经济研究导刊,2020(9):179-181.

⑤ 杨长春,张潇,何明珂.大变局下全球中高端制造供应链重构趋势及我国对策[J].经济管理,2022,44(5):5-23.

⑥ 蔡翼飞,魏后凯,吴利学.我国城市高端制造业综合成本测算及敏感度分析[J].中国工业经济,2010(1):34-44.

⑦ 蔡瑞林,陈万明,陈圻.低成本创新驱动制造业高端化的路径研究[J].科学学研究,2014,32(3):384-391,399.

⑧ 黄群慧,贺俊.中国制造业的核心能力、功能定位与发展战略——兼评《中国制造2025》[J].中国工业经济,2015(6):5-17.

了我国高端制造领域技能形成与匹配的隐性逻辑。[1]辛娜通过分析中国高端制造业在全球贸易往来中的地位,运用社会网络分析法分析了中国高端制造业发展状况。[2]田成博文基于产业生态系统对高端制造业演化路径进行了分析研究。[3]

(三)我国高端制造业供给侧结构性改革的内涵、策略和路径

供给侧结构性改革在近几年有一定的研究热度,2015年12月闭幕的中央经济工作会议指出,推进供给侧结构性改革,是适应和引领经济发展新常态的重大创新,供给侧结构性改革是理论密切联系实际的创新。[4]所谓供给侧结构性改革,就是以供给侧为改革突破口,在制度、机制和技术三个层面推进结构性改革。供给侧管理主要有劳动力、土地、资本、创新"四大要素"。在我国供给侧结构性改革中,"供给侧"是改革切入点,"结构性"是改革方式,"改革"才是核心命题,内在地体现出"转型是目标、创新是手段、改革是保障"的逻辑关系。[5]黄剑在论创新驱动理念下的供给侧结构性改革中,对国外"新供给经济学"研究理论和实践进行了总结,并对近年来中国供给侧结构性改革方面的理论研究进行了比较详细的梳理和评述,在此基础上,研究分析了"十三五"期间中国供给侧结构性改革的政策取向:优化劳动力资源配置,转变政府职能,加大科技创新力度,提升全要素生产率,去库存,淘汰落后产能,优化土地和资本资源配置等。[6]孙亮、石建勋对中国供给侧结

---

① 杜学文,邱茜茜.高端制造领域技能形成与匹配的隐性逻辑思考[J].职业教育研究,2018(9):9-15.

② 辛娜.中国高端制造业在全球贸易网络的地位与升级研究[D].南昌:江西财经大学,2019.

③ 田成博文.基于产业生态系统的高端制造业演化路径研究[D].哈尔滨:哈尔滨工业大学,2019.

④ 贾康.供给侧改革的理论内涵与主要着力点[J].党政论坛(干部文摘),2016(12):8-9.

⑤ 冯志峰.供给侧结构性改革研究的逻辑进路[J].天津行政学院学报,2016,18(6):30-36.

⑥ 黄剑.论创新驱动理念下的供给侧改革[J].中国流通经济,2016,30(5):81-86.

构性改革的相关理论进行了探析。^①赵景峰、湛爽从国际经验和中国启示方面论述了创新理论下供给侧结构性改革的策略和路径。^②贾康从中国经济发展新常态的实际出发论供给侧结构性改革，通过对基本国情的分析，给出了供给侧结构性改革的实施路线图，供给侧结构性改革不能脱离对需求端的认识，既不能忽视需求侧的现实需求，也要满足需求端的变化，更要通过创新主动调整供给端达到引领需求端的目标，形成"供需平衡"的理想状态。^③胡鞍钢等论述了供给侧结构性改革中适应和引领中国经济发展新常态的观点。^④黄群慧讨论了中国工业的供给侧结构性改革。^⑤龚刚对经济发展新常态下的供给侧结构性改革进行了分析。^⑥楼继伟提出中国经济发展的最大动力在于改革。^⑦冯志峰论述了供给侧结构性改革的理论逻辑与实践路径。^⑧刘卫红从供需两端视角论述了推进供给侧结构性改革的路径。^⑨经晓萃就装备制造企业如何肩负历史重任进行了剖析。^⑩肖亚庆对如何扎实推进制造强国和网络强国建设发表了独到见解。^⑪李秋香等针对我国现有制造业高质量发展研究分散化、碎片化态势，从发展脉络、研究争鸣与盲区视角等三方面，采用图谱量化方法分析了我国制造业高质量发展的理论

---

① 孙亮,石建勋.中国供给侧改革的相关理论探析[J].新疆师范大学学报(哲学社会科学版),2016,37(3):75-82.

② 赵景峰,湛爽.供给侧结构性改革:国际经验与中国启示[J].山东社会科学,2016(6):99-104.

③ 贾康.供给侧如何结构性改革[J].中国报道,2016(12):26-27.

④ 胡鞍钢,周绍杰,任皓.供给侧结构性改革——适应和引领中国经济新常态[J].清华大学学报(哲学社会科学版),2016,31(2):17-22,195.

⑤ 黄群慧.论中国工业的供给侧结构性改革[J].中国工业经济,2016(9):5-23.

⑥ 龚刚.论新常态下的供给侧改革[J].南开学报(哲学社会科学版),2016(2):13-20.

⑦ 楼继伟.现行劳动合同法对供给侧改革不利[J].中国经贸导刊,2016(7):46-47.

⑧ 冯志峰.供给侧结构性改革的理论逻辑与实践路径[J].经济问题,2016(2):12-17.

⑨ 刘卫红.供给侧改革与经济转型升级路径探析[J].四川行政学院学报,2016(5):83-86.

⑩ 经晓萃.装备制造企业必须明确肩负的历史重任[N].中国工业报,2018-11-12(2).

⑪ 肖亚庆.制造强国和网络强国建设扎实推进[N].人民日报,2020-10-09(9).

研究动态。①

二、高端制造战略下技能型人才内生、转化、衔接、匹配策略研究

国内外研究现状可分为以下两个方向的内容。

(一)产业政策与集群经济环境对高端制造战略下技能人才发展的影响

第一,重要国际组织或国际联盟自2010年以来提出了一些技能型人才战略或相关文件。第二,1990年,迈克尔·波特(Michael Porter)在《国家竞争优势》一书中提出了"集群"(cluster)的概念。②集群对创新有直接的影响。主要的影响体现在三个方面:为企业提供一种良好的创新氛围,促进知识和技术的转移扩散,降低企业创新的成本。在生态系统理论(ecological systems theory)中,布朗芬布伦纳(Bronfenbrenner)提出了个体发展模型,强调发展个体嵌套于相互影响的一系列环境系统之中,在这些系统中,系统与个体相互作用并影响着个体发展。

(二)互联网产业集群、产教融合体系下技能型人才内生路径研究

技能人才内生的主要途径是校企合作、工学结合、产教融合。国外的相关研究起步较早,研究内容较为丰富,研究主题主要包括:第一,学校与产业互动模式研究,并对这些模式在何种条件下发挥作用做了定量研究。第二,校企合作内在成功要素研究,如沟通、信任、理解、个人等要素,并对各个要素所占的比重以及在不同阶段的重要性进行了深入详尽的研究。沟通是校企成功合作的最主要要素之一,并持续发挥作用,而信任和理解只在某些阶段发挥作用。第三,校企合作困难点和激励机制研究,主要困难有校企之间存在技术鸿沟,在研究费用保密性和产权方面出现分歧,缺乏财务资源和创业精神,应用研究识别力不足,学校官僚主义严重等,并从消除两者认识差

---

① 李秋香,马草原,齐二石,等.中国制造业高质量发展研究:脉络、争鸣与盲区[J].科学学与科学技术管理,2022,43(9):125-145.

② 杨荣.创新生态系统的界定、特征及其构建[J].科学与管理,2014,34(3):12-17.

异上提出相应的激励机制。第四,校企合作的政策探讨与改革研究,该方面的研究主要是针对不同的国家,比如美国、英国、日本、泰国等的产教融合整体框架构建研究。相对一致的结论是:政府、企业、学校、个人都要以实现知识的高效转化为目标,在各个阶段以特定形式参与到对方中。

国内产教融合研究吸引了一批学者。第一,张玉刚等探索了政校企在产教融合中的角色及相互关系,强调构建产教融合的整体外部一体化机制,这是产教深度融合的外部保障。学校负责知识传播和人才培养,企业负责技术转移和知识应用,政府负责环境建设、经费支持和政策法律保障。第二,甘元玲等研究了不同层次学校在政校企产教融合领域的功能,主要从政校企三方合作平台建设、应用型本科政校企合作机制构建、以政校企关系重构完善产教融合动力机制以及职业院校服务地方经济发展等领域开展研究。第三,姜大源等关注现有国外校企合作成功模式的移植研究,主要研究双元制、学徒制、工学交替、半工半读、远程教育等已经在其他国家获得成功的校企合作模式在中国现代职业教育的移植、转化,以及德国应用技术大学校企合作人才培养模式,美德日职业教育校企合作模式比较,[①]雇佣环境变化背景下日本不同类型高职院校校企合作特征、发展趋势及启示[②]以及基于组织分析的新制度主义视角对美国中介组织参与校企合作的相关研究。[③]然而这些研究指出,因为历史和国情等因素的影响,目前这些模式还不能很好地在中国的职教领域发挥有效的作用。第四,马发生等关注职业教育实践维度的产教深度融合,我国职业教育的校企合作往往流于形式和表面,产教深度融合效果不佳,对于具体操作层面的研究主要分为中高职层面的产教融合研究以及应用型本科院校层面的产教融合研究。中高职层面的研究与实践包括建立校企共同体,[④]构建教研室、实训室、工作室"三位一体"的微

① 陶霞.美德日职业教育校企合作模式、制度比较与经验借鉴[J].教育与职业,2018(8):19-25.

② 李梦卿,陈竹萍.雇佣环境变化背景下日本不同类型高职院校校企合作特征、发展趋势及启示[J].教育与职业,2021(8):66-72.

③ 周英文.美国中介组织参与职业教育校企合作的研究[D].上海:华东师范大学,2022.

④ 贾文胜.杭州职业技术学院校企共同体办学实践[J].职业技术教育,2014,35(36):39-42.

观教学组织,①基于"四位一体""三方主体""校企一体""教学工厂"等模式的产教融合的探索与实践。应用型本科层面包括对产教融合模式及其影响因素、应用型本科院校教师队伍二元结构的构建、普通本科高校向应用型转变过程中的产教融合目标和路径等问题的研究,以及高等教育工程认证与产教融合如何共同驱动人才培养。②随着企业参与产教融合的深入,如何建设培育产教融合型企业,③产教融合型企业建设的价值取向及存在的问题,成为研究焦点,学者研究了省级产教融合型企业如何遴选和培育问题,④其主要目的都是将产教融合从表层结合推向深度融合。然而,横向跨越中高职院校和普通高校,纵向跨越本硕博的产教融合通道机制目前还鲜有系统的研究,特别是"互联网+"背景下,基于数字化技术生成的现代职业教育的深度融合机制研究更是少有。

三、高端制造视域下技能工匠与工匠精神培育发展路径研究

工匠精神的价值可以从国家、企业、学校、个人四个层面进行阐述。于国家而言,工匠精神是实现我国从制造大国转变为品牌制造强国的内在支撑,是我国制造业向全球产业链中高端迈进的内生动力,是促进供给侧结构性改革的需要;对企业来说,拥有工匠精神特质的"能工巧匠"并在生产管理过程中融入工匠精神,有助于提升产品质量,提高生产效率,为企业打造良好品牌和塑造良好形象,让企业在市场竞争中夺得一席之地;对于学校,工匠精神是其教育中"立德树人"的灵魂,有助于提升学校的文化软实力和影

---

① 马发生,夏杨福,齐求兵.对构建高职院校"三位一体"微观教学组织的探讨——以长江职业学院艺术学院人才培养改革实践为例[J].湖北成人教育学院学报,2015,21(1):1-3,78.

② 施晓秋,徐赢颖.工程教育认证与产教融合共同驱动的人才培养体系建设[J].高等工程教育研究,2019(2):33-39,56.

③ 李克.建设培育产教融合型企业——以吉林省为例[J].宏观经济管理,2020(2):80-85.

④ 黎菲,谭梦娜.省级产教融合型企业遴选培育:实然考察、实践表征、问题透视与应然路径[J].职业技术教育,2022,43(36):65-70.

响力;对个人而言,无论是学生还是已经步入社会的工作人员,工匠精神都是其就业创业与个人发展的需要,有助于实现自我价值。

(一)工匠精神的传承与演变研究

学者在论述工匠精神的历史演变时大致讲述了工匠精神的产生、衰落及回归。杨子舟、杨凯提出了工匠精神的育成机制,其中作坊和工具为工匠精神提供了较为稳定的培育空间,社会评定和产品得到购买为工匠精神提供了激励反馈。[①]随着第二次社会大分工的到来,以"匠人"为代表的手工业者逐渐从农业劳动中分离出来,成为依靠一定技术谋生的特殊人群且覆盖面较广,因此王寿斌觉得工匠的社会地位在这个时期逐步降低。[②]张旭刚则认为我国根深蒂固的"官本位"思想和我国工业化起步晚、起点低是造成我国工匠精神逐渐衰落的原因。[③]路宝利等提出在农耕文明向工业文明嬗变的过程中,中国由于西方制度霸权而被囿于"被现代化"的轨道之中,最终使包括工匠精神在内的传统范式遭到遮蔽、断裂甚至丧失。[④]此外,职业教育长期坚守的"能力本位"理念使本已被忽略的工匠精神进一步"悬隔"。何伟、李丽认为,由于西方国家中世纪的宗教改革,城市手工业行会制度的发展及技术繁荣,工匠精神得以发展繁荣。[⑤]吴婷认为工匠精神自手工业从狩猎、农耕两大类早期基础性劳动中分离出来伊始,就已经在原始人类的脑海中萌芽,且一代代手工业者通过师傅口传心授的师徒制将工匠精神传承下

---

① 杨子舟,杨凯.工匠精神的当代意蕴与培育策略[J].教育探索,2017(3):40-44.

② 王寿斌.正确认识"工匠精神"的内涵和外延[J].江苏教育,2016(20):28-29.

③ 张旭刚.经济发展新常态下工匠精神的价值意蕴、战略诉求与创新转换——兼论职业教育现代学徒制改革的推进策略[J].河南工业大学学报(社会科学版),2016,12(3):171-176.

④ 路宝利,杨菲,王亚男.重建与传承:中国"工匠精神"断代工程研究——基于"中国制造2025"[J].职教论坛,2016(34):5-14.

⑤ 何伟,李丽.新常态下职业教育中"工匠精神"培育研究[J].职业技术教育,2017,38(4):24-29.

来。①梅其君、罗煜中对中国传统工匠精神进行了论述。②唐国梅讨论了中国古代匠作制度对工匠精神的影响。③现如今经济发展新常态下推动制造业转型升级,促进制造业的工艺、技术、产品等方面创新,实现"中国制造"向"中国创造""中国智造""中国品牌"转型,必须加强对工匠精神的培育和重视。

(二)高端制造战略与工匠精神内涵的价值耦合研究

李政指出如果劳动者徒有技能而不具备精益求精的职业精神,结果就会造成技术及资源上的浪费,中国制造业也将无法实现品质提升与结构转型。④刘晓认为工匠精神贯穿了职业教育发展的历程,是职业教育的必然诉求,且工匠精神的复归有利于产品质量的提升。⑤曹靖从宏观、中观、微观上进行分析,认为工匠精神培育体现了国家对实体制造业的重视,是"消费社会后期"企业发展转型的需要,是现代社会个体化生存方式的重现。⑥何伟、李丽提出,培养工匠精神是我国产业转型升级的内在要求,是我国供给侧结构性改革的必然选择,是受教育者全面发展和自我实现的现实需要,是职业教育系统性变革的时代呼唤。⑦白丽红、刘萍认为,重拾工匠精神是时代赋

---

① 吴婷.基于现代学徒制的"工匠精神"培育路径与载体构建[J].职业技术教育,2018,39(25):18-23.

② 梅其君,罗煜中.中国传统工匠精神研究述评[J].贵州大学学报(社会科学版),2019,37(6):1-5.

③ 唐国梅.中国古代匠作制度对工匠精神的影响[D].贵阳:贵州大学,2021.

④ 李政."中国制造2025"与职业教育发展观念的转轨[J].中国职业技术教育,2015(33):38-44.

⑤ 刘晓.技皮·术骨·匠心——漫谈"工匠精神"与职业教育[J].江苏教育,2015(44):20-22.

⑥ 曹靖.我国"工匠精神"培育研究的回顾、反思与展望[J].职业技术教育,2017,38(34):20-26.

⑦ 何伟,李丽.新常态下职业教育中"工匠精神"培育研究[J].职业技术教育,2017,38(4):24-29.

予职业教育的新诉求。^①在职业教育中培养工匠精神也至关重要。谭绍华、谭莉莎指出,职业院校"工匠精神"教育是办好新时代职业教育的需要,是向世界提供职教"中国方案"的需要,是实现中华民族伟大复兴的需要。^②贾秀娟提到培育工匠精神是适应国家制造强国战略的必然要求,有利于职业院校人才培养本位理念的觉醒与回归,有利于明确职业院校的功能定位及完善职业院校人才培养模式。^③程舒通则将对工匠精神的诉求上升到了国家层面,认为工匠精神是国家战略的需要,是我国经济发展的需要,是社会价值观的需要。^④赵琰研究了《中国制造2025》背景下的工匠精神培育。^⑤

(三)技能工匠与工匠精神培育路径研究

校企合作是培养技能工匠的重要途径,因此这也是培育工匠精神的阵地之一。李梦卿、杨秋丹认为,校企合作是培养技能型人才的有效途径,并指出我国在校企合作培养人才方面仍存在体制不健全、校企资源共享意识不强等方面难题,强调工匠精神的培育需要健全校企合作体制机制。^⑥李适、栗洪武提出以产教融合、校企合作为着力点培育工匠精神需采取增加校外实践环节的学分比例,吸纳高级技师兼职教师,实现专业课程与企业行业对接等举措。^⑦刘宝民认为深入开展校企合作是培育劳模精神和工匠精神

① 白丽红,刘萍.基于世界技能大赛培养职业院校学生的工匠精神[J].职教论坛,2017(29):93-96.

② 谭绍华,谭莉莎.职业院校"工匠精神"教育的价值认知与行动策略建构[J].教育与职业,2018(22):79-83.

③ 贾秀娟.产教融合视域下职业院校工匠精神培育的路径选择[J].职业技术教育,2018,39(14):77-80.

④ 程舒通.职业教育"工匠精神"培养:背景、诉求与途径[J].中国职业技术教育,2018(3):17-20.

⑤ 赵琰.中国制造2025背景下"工匠精神"培育对策研究[D].昆明:昆明理工大学,2021.

⑥ 李梦卿,杨秋月.技能型人才培养与"工匠精神"培育的关联耦合研究[J].职教论坛,2016(16):21-26.

⑦ 李适,栗洪武.工匠精神引领职业教育改革发展[J].中国高校科技,2017(8):69-71.

的重要举措,我国应制定并完善相关的法律法规,对校企合作的利益主体、合作过程、监督评价等做出具体规范,提高校企合作成效。[1]聂文俊指出加强校企深度合作,基于现代学徒制开展实践教学活动,是职业院校传承与培育工匠精神的必要途径,其中要发挥师傅的教育、引导和标杆作用,制定实习制度,规范学徒的职业行为。[2]何伟、李丽提出要以校企合作、产教融合为根基,切实将工匠精神与技能教育、企业实践进行有机结合,使其充分融入职业教育人才培养模式,打通工匠精神的培育通道。[3]顾丽敏强调将提高学生职业素养融入制造业工匠精神培育过程。[4]张培、夏海鹰围绕产教融合等领域提出技能人才培养模式改革,构建了技能型社会视域下职业教育工匠精神培育的行动框架。[5]

教师是培育具有工匠精神的学生的主力军,所以教师队伍的建设至关重要。何伟强调要以"双师型"师资建设为支撑,为工匠精神的培育提供基础保障,其中要加强学校专任"双师型"师资的引进与培养及企业兼职教师的外聘工作。张弛提出通过"双导师"制来培养工匠技师,即受教育者要接受职业院校的教师及参与职业教育办学的企业师傅或指导师的共同指导。[6]孔德忠、王志方则从专任教师"工匠精神"的培养及工匠型兼职教师的聘用两方面论述了工匠型师资队伍的建设。[7]刘宝民提出通过改革职业院

---

[1] 刘宝民.落实立德树人的根本任务 培育"劳模精神和工匠精神"[J].中国职业技术教育,2017(34):18-20.

[2] 聂文俊.职业院校传承与培育学生工匠精神的困境与策略[J].教育与职业,2017(18):37-40.

[3] 何伟,李丽.新常态下职业教育中"工匠精神"培育研究[J].职业技术教育,2017,38(4):24-29.

[4] 顾丽敏.将学生职业素养融入技能教学过程中的模式研究——以制造业工匠精神培养为例[J].现代职业教育,2020(7):30-31.

[5] 张培,夏海鹰.技能型社会视域下职业教育工匠精神培育的时代审视与行动框架[J].教育与职业,2022(9):28-35.

[6] 张弛."一体两面"分析框架下职业教育供给侧结构性改革的逻辑[J].教育与职业,2017(9):12-18.

[7] 孔德忠,王志方.校企合作模式下学生"工匠精神"培养的路径探析[J].成人教育,2017,37(11):73-75.

校人事招聘制度,拓宽人才来源渠道并加强对专任教师的培训,特别是职业素养的培养来解决目前的职教师资困境。谭绍华、潭莉莎认为良师队伍的培育需推动教师树立正确的学生观,推动教师的终身学习,推动教师的能力发展并保障教师的合法权益,提高教师待遇。[①]许宇飞针对职业院校兼职教师工匠精神培育面临的一系列问题,如工匠文化环境未形成、培育路径单一等,提出了突破路径。韩雪军、曹晔研究了新时代中职教师高质量发展过程中的教师职业能力标准化建设方略,论述了开展师范生职业能力考核的必要性。[②]

四、整体评述

通过以上文献可以发现,国外高端制造过程中技能要素配置与创新体系构建等问题研究较早,涉及学科领域较广泛,经济学、管理学、社会学、教育学等专业领域的学者都热衷于此类研究,成果也比较丰富。我国学者已经公认高端制造领域发展的关键要素是技能人才的转型升级,并且70%以上的技能人才来自职业教育,在校企合作、人力资本转化、激励政策保障等方面也产生了较多的研究成果,但是还存在一些不足之处:一是大多关注宏观制造业与技能人才的整体供需或衔接,尚未实现对传统制造、智能制造、高端制造、品牌制造等层级结构的划分,并未形成技能人才的差异性或层次性供应策略;二是对制造业技能人才研究较多,而对工匠型技能人才研究较少,实现品牌制造升级,关键在于技能人才向技能工匠的转化;三是从需求侧分析技能人才生成路径及激励政策的研究较多,而从劳动力要素配置的供给侧结构性调整策略出发阐述的研究较少,内涵提升策略不足;四是基于校企合作等传统松散型模式的技能人才供给体系研究较多,对信息化、数字化视角下具有产业集群特征的创新生态体系(如数字化学习工厂等)研究较少,这一新兴体系的打造有助于中国制造品牌化的快速推进。本书立足于制造强国战略,以多学科交叉理论为基础,运用文献分析法、统计分析技术

① 谭绍华,谭莉莎.职业院校"工匠精神"教育的价值认知与行动策略建构[J].教育与职业,2018(22):79-83.

② 韩雪军,曹晔.教师职业能力标准化:新时代中职教师教育高质量发展的基本路向与行动方略[J].职业技术教育,2022,43(6):20-24.

及比较分析法等多种研究方法,对我国制造高端化过程中技能要素配置进行分析,并寻找构建高端制造领域技能人才结构优化与技能衔接的生态体系和长效机制。

第二章　高端制造领域职业技能匹配的相关概念

　　本书致力于厘清我国制造高端化过程中的技能要素以及技能匹配关系,借鉴发达国家提升技能人才要素匹配质量的经验和发展举措,优化我国的技能人才内生体系,以适应中国式现代化的发展进程。高端制造领域概念繁杂,随着工业革命的迭代,新技术层出不穷,有些说法还尚未达成共识。什么样的制造才能被称为"高端"? 高端制造领域的技能人才与传统制造人才有何区别? 高技能(人才)和一般技能(人才)的区别是什么? 众说纷纭。因此,有必要厘清相关概念,将抽象的描述转化为具体的要素,适当划定研究的界限,以使后续的论证过程尽可能清晰明确。

第一节　高端制造相关概念

　　高端制造是相对于中低端制造的说法,涵盖了高端装备制造、先进制造、智能制造等技术(领域),多为知识、技术密集型领域,具有高附加值,处于价值链上游并占据产业链的核心位置,其发展水平决定了产业链甚至国家经济的整体竞争力。目前,我国处于工业化后期的后半阶段[①]、高速工业化向高质量工业化迈进的阶段,正在迈入以5G为基础的大数据、云计算、人工智能、区块链等技术引领的第四次工业革命。在工业化水平综合指数中,

---

① 文一.伟大的中国工业革命:发展政治经济学一般原理批判纲要[M].北京:清华大学出版社,2017.

最直观的观测器和决定要素便是高端制造业水平,高端制造业的崛起是一个国家工业化发展的必由之路。从竞争力上来讲,高端制造是品牌优势的集中体现,品牌优势决定了整体竞争力。目前,我国缺少具有国际竞争力的世界一流制造企业,制造企业多集中在价值链的中低端,附加值很低。特别是从制造业增加值率、劳动生产率、创新能力、核心技术、关键零部件生产、高端产业占比、产品质量等各方面衡量,我国制造业大而不强、发展质量不高的问题十分明显。

一、先进制造(业)

1992年,美国首次提出"先进制造业"的概念。2009年,英国商业、创新与技能部将"先进制造业"定义为,使用高水平设计方法或技能对复杂产品或流程进行加工的行业。2011年,美国总统科技顾问委员会(PCAST)指出,先进制造业是通过信息、计算机、网络、自动化、软件、传感等技术融合,或使用新材料、新方法进行生产的一系列制造活动。先进制造业是制造业发展的高级阶段,既包括潜在的新兴产业,又包括对传统制造业的技术改造,其先进性体现在工业机器人、增材制造、先进传感器及智能化工厂等先进的生产技术和设施方面。从行业特征来看,先进制造业指在产品的设计研发、生产检测、服务管理过程中运用计算机、电子信息、新材料等现代科学技术或管理手段,基本特征是生产效率高、自动化程度高、产品附加值高、经济效益好。先进制造业可分为两大类:一类是新科学技术成果直接应用于生产实践,另一类是将先进制造技术或工艺融入传统制造业后进行改造升级。①从社会发展需求与产业升级的角度来看,先进制造业是在原材料供应及生产制造、销售物流和售后服务等产业链中,大范围采用信息技术、新材料技术、生物技术、新能源技术或现代管理技术等先进技术,实现高精化、网络化、智能化、集成化和集约化生产的产业形态,重要特征是产业高端性、技术先进性、管理现代性和生产模式的创新性,未来将向信息化、网络化、高精化、智

① 李金华.中国先进制造业技术效率的测度及政策思考[J].中国地质大学学报,2017,17(4):104-116.

能化、集约化、集成化发展。①有学者认为先进制造业的先进性主要体现在产业的先进性、技术先进性及管理先进性。也有学者认为先进制造的先进性在于制造的高效优质、清洁低耗以及灵活多变。综上所述,先进制造业的内涵不外乎两点:用先进的生产方式改造现有产品,用先进的技术创造新的产品。因此,先进制造业是融合运用了先进制造技术、新一代信息技术、新能源技术、新材料技术及现代管理技术,实现高效率、高质量、高效益发展的制造业总称。

二、高端装备制造(业)

高端装备制造业是我国特有的概念,是相对于传统装备制造业的说法。"装备制造业"最早在1998年的中央经济工作会议上被提出。根据《经济日报》的报道,当时提出了要大力发展装备制造业,认为制造业的核心是装备制造业。一般认为,装备制造业涵盖了国民经济行业八个大类,包括基础机械装备,如数控机床、柔性制造系统、计算机集成制造系统、工业机器人等;基础机械电子装备,如液压气动、仪器仪表、低压电器、刀具成型等;大型成套技术装备,如盾构机械等大型工程治理设备、高速铁路等交通运输设备、污水治理等大型环保设备、高压电力传输等大型电力设备。随着我国制造高端化进程的提速,"高端装备制造业"成为约定俗成的说法,2021年《人民日报》发文《坚持科技自立自强:推动高端装备制造业创新发展(有的放矢)》,提出推动高端装备制造业创新发展对实现我国经济高质量发展至关重要,高端装备制造业作为制造业的高端领域,为航空航天、轨道交通、船舶运输、电力电子等提供了重要支持。高端装备制造业集劳动密集、技术密集、知识密集和资本密集等特征于一体,对技术投入、知识产权、研发水平等要求很高,呈现出高精尖技术特征,决定了产业链的整体竞争力。

---

① 于波,李平华.先进制造业的内涵分析[J].南京财经大学学报,2010(6):23-27.

三、智能制造

　　智能制造是制造强国战略的重点方向,《2015年智能制造试点示范专项行动实施方案》将"智能制造"表述为:"基于新一代信息技术,贯穿设计、生产、管理、服务等制造活动各环节,具有信息深度自感知、智慧优化自决策、精确控制等功能的先进制造过程、系统与模式的总称。"1988年,美国纽约大学的赖特(Wright)教授和卡内基梅隆大学的布恩(Bourne)教授出版了《智能制造》一书,首次提出智能制造的概念。20世纪90年代,随着信息技术和人工智能的发展,智能制造技术引起发达国家的关注,美、日等国纷纷设立智能制造研究项目基金并建立实验基地,智能制造取得了长足进步。2008年,金融危机后发达国家意识到去工业化的弊端,制定了"重返制造业"发展战略,同时在大数据、云计算等前沿技术引领制造业向智能化方向转型的背景下,将智能制造作为未来制造业的主攻方向,给予一系列的政策支持,以抢占国际制造业科技竞争的制高点。我国围绕新一代信息技术与制造装备等重点制造领域开展集成创新,支持"政产学研用"协同发展,开发新一代智能设备并实现产业化。

　　智能制造涵盖十大重点发展领域,对应学校技能培养八大专业,主要涉及加工与制造类、机械设计与自动化类、电气自动化类、人工智能专业类、计算机技术类、信息与通信技术类、交通运输类、能源与新能源类,如图2-1所示。无人驾驶技术、新能源汽车等高端制造技术的出现,大幅度提升了整个行业对技能人才的需求层次。

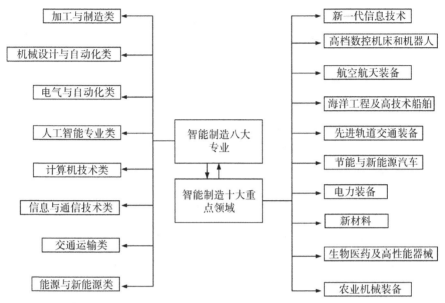

图 2-1　智能制造领域与相关技能匹配专业

四、制造强国战略

国际金融危机爆发后,全球经济深度调整,需求收缩,发达国家纷纷提出"工业4.0"战略,以及"再工业化""再兴战略"等计划,制造业回流成为全球性问题。纵观世界大国的崛起,无一不是以强大的制造业为支撑。然而,中国虽已是制造业大国,但远不是制造业强国。众所周知,品牌效应是一个国家制造业高质量发展的标志,但中国品牌并未崛起,中国还是典型的"制造大国,品牌小国"。中国著名的品牌学家余明阳教授说,品牌代表了国家的经济实力和国家形象,是一个国家的名片,品牌并不是要素的机械叠加,而是一种新的化学反应,新时代我国社会主要矛盾已经转化为人民日益增长的美好生活需要和不平衡不充分的发展之间的矛盾,而人民日益增长的美好生活需要呼唤更多更好的中国品牌。目前我国几乎没有具有国际竞争力的世界一流制造企业。2021年2月,英国著名的全球信息服务提供商科睿唯安发布了"2021年度全球百强创新机构"榜单,美国以42家机构占据榜首,日本以29家紧随其后,而中国仅有9家机构上榜。2021年,世界品牌实验室发布"世界品牌500强"名单,我国入选品牌仅有44个,美国有198个。种种差距表明,我国制造业核心竞争力依然很弱,必须大力提升制造业供给质量,推动制造业高质量发展。

制造业发展程度与国家地位息息相关,历次工业革命也证明了这一点,制造业高端化是国家发展背后的重要支撑力量。以蒸汽机为代表的第一次工业革命,大大提升了英国纺织业加工效率,工厂制度的兴起、冶铁业的发展、铁路交通网的铺设和机器制造业的出现,大大提升了英国的国力,英国稳居世界第一强国地位达半世纪之久。1866年西门子发明发电机,标志着第二次工业革命的开启。制造业中心迅速转移到美国,自动化流水线结合泰勒的科学管理体系,很快将美国推向了"世界霸主"的位置。德国制造业也在这一阶段崛起,"德国制造"经过调整,成为精益求精的代名词。在第三次工业革命期间,随着信息化步伐的加快,美国大力发展互联网和金融业,去工业化战略不断发展,低端制造逐步向二战后的日本转移,拉开了日本制造业快速发展的序幕,以机电一体化、工业机器人等技术为代表的日本制造业快速发展,"日本制造"为日本走上强国之路奠定了重要基础。

伴随着第四次技术革命和产业革命的进程,世界各国面临着制造业转型升级的机遇和挑战,都意识到了制造业的重要性。为抢占产业制高点,特别是高端制造领域在国际竞争中的有利地位,各国纷纷出台了一系列计划,如美国先后制定了"先进制造伙伴计划""先进制造业国家战略计划""制造业创新网络计划",以及《先进制造业美国领导力战略》《人工智能战略》;法国制定了《新工业法国》;英国为推动制造业回归制定了《英国制造2050》;德国制定了以智能制造为主题的《工业4.0战略实施建议》《德国工业战略2030》;日本制定了《制造业白皮书》《新成长战略》。我国作为世界制造业大国之一,也在重点布局新一代信息技术产业、高档数控机床和机器人、节能与新能源汽车等十大重点领域,实施《中国制造2025》战略,聚焦"高端制造+人工智能""高端制造+数字化""高端制造+智能化"等新兴业态的发展,夯实工业发展根基的同时,推动国家由制造大国向制造强国转型升级。

第二节　技能人才相关概念

技能指掌握并能运用专门技术的能力,个体运用已有的知识经验,通过练习而形成的一定的动作方式或智力活动方式。技能人才的内涵主要表现为三个方面:一是注重经验习得,新手往往通过模仿练习获得初级技能或技巧性技能,进而适应当时的生产组织方式,从古老的学徒制到现代化职业院校,它们都是技艺传承的有效载体;二是要能够形成熟练的动作记忆,通过大量"做中学"反复练习,达到自动化操作程度,进而形成默会技能;三是要有一定的知识积累,表现为一定的智力活动特征。技能人才是掌握技能的主体,有别于技术人才。技术人才以创新发明为特征,致力于实现从0到1的技术飞跃;技能人才注重操作性和过程性,嵌在当代的生产组织体系中,进而产生从1到100的辐射效应。本研究的技能人才群体聚焦三个领域:第一部分群体是职业院校所培养的技能人才,包括中职、高职、技师院校及部分职业本科院校。高端制造领域的技能人才以高职群体为主,但中职和技师院校的学生是高职人才培养的基石,也是重要的研究对象,现代制造业、战略性新兴产业和现代服务业等领域来自职业院校的一线新增从业人员占比达到70%,因此这部分群体是本研究的重点。第二部分群体是企业的技能人才、产业工人、技能工匠。通过对江苏、上海、浙江、河北等地高档数控机床、轨道交通装备、节能与新能源汽车等高端制造领域的调研,我们发现,目前企业高技能人才大多由中职、高职院校产生,或通过产业学院、企业学区等载体培养。第三部分群体主要通过企业培训和社会培训提升技能水平。通过企业问卷调查、访谈我们发现,中小企业内部技能人才培训成本较高,企业负担较大。我国企业特别是中小企业内部培训体系尚不健全。

一、高技能人才

高技能人才是指具备深厚的专门知识或丰富的实际工程经验,长期在生产一线从事专业操作,具备高超技艺的专业型人才。高技能人才是推动我国经济发展与产业结构变革的重要支撑力量,其不仅具有高超的技艺,也追求精益求精的境界,是工匠精神的典型代表。近年来,我国高技能人才规模呈现出逐年上升态势。截至2021年底,我国技能人才总量超过2亿人,占就业人员总量的26%,其中高技能人才超过6000万人,占技能人才总量约30%,但从供求数据来看,高技能人才规模还无法满足劳动力市场的巨大需求。我国劳动力市场仍面临高技能人才总量不足,供需结构不平衡,人才培养质量不高等问题,高技能人才的严重短缺,已成为制约区域经济发展和阻碍产业升级的重要因素。近年来,国务院、人力资源和社会保障部等部门出台了一系列文件,激励高技能人才发展,如表2-1所示。特别是2022年3月出台的《关于健全完善新时代技能人才职业技能等级制度的意见》,将技能人才职业技能等级从初级技工、中级技工、高级技工、技师、高级技师"五级"扩展到"八级",初级技工前面增设了"学徒工",高级技师后面增设了"特级技师"和"首席技师",特级技师对应正高级职称人员,首席技师对应高级管理人员。2022年10月,中共中央办公厅、国务院办公厅印发的《关于加强新时代高技能人才队伍建设的意见》提出,完善企业培训中心、高技能人才培训基地、公共实训基地、技能大师工作室、劳模和工匠人才创新工作室等,建立高技能领军人才"揭榜领题"以及参与重大生产决策、重大技术革新和技术攻关项目的制度,对优秀高技能人才实行特岗特酬,我国高技能人才激励制度日趋完善。

表2-1 我国高技能人才激励的相关政策文件

时间	印发部门	文件名称	高技能人才激励的相关表述
2018年10月	人力资源和社会保障部	《技能人才队伍建设工作实施方案(2018—2020年)》	明确了技能人才队伍建设的目标、原则及重点举措

续表

时间	印发部门	文件名称	高技能人才激励的相关表述
2019 年 1 月	国务院	《国家职业教育改革实施方案》	明确提出"我国要着力培养高素质劳动者和技术技能人才","高等职业学校要培养服务区域发展的高素质技术技能人才","完善学历教育与培训并重的现代职业教育体系，畅通技术技能人才成长渠道","完善技术技能人才保障政策","加快完善高层次应用型人才培养体系，探索长学制培养高端技术技能人才"
2019 年 4 月	教育部和财政部	《关于实施中国特色高水平高职学校和专业建设计划的意见》	坚持工学结合、知行合一，加强学生认知能力、合作能力、创新能力和职业能力培养
2020 年 9 月	教育部等九部门	《职业教育提质培优行动计划（2020—2023 年）》	培养大国工匠、能工巧匠，输送区域发展急需的高素质技术技能人才，……建成一批高技能人才培养培训基地和技术技能创新平台……规范长学制技术技能人才贯通培养，……大幅提升新时代职业教育现代化水平和服务能力，为促进经济社会持续发展和提高国家竞争力提供多层次高质量的技术技能人才支撑
2020 年 12 月	人力资源和社会保障部	《关于进一步加强高技能人才与专业技术人才职业发展贯通的实施意见》	改革完善高技能人才评价机制
2021 年 1 月	人力资源和社会保障部办公厅	《技能人才薪酬分配指引》	对提升高技能人才薪酬待遇等做出明确要求

续表

时间	印发部门	文件名称	高技能人才激励的相关表述
2021年3月	——	《中华人民共和国国民经济和社会发展第十四个五年规划和2035年远景目标纲要》	加强创新型、应用型、技能型人才培养，实施知识更新工程、技能提升行动，壮大高水平工程师和高技能人才队伍
2021年6月	人力资源和社会保障部	"技能中国行动"实施方案	以培养高技能人才、能工巧匠、大国工匠为先导，带动技能人才队伍梯次发展
2021年10月	中共中央办公厅、国务院办公厅	《关于推动现代职业教育高质量发展的意见》	提出"到2035年，职业教育整体水平进入世界前列，技能型社会基本建成。技术技能人才社会地位大幅提升"的宏伟目标，强调要推进职业教育供给与经济社会发展需求高度匹配
2022年4月	——	《中华人民共和国职业教育法》	突出了"培养高素质技术技能人才""建设技能型社会"
2022年10月	中共中央办公厅、国务院办公厅	《关于加强新时代高技能人才队伍建设的意见》	健全技能人才培养、使用、评价、激励制度……打造一支爱党报国、敬业奉献、技艺精湛、素质优良、规模宏大、结构合理的高技能人才队伍
2022年12月	中共中央办公厅、国务院办公厅	《关于深化现代职业教育体系建设改革的意见》	强调职业教育不是单纯的就业教育，也不是低层次教育，要让职业院校的学生能够多次选择、多样化成才，提升技能层次

发达国家在制造范式演化过程中，衍生出一系列高技能人才发展模式和特色路径，包括德国的"双元制"、英美的社会本位模式、日本的企业本位单元制、澳大利亚的TAFE（technical and further education）模式及法国的学校本位模式，这些模式促进了社会经济的发展，为我国的高技能人才培养提供了一定的借鉴。德国在人才培养方面形成了独具特色的教育体系。高技能人才主要由职业教育培养。"双元制"的推行，为劳动者打下了坚实的技能基础；职业教育的法制化，为高技能人才培养提供了坚实的制度保障；职业

培训渠道的多元化,为高技能人才培养的可持续发展助力。加之政府专项政策的扶持、研发项目的资助、培训周期的科学制定、技能水平阶梯晋升考试制度的严格实施,这样长期实践下形成的多层次人才培养体系,为德国经济和社会发展不断提供大量高技能人才。美国的社区学院是高技能人才培养的主要基地,高技能人才培养立足于社区且服务于社区,以市场需求为导向。此外,美国"合作教育模式"强调产教结合,使教育与实践融为一体。在政府的宏观调控层面,一是实施直接的财政拨款,对技能人才培训给予更多的扶持和鼓励。二是立法推动职业教育的发展。美国联邦政府计划执行多项战略振兴美国制造业。在此背景下,美国提出职业教育发展战略,包括鼓励公共与私营部门产学研合作,提升制造业的形象与职业教育吸引力,培养合格的先进制造业高技能人才。在高技能人才培养方面主要采取以下措施:推行职业资格证书、构建区域学徒制度、搭建退伍军人转业桥梁。美国联邦政府于2018年签署了《加强职业与技术教育21世纪法案》,必要的政策支持、资金补贴与技术培训助力蓝领阶层在时代巨变中掌握必要的知识技能,为美国的劳动力市场带来新鲜血液。日本的高技能人才培养实行企业本位单元制,以企业或用人单位为实施主体,确保高技能人才的培养符合实际需求。日本政府鼓励和推动企业职业技能鉴定工作的开展,建立培训、考核、雇佣和待遇相结合的激励机制,以完善的职业技能鉴定制度为基础,推进国际化高技能人才培养;鼓励公共职业培训机构发展,中央和地方政府建立了各种职业培训机构,技能培训与职业技能鉴定得以有机结合,相互促进。在日本的企业教育中,职业培训、继续教育和转岗培训连接成一个整体,形成了一种边工作边培训的独特制度。立足本单位、面向全行业的开放式、多层次的技能培训格局,为向社会输送高技能人才提供了保障。澳大利亚的TAFE模式是建立在终身教育理论基础上的特色鲜明的职业教育模式,TAFE学院通过校企合作与职业培训的方式为澳大利亚培养高技能人才。澳大利亚政府一向重视高技能人才的培养,发布了一系列促进高技能人才发展的文件,如加强低收入人群的职业教育培训;完善职业教育机构的认证与评估,提高其吸引力;政府重点投资技能短缺领域,根据产业需求开展培训,构建国家培训体系;积极应对国际经济变化,调整职业教育与培训体系。英国工读交替制培养模式指学生在学校掌握了一定的理论知识后到企业进行实践。学生利用在企业实习对理论知识进行回顾和思考,对于不懂的问题继续返校学习和巩固,也就是在学习理论知识和社会实践之间交替进行,使得输入的理论知识可以输出为实践所需。"学习—实践—再学习—再实践"的工读交替制培养模式被英国职业教育机构普遍采用。这种模式能使学生真正掌握所学的专业知识,因而,完成这样的模式一般要4—5年的时间。而且,学生在企业实习时,每周可选择一天去学校学习,且这天的学习是带薪的。在人性化的培养模式中学生可以轻松完成整个培养计划,这样的人才培养模式不仅加强了学校和企业之间的合作,而且发挥了双方的优势。

二、技能内生

技能内生外部表现为技能形成过程,一般指劳动主体在已有知识经验的基础上,经过练习形成执行某种任务的活动能力,涉及政府主导下的教育与培训系统、资本与劳动力之间的复杂关系,不同利益集团在维护和争夺相关利益过程中相互影响,从而生成一种特定的体制环境。[①]技能内生内部表现为核心精神气质养成的默会技能,最通俗的就是工匠精神。技能形成是显性的,由技能知识习得与技能经验积累两个环节构成,前者主要发生在学校,后者则主要发生在企业,相对应,如果前者是教育过程,那么后者便是劳动生产过程。[②]默会技能是隐性的,更多是在长期刻意练习中内化形成的技术信仰,在高端制造领域是很稀缺的。事实上,从早期的学徒制开始,一直到后来演化而成的规模化职业教育体系,技能内生都是"做中学"的产物,即使在重大的技术进步和科技创新领域,几乎所有都来自广泛的工业实践,特别是广大草根实践者在日常制造过程中的实际操作经验。不论是以造纸术为代表的古代四大发明,还是第一次工业革命的重要产物蒸汽机,在技能内生的过程中,"日常实践中的接触才是最好的学习方式"[③]。几乎所有工业领

① 许竞. 试论国家的技能形成体系——政治经济学视角[J]. 清华大学教育研究, 2010,31(4):29-33.

② 王星. 技能形成的多元议题及其跨学科研究[J]. 职业教育研究,2018(5):1.

③ McCloskey D N. Bourgeois Dignity: Why Economics Cant Explain the Modern World [M]. Chicago: University of Chicago Press, 2010.

域的知识,都属于无法形式化(或公式化)的实践知识,实践创新已被证明是人类技术发展史上最重要、最直接的推动力之一,技能内生开始的时候也许是低档次和不起眼的,但世界前沿技术就是在日积跬步的过程中积累产生的,技能内生的过程和创新如影随形,"一旦学会了制造和模仿,创造和创新的大门就打开了"。工业技术从最低端走向最高端,都是通过技能人才内生体系的不同演化路径,由千万个个体不断在实践中摸索和尝试,最终实现个体突变,从珍妮纺纱机到高性能蒸汽机、从奥托内燃机到豪华机车、从第一台电子计算机埃尼亚克到物联网科技……无不遵循这样的逻辑。

三、技能匹配

技能指主体(一般指人)在已有知识经验基础上,经练习形成的执行某种任务的活动方式。[①]心理学领域根据技能的不同特点,将技能分为智力技能和操作技能,大脑对事物进行分析、理解、抽象等智力活动称为智力技能,通过大脑控制机体运动完成的活动称为操作技能。在技能形成过程中,知识既是基础又是获得新技能的条件,本研究所指的技能是指在高端制造领域行业企业对技能人才的职业技能要求。亚当·斯密在《国富论》中提出的劳动分工理论是对技能匹配最好的阐释之一,早期的劳动分工来自实际生产加工过程中对效率提升的诉求,从手工生产扣针到自动化流水线生产汽车,技能在劳动分工中不断演化,伴随着生产工序、工步、工位的完善逐渐提升匹配效率。对于手工时代有18道生产工序的扣针,劳动分工前每人每天生产不足20枚,分工后10个工人每天能够生产4.8万枚,这样的劳动分工机制到了亨利·福特时代,被应用到需要8772个工时的汽车生产领域,生产和劳动分工体系越来越复杂,但技能匹配的逻辑始终不变——将生产工艺分解至最小单元,由大学、职业院校和培训机构批量生产技能,再由劳动力市场与生产过程完成匹配,匹配的效率决定了社会生产的效率。人工智能的出现打破了这样的格局,这对源于劳动分工体系而建立的学校教育,特别是职业教育产生了很大冲击,导致基于学科或专业的专门化人才内生体系受到巨大挑战。

---

① 顾明远.教育大辞典[M].上海:上海教育出版社,1998.

四、职业技能匹配

职业技能是人类的技能技巧在不断客观化的过程中的剩余部分,[①]是智力技能和动作技能综合基础上形成的较为复杂的技能,[②]也是从职业角度,强调从事职业岗位所具备的"胜任"程度,是人们从事一个或若干个相关职业所必备的一种具有迁移性特性的综合素质。[③]在现代职业教育中,职业技能已不局限于某一职业岗位的工作任务,鉴于此,本研究将职业技能界定为"与职业活动或职业任务相联系,从职业岗位群出发,以工作能力、工作过程和工作情境为导向,符合实际岗位的技能需求,保证技能劳动者在生产岗位相关的技能质量,拓展未来职业生涯中的职业迁移能力,从而提升劳动者自身的竞争力"。基于职业技能的概念界定,职业技能包括以下基本要素。

(1)职业通用技能是指行业通行的基本技能,适用于任何专业领域,能够在不同的情境中迁移。职业通用技能在若干工作岗位中具有相同或相似的职业特征及职业技能要求,是整个行业对从业人员提出的共性的、专业高度集成的职业技能。[④]

(2)职业特定技能是指从事某特定职业所需的理论与技能,要求劳动者能够运用专业技能,合理地完成特定工作任务并进行结果评价,具备抽象思维、逻辑思维,主要包含特定职业的专业基础理论、完成相关工作任务的特定技能。

(3)跨专业技能是指不同专业领域所需的知识技能,要求劳动者具有适应岗位变化的能力,策划、沟通、执行能力,以及企业管理等基础能力,掌握处理学科交叉领域工作所需的相关复合型知识、技能及创新能力。例如,城市轨道交通运营管理专业的人才方案中,要求技能工人除了掌握城市轨道交通运营管理的基本知识体系外,还应具备从事铁路运输管理的能力、生产现场管理的能力和交通运营市场营销策划能力,以及创新创业能力。

---

① 赵志群.职业能力研究的新进展[J].职业技术教育,2013(10):5-11.

② 肖凤翔,马良军.高职院校学生职业技能培训程序及原则[J].高等工程教育研究,2011(10):162-167.

③ 王江涛,俞启定.职业能力培养的历史[J].教育与职业,2013(3):18-22.

④ 张弛.校企文化一体化:职业能力培养路径探析[J].职教论坛,2014(31):9-15.

(4)核心技能是指超越某具体职业或行业特定的知识和技能,核心技能能使个体成功融入社会网络,保证个体在熟悉和陌生的环境下均能独立有效开展工作,在不断变化的环境下,能够持续更新知识技能储备,快速适应工作过程迁移,能通过分析工作任务寻求问题的解决方案。个体需要具备有效的自我管理能力和良好的职业道德素养,[①]同时具有良好的行为规范和职业操守、较强的团队协作能力、认真的工作态度和责任感以及出色的组织和协调能力等。

各职业技能基本要素之间相互依存、紧密联系,具有技能迁移性和交叉融合性,如图2-2所示。掌握职业通用技能,劳动者将会获得在该职业工作必需的、宽泛的基础技能,宽泛的基础技能是职业特定技能的基础,通过职业特定技能训练掌握特定专业所具备的技能,可满足企业的基本入职要求。

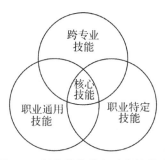

图2-2 职业技能基本要素的关系

从宏观角度看,职业技能匹配是指职业教育不断提升职业技能培养质量,使其与劳动力市场的技能需求相匹配。[②]随着产业创新、全球化分工和智能装备制造技术的发展,与产业创新相匹配的职业技能需要不断调整变革,适应精细化生产,从而演化出综合化和智能化的职业技能内生体系。从中观角度看,职业技能匹配是指职业教育的专业结构、课程体系、师资水平、层次结构等各方面形成一体化的技能人才训练体系,产出能够与区域产业

---

① 李丽桦.核心能力——欧洲促进能力建设的一项新举措[J].全球教育展望,2003(12):33-37.

② 张原.中国职业教育与劳动力需求的匹配性研究[J].教育与经济,2015(3):9-14.

发展需求相匹配的技能人才。[①]职业技能匹配是指以培养劳动者的综合技能为主,提升劳动者的职业道德素养,增强劳动者自身的竞争实力,充分利用优势资源和环境,实现校内理论知识与校外实践技能一体化,培养岗位技能与专业技能相匹配的技能人才。[②]以智能装备领域相关岗位技能为方向,通过调查分析相关岗位的职业技能,[③]本书将职业技能匹配界定为通过岗位职业技能的量化,形成职业技能标准,为职业教育中技能实训提供依据。根据职业技能标准,学校进行专业设置和课程体系规划,组织学生完成专业主干课程,接受有针对性的实践学习;企业在明确技能规格和质量评估等方面实现有效参与,推动学生将专业技能迁移到岗位技能,从而提升职业技能的匹配度。

五、技能(人才)匹配策略

从世界范围内工业革命或工业化的历程来看,理想的技能匹配策略分别在空间维度和时间维度实施,空间维度表现在人力资本结构与产业结构的有效对应上,这是人力资本投资的结构和数量有力推动经济增长的隐含前提条件,[④]时间维度表现在产业结构升级与人力资源高级化过程的匹配上,随着以手工业生产技术、半机械化技术、机械化技术、半自动化技术、自动化及智能技术为代表的原始技术、初级技术、中间技术、先进技术逐渐向高端技术演化,相匹配的产业结构由劳动密集型、资本密集型、技术密集型向知识密集型产业转化,[⑤]高级人力资本逐步替代初级人力资本并占据主导地位,从而推动以基础技术向高端技术演进为特征的技术结构升级和技术

---

① 朱新生.职业教育发展与劳动力市场的契合度分析——基于江苏省苏南地区的调查[J].教育发展研究,2010(19):22-26.

② 宋争辉.构建大学生专业与岗位技能对接教学模式的探索[J].教育研究,2012(5):155-157.

③ 吴旭君.以职业岗位能力为导向创建应用型人才培养模式[J].中国高等教育,2014(5):34-35,45.

④ 郭继强.人力资本投资的结构分析[J].经济学(季刊),2005(2):689-706.

⑤ 原毅军,等.产业结构的变动与优化:理论解释和定量分析[M].大连:大连理工大学出版社,2008.

内容创新。产业由劳动密集型向知识密集型转化过程中,也会推动各种类型人力资本的需求量随产业结构调整而变化。[①]在这个过程中,政府进行有效的宏观调控并提供制度保障,教育培训系统适应产业结构变革进行改革升级,金融资本投资和人力资本投资动态协调发展,推进技能要素的动态匹配,从而保证制造业高端化发展。

六、技能人才激励制度

高端制造领域的发展逻辑是,重大技术发明或创新导致制造范式迁移,传统生产关系遭到破坏,需要产生新的劳动生产方式与之匹配,技能人才是适应劳动生产方式的产物,所以对于技能人才激励制度而言,有两个范畴需要同时兼顾,即技术性和技能性。技术人才激励制度包括企业激励制度、专利保护制度、薪酬激励制度、技术等级评价制度等,如英国的科技创新管理体系、日本的"产学官合作"制度等,直接或间接催生出新的劳动生产方式和技能分工体系;技能人才激励制度包括校企合作机制、劳动力市场制度、技能薪酬制度,以及相应的人才激励保障体系,如德国的技能工资制、英国的现代学徒制、美国的劳动力市场集体谈判机制等。

七、技能人才发展路径

随着我国产业转型升级和结构调整,特别是在人工智能、大数据、物联网等前沿技术的催化下,人才的劳动技能结构也亟待调整。技能人才发展路径是指,为适应制造范式变革下的生产组织方式演变需求,采用的具体应对策略和方法的集合。首先,传统制造向智能制造、高端制造、品牌制造转型过程中,制造模式由个体、分散向产业集聚、网络化方向发展,粗放型技术模式向精益生产模式转变,新技术、新变革快速升级迭代,传统技能人才已经无法适应智能制造、高端制造供给侧结构性改革环境下的新需求,技能人才如何适应当下及未来的技术需求?通过跟踪调研"三元众筹""企业学区"等技能发展模式和"解剖一只麻雀"的具体实例,本书给出了可迁移的路径

---

① Acemoglu D. Technical change inequality and the labor market[J]. Journal of Economic Literature, 2002, 40(1): 7-72.

选择。其次,传统制造向高端制造转变过程中,亟须丰富品牌内涵,提升技能工匠精益求精的意识,从单纯追求技艺向追求品质发展,就需要工匠精神作为支撑,那么如何提升工匠精神?本书从基础阶段、进阶阶段、关键阶段、精进阶段、升华阶段给出了训练、提升、反思、创造、合作五步法,将工匠精神提升分解为可操作、可实施的步骤,进而确定了有效实施路径。最后,互联网和信息化等数字化技术打破了传统边界和固有的人才衍生规律,传统学徒制受到现代学徒制冲击,特别是智能制造领域"机器换人"的反复迭代,传统的劳作方式将被机器取代,如何适应数字化、智能化的生产方式?本书给出了"工学做"融合的技能提升路径,围绕核心技能、职业素养、岗位认知、顶岗实习等一系列具体化举措,建立了分步骤实施的可行性框架体系。

第三章　世界制造范式变革下技能人才内生体系演化

机器制造业出现之前,靠私人契约约束的"契约式学徒制"(indentured apprenticeship)在很长一段时间内都是培养技能工匠的主要形式。13世纪下半叶,大量手工业行会(guild)登上历史舞台,学徒制开始出现。行会为了控制某一行业,不断增强学徒契约的合法性和公信力,行会规定了从学徒、工匠到师傅的三级晋升体制,依靠严格的等级制度和内部流动机制,师傅将学徒牢牢控制在手里。14世纪以后,欧洲几乎每座城市都有各种手工业行会,学徒门类和人数不断增加。此外,各行业内部技术加剧分化,如皮革行业,可以分为皮革匠、生皮匠、鞭皮匠、制手套匠、制皮带匠,甚至还有制钱袋匠等。虽然学徒要经历漫长的学徒训练并缴纳不菲的学费,但学徒制依然热度不减,晋升为师傅的前景、师徒关系网的建立及接触上流社会的机会等,都使学徒身份备受追捧。因此,15世纪以后,来自商人和绅士家庭的学徒逐渐增多,学徒竞争加剧。

第一节　手工业生产体系的没落

随着技术的进步及经济规模的扩大,市场供需发生了巨大变化,行会的封建性及内部成员的对立与分化,导致学徒制面对技术革新的新市场出现各种不适应,最终在追逐利润最大化的分包制的竞争面前瓦解。学徒制的没落很大程度上源于新型生产组织方式的冲击,大批资本家向不受行会管辖的农民提供工具、原料和资金,实行计件生产制,其逐渐演变成工业的家庭承包制。在新的生产组织方式下,学徒制技能训练功能的缺失导致师傅陷入从属境地,加剧了学徒、工匠与师傅之间的阶层分化,师傅和学徒不同阶层之间的冲突日益激烈。16世纪后,学徒制逐渐衰落,工会发展起来。随着行会权力的式微,国家权力开始介入,最重要的形式之一就是立法,如1562年英国颁布的《工匠与徒弟法》(Statute of Artificers and Apprentices),对学徒制进行了统一规定,要求学徒年限一律为七年,师傅每带三名学徒就可以雇用一个工匠,只允许拥有一定财产的监护人的子女当学徒等,保障了城市手工业者的利益。1601年,英国王室颁布的《济贫法》(Poor Law)规定,贫苦儿童必须做学徒,对学徒的监管力度大大增加,但学徒制衰退的事实难以改变,直到新的技能人才发展体系——由企业和工人自发组织的职业技术教育出现。

英国经济学家亚当·斯密于1776年出版了《国富论》,但他根本没有注意到,此时同在格拉斯哥大学的瓦特已将改良的蒸汽机公布于世,更不会意识到蒸汽机的标志性意义。亚当·斯密的《国富论》中有关制造业的例子依然是传统的手工作坊,他记述道:"大部分的制造业都有其他附带的制造业,性质相似,一个工人很容易从其中一种工作转到另一种工作,大部分这样的工人也偶尔从事乡村劳动",这就是工业革命前劳动者真实的写照。但是,一切都被大生产过程的隆隆的机器所取代,人将变成生产线上微不足道的"螺丝钉",制造范式不断迭代,新的生产组织方式改变了劳动生产体系中所有参与者的命运。

第二节 技术范式变迁与生产组织方式变革

普遍认为,从18世纪至今,人类经历了三次工业革命,一些学者认为,以工业4.0和人工智能为标志的第四次工业革命也已经开启,四次工业革命分别对应着手工制造、大机器生产、流水线生产、大规模定制四种制造范式。演化经济学家认为,技术对工业革命的影响往往表现为一种外在的、线性的影响,工业革命的发展过程可以视作从技术突破到产业结构变化的一个漫长、复杂但层次清晰的历史演进模型,其中技术创新及扩散居于核心位置,先导产业是激进创新的载体,激进创新通常是在某些先导产业率先出现后向其他产业扩散,以多种形式对其他产业产生带动效应。首先,提供关键原材料和通用装备,或者改善交通和通信基础设施。其次,大规模的技术革新必须与核心投入、基础设施、生产组织方式等共同发展,从而推动先导行业的发展。最后,先导行业的发展,主要是通过与企业之间的直接或间接的联系,使整个行业系统的结构产生明显的改变,这一进程又被称作技术—经济范式的转变。同理,技术—技能范式也发挥着重要作用,大规模技术革新通过商业形式创造的新设备、新流程以及新工艺,需要全新的生产组织方式与之相匹配,原有的劳动力技能传承方式遭到淘汰,批量化、系统化、自动化的全新劳动分工体系通过企业内部培训及职业院校等载体,使得全民技能结构实现质的飞跃。

第三节　第一次工业革命的技能体系重构

一、第一次工业革命中代表性制造技术变革

第一次工业革命也被称为制造业的机械化革命,发源于英国并迅速扩散到整个欧洲,以蒸汽机的发明为标志,时间为18世纪60年代至19世纪中期,机器生产开始代替手工劳动,人类从此进入蒸汽时代。第一次工业革命使机械生产代替了手工劳动,经济社会从以农业、手工业为基础转型为以工业及机械制造带动经济发展的模式。制造企业初具雏形,企业逐渐形成了作坊式管理模式,从而对劳动力的文化素质、技术技能水平提出了全新的要求,传统的强调简单职业训练的学徒制逐渐不能适应现代化生产而遭到淘汰,大量掌握一定技能的专业技术工人成为社会的迫切需要。

(一)棉纺织业的发展

棉纺织业是第一次工业革命中重要的经济增长产业,织布是传统家庭手工业,一般情况下一户家庭会有一台手摇织机,家庭成员一起打卡、纺纱、

织布,依靠卖织布谋生,棉花的大量进口导致大量过剩的棉花无法加工,机械化成为必然趋势。最早的机械发明之一是飞梭,约1734年由约翰·凯(John Kay)发明,飞梭使得手工编织速度更快,一台织机不再需要两名操作人员,那么问题来了,织机的工作效率提高了一倍,但传统的纱轮无法为织机传送足够的纱线。詹姆斯·哈格里夫斯本(James Hargreaves)是精通木匠技术的纺织工人,1764年,他发明了一个用纺轮带动八个竖直纱锭的新型纺纱机,织布效率一下子提高了八倍,珍妮纺纱机流行开来。珍妮纺纱机是一台多锭纺纱机,起初一个工人能管理八个卷筒,一段时间后,单个工人管理的卷筒数目达到120个。

1769年,理查德·阿克莱特(Richard Arkwright)获得了水力纺纱机的专利权,进一步改进了纺纱工艺,几年之内从梳棉到纺纱的全部纺织工序都实现了机械化操作,他的工厂成为专门建造的最早的机械化工厂之一。工业革命意味着生产组织方式的变革,1771年12月,阿克莱特在德比郡(Derbyshire)水力资源丰富的克朗福德建立了第一个现代意义上的"工厂",这家纺纱厂安装了多台多轴纺纱机,一台水轮机可同时带动多台纺纱机,300名工人完全按照机器的步调进行生产。从此以后,一种全新的生产组织方式产生了,在工厂中,工人必须严格遵守劳动纪律,按时上下班,按照机器的步调劳动,每一件产品都必须经过多个人配合生产。纺织机械的技术进步极大提升了生产效率,棉花加工从1780年的1磅/时提高至1830年的14.3磅/时,单个工人在一个童工的配合下可同时操作4台动力织布机,生产效率相当于20名手织工。

(二)炼铁业的发展

铁是轧棉机的主要原料,铁的成本在相当大程度上决定了轧棉机的成本,所以,铁成为制约先进生产工艺大规模推广的主要因素。早在17世纪最初的10年,英国的木材资源非常短缺,燃料不足成为阻碍炼铁业发展的主要因素,唯一的解决方法就是找到一种合适的燃料替代木炭炼铁。当时,煤作为燃料已在玻璃、制砖等行业得到广泛应用,因此用煤代替木炭便成了可行的选择。用煤作为替代燃料看起来十分简单,但实施起来却花费了大半个世纪。其间,许多人进行了各种尝试,其中最为著名的是英国人杜德利

(Dudley)。杜德利20岁时便掌管了父亲的三家铁厂、一座炼铁炉和两座锻造炉,并开始实验用煤代替木炭炼铁,但用厚煤块和煤屑做燃料的话,它们所含的硫会导致生铁具有热脆性,无法锻造成形,因此,将煤炼成焦炭是解决该难题的最终方案。

17世纪后半期,虽然英国已有人开始尝试用焦炭炼铁,但将其真正实现的是18世纪初的亚伯拉罕·达比(Abraham Darby)。达比早年在伯明翰的一家麦芽糖厂做学徒,1699年学徒期满后搬到了布里斯托尔(Bristol),和其他人一起开办公司制造家用的铜锅,后因铜的成本较高,达比尝试用铁铸锅,他获得成功并申请了专利。1708年,达比离开了布里斯托尔的公司,来到希罗普郡(Shropshire)的科尔布鲁克代尔(Coalbrookdale)创办了自己的铁厂,在麦芽糖厂的经历让达比有使用焦炭的经验,他租下了一座已经废弃多年的炼铁炉,进行焦炭炼铁的实验,改进了高炉的内径和炉内结构,并为高炉安装了一套新的鼓风设施。1709年,达比发现了用焦炭代替木炭冶炼铁的生产技术,这是一个不断试错的过程,也是英国第一次工业革命时期技术创新的重要特征。由于无法看到炉内的情况,只有出铁后才能知道事前的调整是否可行,若结果不理想,只能在停炉后再进行调整和实验。除了对炉子的调整外,在炉子工作时还需要对其他方面进行调整,如调整风压、焦炭和铁矿石的配比等。焦炭炼铁法及后来的科特搅炼法,也称普德林法(Puddling process),使得铁能够以低廉的价格供给蒸汽机和轧棉机等机械装备,工业革命步入快车道。蒸汽机的广泛应用导致了煤炭的需求量加大,采煤业引入蒸汽机后生产效率得以提升,煤炭价格下降又降低了蒸汽机的使用成本。因此,棉纺织业不仅极大地提高了其他产业的机械化,还推动运输力从水力转变为蒸汽动力,从而获得了充分的发展空间。

(三)铁路交通网的大规模铺设

18世纪以前,英国道路基本上是泥土路,运输工具是骡车、马车。18世纪初,英国开始改善交通,首先是修筑公路。1760年至1774年,议会批准了452项筑路申请,到1800年已建成1600条公路。19世纪初,英国公路能连接全国大小城镇。内河运输也在这个时期兴起,1761年开凿了第一条内陆运河,从沃斯利到曼彻斯特全长10.5英里,这条运河的开凿点燃了全国发展水运的热情,到18世纪末英国已经有4000英里的内陆水道。铁路建设也发展迅速,19世纪初期,一些矿区铺设轨道,让马拉着有轮的车厢在轨道上行走。1814年,乔治·史蒂文森建造的第一台用蒸汽作动力的铁道机车在铁轨上运行。1830年,曼彻斯特到利物浦的铁道投入使用,铁路时代迅速到来。到19世纪中叶,铁路已成为英国国内最重要的运输方式之一。

（四）机器制造业的兴起

瓦特改进后的双动蒸汽发动机的动力得到了极大的提高,但因为造价过高,一直未能获得巨大的市场收益。但随着煤、铁的广泛使用,制造成本大幅度下降,大规模铁路网的铺设迫切需要增加蒸汽机车的数量,铁路设备和铁路车辆也随之大幅度增加。机器的广泛使用,大规模的铁路铺设和远洋轮船的制造使得制造工作母机与重型机器提上了日程。19世纪的最初10年,机床作为通用装备被广泛应用至众多产业。到了三四十年代,作为一个新的工业部门——机器制造业诞生了。1820年前后,已出现一批专门制造机器的厂家,有专门的技术工人。从此,用机器生产机器,再用这些机器去生产其他产品,形成了"铁—煤—蒸汽机—铁路装备—精密机床"之间的协同效应,既提高了工业生产率,也促进了工业革命向更广阔地区（特别是欧洲大陆）的传播。第一次工业革命历经80年,英国很快在国际上取得工业垄断地位,并以出口机器和多种产品而成为"世界工厂"。

二、第一次工业革命中的生产组织方式演变

（一）工厂制的兴起

技术进步改变了英国棉纺织业的面貌,纺纱业经历了从分包制到新的资本主义生产组织工厂制的转变。一方面,传统生产工艺下纺纱业劳动密集程度高,早期企业不具备雇佣、培训和监督工人的能力;另一方面,以农民为主的劳动者不适应工厂的工作制度,不愿意进入工厂工作。按照经典的企业理论,企业倾向于采用市场交易的方式,将纺纱外包给纺纱工（外包制）,降低企业雇佣、培训和监督工人的成本。随着企业增加专用性固定资

产投资,外包会导致高昂的交易成本,不利于发展规模经济。1830年左右,尤尔在《工业哲学》一书中给工厂制下了这样的定义:工厂制是以经常的劳动来看管一套由总动力不断发动着生产机器的、不分长幼的各种工人的协作。到1844年,"工厂"就成了这样的场所,"在那里,人们借助由水力、蒸汽力或任何其他机械动力发动的机器工作,把棉花、羊毛、鬃、丝、亚麻、大麻、黄麻或麻屑等制造、加工改变为某种形状"。工厂制是机械化的必然结果,一套由若干相依成分所组成的、带有一个总动力的设备,只能安设在一个地方,而它的运转是由一批受过训练的人员操纵的,这个地方就是工厂。18世纪90年代,工厂制凭借资本集中、企业内部分工、再生产和分销网络的优势及严格的劳动纪律,成为纺纱业的主流生产组织方式。随着技术在其他生产领域的扩散,其他工业生产组织方式也逐渐从手工作坊、手工工场向工厂制演变,而且这些演变过程相互作用,使以机器大工业为基础的工厂制成为英国工业中占主导地位的生产组织方式,改变了英国社会的面貌。多萝西·马歇尔在《工业的英国:1776—1851》一书中这样说过,在18世纪70年代以前,英国社会的一切还都与其他国家相似,可到19世纪中期它已经是一个完全不同的国家了。

(二)技术工人承包制的出现

新卢德主义者杰瑞·曼德尔指出,技术必须从技术体系的角度来看,方能全面把握技术的基本特性。技术始终起着一个体系的作用,技术体系的广度和深度,使得技术体系与社会的生产和社会生命体系相结合,当技术达到一定程度后,技术便能真正地变成人类自觉的生存条件。各行业之间的关系是紧密相连的,某一行业的技术发展必定带动其他行业的技术革新。随着第一次工业革命的技术革新,新型的生产组织方式也逐步形成。首先,工厂增加机器和专用设备种类后,专用性投资随之增加,企业规模不断扩大,工厂组织的制度成本也不断上涨。为此,工厂内部兴起了技术工人承包制,即"内包制",也就是说,将生产责任下放至技术工人或领班,由其组织工人生产和管理机器。这一时期的分包制是在工厂内部分包,而18世纪90年代以前则是"外包制"。相比于工厂制,技术工人承包制增加了生产的层级,形成了多层委托代理关系,降低了监管成本。相比于外包制,工厂可以实行指令管理,节约了交易成本。技术工人承包制持续了约 1 个世纪,促进了英国产业工人专业技能的积累,提升了行业合作精神和技术工人的责任感,塑造了精益求精的工匠文化。其次,铁路对现代企业制度的形成产生了示范效应。今天企业所具备的属性很多源于铁路运营和扩张(特别是长距离运输)的实践,如守时、前向服务规划、惯例化检修、控制关键供应商、及时配送、总部管控、分段运营形成的科层制、层次分明的职责体系等。

三、工程技术变革下的技能人才内生体系重构

第一次工业革命正处于欧洲由封建主义社会向资本主义社会发展的过渡时期,生产组织方式发生了剧烈变革,传统的学徒制受到诸多因素的影响也发生了巨大变化,这些因素包括以下几个。

一是从家庭作坊到手工工场的生产组织方式转变,考验着传统学徒制的生存能力。一方面,师徒间原本亲密的私人关系转化为有利益冲突的雇佣关系,越来越多的师傅仅把学徒当作廉价劳动力;另一方面,学徒制的教授过程和教学功能被弱化,由于劳动分工的细化,生产过程往往变成一些简单分工的组合,学徒在单一生产线并不能掌握完整的技术流程,再加上师傅一般并不参与生产的全过程,使得学徒观察师傅或得到全面细致的技术指导的机会大大减少。

二是圈地运动引发的一系列经济、政治和社会矛盾,给原来由行会主导的学徒制带来了巨大挑战。大量破产农民流入城镇,使得城镇快速发展,对手工业产品的需求大增,而猛增的生产需求又引起了激烈的市场竞争,大大冲击了行会控制下的手工业生产秩序。学徒被师傅当成廉价劳动力的现象,也使得学徒对学徒制的认同感降低。另外,圈地运动还使社会贫富矛盾升级,经常发生的农民起义,给政府造成了很大的困扰。政府希望采取措施,缓解贫困问题,改革的方向指向了学徒制。

三是行会及行会制度的腐败也使传统学徒制日益瓦解。随着城镇的兴起和市场竞争的日益激烈,师傅开始违反学徒制的规定,招收更多的学徒或工匠并将其当作廉价劳动力,师傅与学徒之间的纠纷经常发生,需要地方司法介入处理。行会还越来越成为少数既得利益者实施特权的机构,严格控

制行会成员的数量,使得工匠要获得师傅的称号越来越难。这样,原先具有技艺传承功能的学徒制,已经渐渐变成行会阻止他人经营、保持垄断的排他性特权制度,需要新的、更大的力量对其加以规范和调整。上述社会背景下,学徒制的控制权逐渐由行会转移到国家,国家开始通过立法对学徒制进行各种干预。例如,1733年德国普鲁士地区颁布保证行会特权的法令,由国家对学徒制进行统一管理。1794年,普鲁士地区还在一般国家法令中对行会和学徒制做了具体规定,在普鲁士地区全面推行国家立法管理学徒制。

工场手工业生产是从家庭作坊到机器大生产的过渡阶段,这一阶段生产系统的设备还比较简单,生产稳定性较差,因此内部劳动分工并不精细,机器仅在一定范围内使用,却往往被视为对劳动技能的一种补充。也就是说,在工场手工业生产系统中,劳动者的技能与劳动过程并不能分离,产品加工对劳动者技能的依赖程度较高,机器的使用只是作为规模化生产的补充。英国资本家发现,单纯增加机器无益于产量的提升,提升技能工人的数量才能实现规模化生产,但成熟的技能工人从培养到使用需要一定的周期,且工人的技能培训权和资格认证权牢牢掌握在行会手里,也就是说,技能工人的严重短缺已成为制约工场手工业规模化生产的重要因素。行会对学徒的培养模式已经严重危及到资产阶级的根本利益,无法及时补充大量的学徒和成熟的技能工人,商品供给也因此无法满足市场需求。于是,代表资产阶级利益的英国政府开始削减行会的特权,直至1814年正式废除《工匠与徒弟法》,英国开启了职业培训体系的新篇章。

18世纪末,由于动力革命和圈地运动的发展,大量丧失土地的农民沦为工人,这些人由于缺乏技艺,很难找到合适的工作。随着工业发展和技术革新,大机器生产对工人的技能水平提出了更高的要求,大多数工作要求一定的技能水平,工人需要具有一定的文化水平,这必然导致劳动力失衡,普及教育是提升劳动力整体水平并实现技能匹配的最有效方式之一。1800年,英国取消《最低工资法》,日益贫困的工人阶级开始觉醒,工人教育运动相继开展,广泛普及技术知识并促进科学、工艺发展的协会和讲习所纷纷成立,其中技工讲习所影响最大。最早在格拉斯哥中心成立的安德森技工讲习所开展的技能培训,与克莱德河沿岸的造船业、纺织业和相关的金属制造业紧密相关,讲习所向工人教授化学、哲学、数学、机械工艺、生产科学、手工技艺等,并设有机械展览室和图书室。截至1841年,英国已经建立了200多个技工讲习所,参加人数超过25000人,到1850年讲习所数量增加至610个。技工讲习所存在的时间不长,随着其职业特性不断制度化,技工讲习所演变成技术学院或技术大学。1833年出台的《工厂法》促使工厂学校发展起来,虽然当时的工厂学校设备简陋,但对工人的技能提升发挥了重要作用。

19世纪三四十年代,英国完成第一次工业革命并一跃成为世界第一强国,但由于缺乏对职业教育的重视,技能人才数量严重不足,原有劳动力无法适应工业革命带来的生产方式和社会结构变化,人才结构失衡,所以到了50年代,英国在很多制造领域已经被德国、法国、美国等国家超越。例如,1867年巴黎世博会上,90个展览门类中英国仅获得了10项优胜奖,工业家和教育家意识到职业教育,特别是技术教育的落后是工业落后的根本原因。相反,欧美国家高度重视职业教育,采用国家立法、政府拨款等措施设立职业院校,于是,1868年,英国成立议会科学教育特别委员会(Parliamentary Select Committee on Scientific Instruction),伯恩哈特·塞缪尔森(Bernhard Samuelson)任委员长,塞缪尔森花了大量时间对德国、法国、比利时等国家的职业教育进行研究,认为欧洲列强的工业发展与其完善的职业教育体系密切相关,并于1884年公布了《关于技术教育的报告》,即《塞缪尔森报告》。报告提出,一是在初等学校开设制图课、金属加工课、木器加工课;二是地方当局应开设科学艺术班,科学学科的教学应注重实践性;三是培养师资的大学里应大量增设科学技术课程;四是中等学校大量增设科学技术课程。该报告促进了技术教育的立法,1889年英国颁布《技术教育法》(Technical Instruction Act),其作为英国历史上第一部技术教育的立法,确立了职业教育的真正地位。从18世纪中期到19世纪中叶,英法美德等国家都建立了现代职业教育体系。

第四节　第二次工业革命的技能体系重构

一、第二次工业革命中代表性制造技术变革

第二次技术革命也被称为"制造业的电气化革命",以电力和电气装置的发明为标志,发源于美国,时间为19世纪70年代至20世纪初期,人类从此进入电气时代。第二次工业革命时期技术创新主要发源于企业内部的实验室,技术开发多采用定量科学计算的方式,通过以精确测量、受控实验及结果可重现为标志的科学路径,获得解决特定技术问题的创新方法,企业生产流程得到创新发展,人类从此进入生产线生产阶段。福特、斯隆开创了流水线、大批量生产模式,泰勒创立了科学管理理论,制造业分工细化,形成了以科学管理为核心的泰勒制和福特制两种典型的生产组织方式,使企业岗位与工人的技能匹配度大大提升。电力的发明为工业生产注入了强大的动力,除英国、法国、德国外,美国、日本等国也相应完成工业革命,工业获得快速发展,随之而来的便是资本主义国家间日趋激烈的竞争。除硬件工业设备外,工业发展水平很大程度上取决于工人的数量和文化水平、技术技能水平。因此,大力发展职业教育、构建现代化的职业教育体系成为资本主义国家的重要任务。

(一)电力生产的发展

第二次工业革命之初,最典型的供电方式是"住户式电站",发电量很小,一台发电机只能供应一栋房子或一条街的照明用电。随着电力需求的增加,"电力生产中心"成为现实,1882年,爱迪生在美国纽约珍珠街建立了装有六台直流发电机、总容量900马力的发电厂,电压为110伏,这是全世界第一座发电厂。电力通过改善工作环境和优化工业流程重塑了工业生产组织方式,在使用电力之前,生产线依靠多台蒸汽机协作提供的动力,任何蒸汽机发生故障都会影响整条生产线的运转。电气化改造后,生产流程变得简洁、稳定、灵活。电力还改变了机械装备的设计、制造和操作,优化了生产

流程。在制造业电气化的推动下，一批新兴产业特别是原材料工业快速发展，并且产生了很大的外溢效应。钢材具有良好的延展性且可被有效压缩，价格下降空间大，以钢为原材料的中间产品创新提升了下游产业的效率，形成中间产品和终端产品相互促进的"内生增长模式"。在交通运输方面，更高性能的钢轨替代了铁轨；铜是理想的导电材料，电解铜技术降低了铜价，廉价铜线降低了输电成本和电价，又反过来降低了铜的成本，形成"铜材—输变电—电价"的正反馈效应。这个时期，蒸汽船、铁路得到长足发展，电话、电报和打字机促进了生产和分销的快速扩张，全球市场一体化达到了前所未有的水平，形成了早期的国际产业分工网络，工业领域内出现了最早的跨国公司。

(二)福特T型车标准化流水线

1903年，福特就曾经说过，"造汽车的正确方法应该是让一辆汽车和另一辆汽车一模一样"，这在汽车还处于多型号、小批量生产的时代是不可思议的。福特最成功的产品——T型车是标准化产品的早期代表，1908年T型车一经问世，就成了当时汽车工业的主流设计。由于采用了新的生产方式，福特汽车从1906年的日产100辆，到1921年发展成每分钟生产一辆，1925年平均每10秒钟生产一辆汽车的速度，创造了世界汽车生产史的奇迹。1929年，"大萧条"抑制了第一次全球化进程，国家之间的利益冲突激化，巨大的军事需求刺激了汽车、卡车、坦克和航空器的增长，汽车、卡车和拖拉机等耐用消费品虽颇受民用市场青睐，但居高不下的生产和使用成本抑制了需求。在福特T型车之前，主流的生产组织方式是用户直接向汽车制造商"定制"汽车，这种做法虽满足了用户的个性化需求，但无法形成规模经济，汽车价格昂贵，交付周期较长，福特T型车实现了从定制生产到标准化生产的转变，极大地降低了汽车生产成本。"福特主义"代表了从20世纪30年代至50年代在世界经济危机和第二次世界大战后形成的资本主义形态，福特主义在60年代达到顶点。从根本上说，资本可以根据特定的社会、政治和技术条件采取不同的积累战略，福特主义就是一种集约式的资本主义积累战略，这种战略基本上是依靠对劳动过程重组实现的。

福特最先察觉到高产量、高工薪和高消费之间的内在联系,早在1914年,他就提出了实行五美元一天的最低工资举措,这一举措在当时的美国工业界引起了很大轰动,后来逐渐成为美国工业界的一项制度性措施,工人的收入也因此得以普遍提高。对此福特自己很清楚,正如他所说,"其实我提高工人的工资并不是对贫苦人的施舍,只是想把公司由于工作效率提高而产生的利润让大家分享。当员工生活富裕之后,消费水平也会随之提高,这些货币在市场上流通也会使T型车的销量提高"。福特于1931年这样写道:"我国的机器化生产大大丰富了我们的生活,可供人们挑选商品的余地比以前大得多。机器化生产为人们提供了更多的生存手段,而我们又依赖这些手段去购买产品。我们只是对那些最基本的必需品实行标准化生产。标准化不等于千篇一律,它使我们的生活变得比以往任何时候都要丰富多彩。这一点从前一直未被大家所认识,真是一件令人吃惊的事情。"福特认识到了机械化将在人类解放过程中做出巨大贡献。

二、第二次工业革命中的生产组织方式演变

(一)福特制与工业化大生产

福特制的建立标志着制造业进入自动化阶段,制造业自动化可追溯至19世纪末的"美国制造体系"。到1850年,美国制造体系在兵工制造业、钟表制造业等行业被广泛应用,所谓美国制造体系也就是"通用制"或零部件可换的体系,这种基于标准化制造的理念不仅提高了军工业的生产效率,而且衍生出庞大的制造体系,成为美国工业化发展重要的推进器。这一时期,以新型机床为代表的装备工业大发展强化了以高效率、标准化、可互换为特征的美国制造体系,为推广流水线作业奠定了产业基础。大生产的概念与18世纪的工业化有关,缺乏劳动力尤其是技术型劳动力的美国面对经济快速增长采用了大生产技术。大生产的特点是产量高、单位成本低。它通过零部件的可互换和标准化及制造的严格同时化与协作来实现,它的基础是精密和准确。真正的大规模生产仅有机械化是远远不够的,还需要把精确化、标准化、可互换性、同时化和连续性系统地结合起来。汽车工业的大规模发展将这些因素有机地结合在一起,汽车消费出现在20世纪20年代,到

1927年全世界4/5的汽车都在美国,平均每5.3人就拥有一辆汽车;而同年在欧洲机械化程度最高的英国和法国,平均每44人才拥有一辆汽车,美国这一巨大成就来自福特制。

(二)泰勒制的诞生

电气技术推广过程中涉及昂贵的设备、先进的技术、复杂的保养、烦琐的会计核算及各类协调工作,过去所有权和经营权集中的管理模式难以胜任电气化生产的管理任务,职业经理人应运而生,对工厂制造成了较大冲击。与此同时,跨国公司产生也使生产组织方式出现了新的变化。首先,小工厂演变成对产业和国家具有重要影响的大企业,对传统的企业治理结构提出新挑战。其次,产品复杂度不断提高,生产流程的持续延长和技术知识的快速增长提高了管理的专业化水平,企业内部的协调成本急剧上升。再次,技术工人难以掌握全部生产知识,职业经理人管控模式逐渐形成。最后,企业主和管理者不分的私人企业演变出所有权和管理权分离的公司治理结构,这被后世称为"管理革命"。企业管理的职业化、专业化推动了生产流程控制、营销等发展成为专业技能,企业内部的研发设计、市场研究等管理活动也逐渐专业化。正因如此,以专业管理团队为基础的"泰勒制"发展起来,泰勒通过科学分析人在劳动中的机械动作,提出最经济且生产效率最高的"标准操作方法",严格地挑选和训练工人,按照劳动特点对工人提出要求,规定生产规程及劳动定额;实行差别工资制,不同标准使用不同工资率,达到标准者奖,未达到标准者罚;实行职能式管理,建立职能工长制,按科学管理原理指挥生产,将权力尽可能分散到下层管理人员,管理人员和工人分工合作。1911年,泰勒在《科学管理原理》中从"车床前的工人"开始,重点研究了生产车间的工作效率,提出用科学化、标准化的任务管理方法代替传统的经验管理,使得"挑选头等工人""工作定额原理""计件工资制""职能工长制""例外原则"等词语成为该时期科学管理的常用概念。企业管理逐渐从车间转移至管理团队,专业管理团队的分工协作也提高了企业的动态能力,多元化战略逐渐流行。

三、工程技术变革下的技能人才内生体系重构

(一)劳动力去技能化

技术及生产方式变革使职业技能需求发生了巨大变化,机器生产取代了人力作业,大规模的工厂取代了个体手工工场,工厂的流水线和分工生产,这使得对一般员工的技能要求更加简单。师傅—工匠—学徒—劳工或佣人的技能人才等级体系逐渐瓦解,取而代之的是领班—熟练工—半熟练工—劳工的新等级体系,在这一等级体系中,很难找到学徒的位置,旧的学徒制已不适应甚至阻碍了规模化大生产,被雇主和谋生的劳动者双双抛弃。同时资本主义生产方式下的劳资关系,使学徒制失去了原本的师徒社会关系基础。劳动力变成了商品,资本家占有生产资料,通过雇佣劳动的方式剥削劳动者,创造剩余价值。雇主倾向于将学徒当作廉价劳动力,实际上并不传授其技能,或者招收价格更加低廉的劳动力,甚至可以随时解雇的妇女和童工从事简单生产。负责技能传授的"师傅"实际上不存在了,一般高技能工人承担起"师傅"的责任,但传授技能并不是他们的义务,恰恰相反,如果他们教会了学徒,学徒很有可能会取代他们的位置,因此,他们往往并不乐意向学徒传授技能,传统的技能传承体系已经不适应变革下的生产组织方式。

(二)技能教育的兴起

机器大生产引起的生产组织方式变革,一方面,使得传统的师徒技能传承方式逐渐失效,技术的快速迭代亟须更有效率的技能传播方式;另一方面,中产阶级和无产阶级要求民主的呼声日益高涨。乡村人口大量移入城市以及自由经济主义的兴起,扩大了人民的民主主张。教育,尤其是学校教育,是使人们获得更好职业发展并获得更高经济与社会地位的主要渠道。这就使得中产阶级和无产阶级要求享受正规学校教育的呼声日益高涨,政府不得不考虑让普通家庭的子女也享受学校教育。学校教育的功能从原先纯粹的学术教育扩展到职业教育与培训,这似乎成为解决人们受教育的要求日益增加与学校资源紧张之间矛盾的有效途径。

(三)制造强国的崛起

德国、美国、日本在第二次工业革命中纷纷崛起,制造业的发展重塑了技能人才发展体系,大量技能人才也为制造业崛起奠定了重要基础,二者相互促进。1871年至1900年,德国通过借鉴英国蒸汽机技术专利,发明了内燃机等,通过石油工业超越了英国的大国地位,此后德国工业体系达到世界顶尖水平,顺利完成第二次工业革命。1896年,美国工业产值超越英国;1914年,美国GDP总量成为世界第一;1945年,二战结束后美国成为世界霸主。日本的工业革命发生在19世纪80年代中期,1868年明治维新开启了日本工业化改革历程,日俄战争之后重工业得到新的发展,1907年日本完成工业革命。在这些国家崛起的背后,这一时期技能人才体系的建立发挥了重要作用,梳理这段历程可为我国提升技能人才发展水平提供借鉴。

1. 德国制造业崛起下的技能体系演变

德国在16—17世纪开始出现教授绘图、计算、机械和技术课程的手工业星期日学校。17世纪末,德国工场手工业生产在整个工业生产中的比例不足10%。18世纪前期,随着社会生产力的提高,工场手工业开始繁荣,为了提高生产效率,劳动过程组织化,企业要求劳动者具备系统的专业技能,重视道德品质,吃苦耐劳的精神受到推崇,技能导向的部分时间制学校和全日制职业学校开始出现。1784年,德国进入工业革命的准备阶段,随着工业革命的深入,到19世纪上半叶,很多行业普遍采用机器生产,商业专科学校发展起来,涉及采矿、冶金、金属器具、造纸、纺织、建筑、金属工艺等多个行业领域。1879年,科隆工业学校设立机械技术部。1881年,波鸿矿山学校设立特别部。1891年,杜伊斯堡设立了最早的工长学校,普通机械制造学校主要培养中下级技术员、工长,小工厂的技术管理人员,高级机械学校主要培养机械制造设计者、企业技术员、未来的企业经营管理者和领导人。19世纪30年代,大规模铁路建设加快了产业革命和城市化的进程,到19世纪70年代末,德国已经成为工业化强国,部分地方工业学校升格为综合技术院校,培养高级技术/技能人才。在产业革命和经济发展的推动下,一方面,要保护传统的工场手工业,1897年颁布《手工业者保护法》修正案,重新认可行会的权力,1900年重建手工业协会。另外,为发挥现代化技能孵化器的作用,1898年,法律规定一切从业男性17岁前必须在商业/实业补习学校上课,1902年这一规定扩展到从业女性,实业补习教育逐渐兴起。随着学徒训练向工业领域渗透,传统模式已经无法满足工厂对劳动力的需求,师傅指导下的大规模训练工场出现,其与补习学校相互配合,承担现代化生产的职业技能训练,这就是"双元制"职业教育模式的雏形。"双元制"被称为德国腾飞的秘密武器,青少年在职业学校接受专业理论知识教育的同时,在企业接受职业技能及相关的专业技能培训,目的是培养高水平的专业技术工人。政府在立法支持传统学徒制并鼓励建立各类与学徒相关的补习学校的同时,也推动了企业训练工场的发展。随着企业劳动分工的精细化程度越来越高,学徒在某一岗位上掌握的技能无法满足该职业所有技能需求,为提高工人的劳动技能,企业主将部分技能训练从工作岗位转移到特定的工场中。19世纪80年代开始,大企业迅速发展,1882年德国拥有50名以上工人的企业约为9500个,到1907年就增至2.9万个,大企业率先增设专门开展技能训练的场所,其他企业纷纷效仿,从最早的铁路推广到化工、机器和电气设备制造等先进制造领域,工人训练的专业化大大助推了制造高端化的进程。1891年至1901年,工业界培训的技能人才已经远远超过了传统手工业的培训数量。

2.美国制造业崛起下的技能体系演变

美国在17—18世纪中后期还是农业国。19世纪中期美国农业人口还占到总人口的80%以上,这个时期的学徒制来源于英国,但美国没有行会或匠人相关的行业组织,市镇当局对学徒制进行直接管理。17世纪中叶,职业学校传入北美大陆,一些学校在提供普通教育的同时也传授职业技能,有些学校几乎都以职业教育为主。这个阶段还出现了不同形式的夜校,满足了学习者需求的同时,弥补了学徒制的不足。美国在1825年兴起了手工劳作运动,该运动到19世纪40年代逐渐消退,虽然手工劳作运动持续的时间不长,但作为美国首次将教育和生产劳动相结合的尝试,其拉开了机械化革命下技能人才输出的序幕。19世纪70年代,麻省理工学院的教学实践,使人们意识到职业技能可以在学校中教授,并且机械艺术对教学有很大价值。郎克尔向马萨诸塞州教育委员会提交的报告中建议每个大城市建立一所机械艺术学校,每个村镇中学建立一个教学车间,每个学区学校建立一个木工车间,这些建议不久就变为现实。19世纪80年代,手工训练学校在美国兴起。与普通学徒制不同的是,手工训练学校所关注的是工具的使用方法而非结果,并且将通过手工训练获得的思维逻辑性、技能精准性和勤奋、道德价值融为一体。为推进手工训练学校的发展,很多州制定了相关法律,为其提供资金支持。然而,手工训练学校的局限性在于其不能满足人们求职和社会对于专门人才的需求,在这种情况下,职业学校应运而生。私立职业学校出现在19世纪后期,主要有三种模式:一是围绕特定职业进行专业培训;二是将专业技术培训与普通教育相结合;三是学校学徒制、技能训练体系与产业密切相关。20世纪初,公立职业学校开始出现,但发展缓慢,直到20年代,全国公私立职业学校学生总数也不超过5000人。1862年,《赠地法案》正式颁布,这是联邦政府支持职业教育的第一个法规。1862年至1898年,总共创办了48所增地学院,仅在19世纪60年代就创办了34所,后来这些学院都发展成了大学。赠地学院强调理论与实践相结合,将教学过程融入当地工业需求,特别是对农业工程技术的推进发挥了很大作用。

3.日本制造业崛起下的技能体系演变

1868年的明治维新使日本走上了资本主义发展道路。从1868年到1903年颁布《专门学校令》,日本30余年便建立了完整的现代职业教育体系,培养了数以万计的技术技能人才。1885年至1886年,日本公立农业学校只有13所,公立商业学校只有10所,当时生产力水平不高,工厂依然采取作坊式生产方式,以蒸汽机为动力的机械工业只占整个工业的10%左右。1884年至1893年,工业公司资本增加14.5倍。1893年,拥有10个工人以上的工厂有3019个,其中使用机械动力的有675家,工业革命迫切需要技术技能人才。1893年至1894年,日本先后发布《实业补习学校规程》《徒弟学校规程》《简易农学校规程》等法令。1899年,日本颁布《实业学校令》,同时颁布《农业学校规程》《工业学校规程》《商业学校规程》《商船学校规程》。1902年和1904年,日本分别修订了《农业补习学校规程》和《土地学校规程》。1910年,日本制定了《水产学校规程》,初等职业教育体系建设完成。随着日本经济的加速发展,产业界对更高层次的技术技能人才需求增加,1903年颁布的《专门学校令》规定,凡是以实施高等职业教育为目的的实业学校都属于实业专门学校。1913年,全国拥有农业专门学校五所、工业专门学校八所、商业专门学校六所,高等职业教育初现规模。从19世纪80年代到20世纪初,日本职业教育发展迅速,形成了以中等职业教育为核心的完整职业教育体系,既有培养一般技术人才的实业补习学校、徒弟学校,又有培养中高级技术技能人才的实业学校和实业专门学校,培养了大批农业、商业、工业、水产业等领域的技能人才,推进了日本工业化的进程。虽然学校数量明显增加,但依然不能满足企业的大量需求,一些条件较好的大企业开始进行内部培训。第一次世界大战后急速发展的产业几乎全部集中在机械、电机、造船、化工等高技术行业,对技术水平要求较高,学校不能满足企业需求,企业便通过内部办学设校培育自己所需的人才。1914至1919年,日本企业内技能人才培育发展迅速,特别是1916年《工场法》的实施和振兴社会教育的风潮加速了这一进程。随着全日制企业教育的发展,以训练见习员工为目的的定时制企业内教育形式也得到了强化,该制度能快速将见习员工转化为熟练员工,不但注重实际生产,而且注重文化课。同时,旨在推动中坚员工向上级员工转化的企业内教育机构也发展起来,其重视向学员传授工厂管理、工业经济等经营内容,促进了技能的推广。

第五节　第三次工业革命的技能体系重构

一、第三次工业革命中代表性制造技术变革

第三次工业革命被称为电子信息与计算机技术变革,或称为制造业数字化革命,以计算机和互联网的发明为标志,发源地是美国。从20世纪四五十年代至今,以晶体管、半导体元件、大规模集成电路等为代表的电子信息技术极大降低了信息传播成本,推动人类社会由工业社会迈向信息化社会,原子能、电子计算机、空间技术、生物工程等代表性技术既是长期科学积累的重大突破,也体现了二战及冷战时期各国对高科技的迫切需求。例如,1952年研制成功的世界第一台数控机床、1956年在宾夕法尼亚大学问世的"电子数字积分计算机"等都离不开美国军方的推动。第三次工业革命广泛

应用电子与信息技术,使制造过程的自动化程度进一步提高,分工合作、生产效率、产品质量、机械设备寿命都得到了前所未有的发展。工厂大量采用PC、PLC/单片机等电子、信息技术控制机械设备进行自动化生产,机器逐步替代人工作业,不仅接管了相当比例的"体力劳动",还接管了一部分"脑力劳动"。

（一）计算机/数字化技术

随着计算机成本的逐步降低,到20世纪60年代至80年代,除了军用,政府部门和大型的科研机构,甚至一些比较有实力的企业也开始应用计算机进行管理。英特尔四位CPU微处理器的诞生推动了计算机的进一步发展和推广,1982年首台个人计算机诞生了,个人计算机的发展使得计算机的成本快速下降,计算机也从只能用于军事、政府、有实力的科研机构或企业,进入一般的公司和家庭。20世纪90年代开始,很多企业和家庭都使用了计算机。同时计算机向两极分化:一方面,向微、小、便宜发展,进入家庭;另一方面,向高、难、大发展,仍然运用于军事、科学技术。由于计算机能够进行记忆存储和逻辑判断,可以在预先设置的程序控制下连续、自动工作,无须人工干预,因此,大大提升了工厂的自动化程度。除了个人操作计算机系统,还发展出采用总线结构并能对生产过程及其机电设备、工艺装备进行检测与控制的工控机;由嵌入式微处理器、嵌入式操作系统、外围硬件设备及用户应用程序组成,对功能、可靠性、成本、体积、功耗等综合性应用系统有严格要求的专用计算机嵌入式系统;由成百上千甚至更多处理器组成、用于大型复杂计算的超级计算机等。光子计算机、量子计算机、分子计算机、生物计算机、纳米计算机等超级计算机的应用,大大提升了人类生产的自动化程度。

（二）计算机集成制造技术

二战后,微电子技术、计算机技术、自动化技术得到迅速发展,1946年在宾夕法尼亚大学诞生了历史上第一台为导弹弹道计算设计的电子计算机。20世纪50年代末第一块集成电路板诞生后,电子产品日趋小型化、高精度、高稳定、高能效和智能化。1961年,罗伯特•诺伊斯获得第一个集成电路专利。1965年,英国的Molins公司提出柔性制造(flexible manufacturing)的概念,高度柔性的以计算机数控机床为主的制造设备打破了传统固定流水线作业,进而实现小批量、多品种的生产组织方式。柔性制造能够在激烈的市场竞争中适应多变的市场需求,增加企业应对市场的能力,缩短产品生产周期。与此同时,高端制造领域出现大量新技术、新方法,如将产品的设计、制造、管理等全生命周期的所有信息功能集成的计算机集成制造(computer integrated manufacturing,CIM),以信息技术和柔性智能技术为主导的先进制造技术,整合网络化、社会化和动态化的组织结构以及快速灵活的管理方法的敏捷制造(agile manufacturing),通过制造系统自身架构的变化做到直接响应客户个性化需求的可重构制造(reconfigurable manufacturing system,RMS)等。同年,戈登•摩尔在《电子》杂志上预测未来集成电路的发展趋势,"硅晶元每平方英寸所能容纳的晶体管数量每12个月将增加一倍",这就是摩尔定律的雏形。1975年,摩尔将晶体管数量翻番的时间从一年调整为两年,后来更准确的是集成电路上可容纳的晶体管数量的集成度每18个月增加一倍,这就是摩尔定律,这一定律在半个世纪以来引领着半导体业的发展。20世纪70年代开启了工业信息化时代,电子芯片在高端制造业中扮演了核心角色,受市场多样化、个性化的影响,制造技术向高质量生产和柔性生产变革,引发了生产模式和管理技术的一系列革命,出现计算机集成制造、丰田生产模式等。

（三）物联网技术

在信息传播的方式上,人类大致经历了三大阶段。第一阶段是以口头传播为代表的个人对个人阶段,这一阶段的媒介是符号、语言、表情,形成了点与点的人际关系结构,人在传播过程中起决定性作用,所有表达的意思、传播的内容都由人来主导。第二阶段是以印刷传播为代表的广播阶段,这一阶段的媒介是图片、报纸、新闻,形成了面与面的社会关系结构,人通过符号再现的方式传播想法,这时候人的决定作用变得多元化起来。第三阶段则是以电子传播和信息模拟的方式进行的,在这一阶段,人成为处理信息的中心,信息不再单一传播人与人之间的信息,由于信息源的分散性和多元性,人开始围绕自己构建信息的网络。信息技术则是连通了人与人、人与物、人与世界。物联网技术被认为是继计算机和互联网之后的"第三代信息技术"。作为一种新兴技术,我们可以通过分析它来了解信息技术在生产方式、物的存在方式、人的生存方式等方面带来了什么样的新变化。物联网最初的功能就是便于人使用信息系统管理物品的情况,首要的便是其位置信息。物联网通过一系列技术手段,如射频技术、紫蜂协议、射频识别技术等先进技术使得作为载体的物可以和计算机进行交互,作为载体的物变成了信息机器,变成了信息层中的一个层级,将各个层级进行组网,形成一个简单的物联网。也就是说,通过将物体加上接口,它们可以嵌入信息系统,使物品信息互联网。本质上这是一种网络技术,这种网络技术成为人与人、人与物、人与信息系统之间沟通的桥梁。

二、第三次工业革命中的生产组织方式演变

(一)温特制

温特制以高科技和强大的信息网络为基础,以制定产品标准和游戏规则为核心,通过控制、整合全球资源,其产品在最能被有效生产的地方,以模块方式进行组合。这种生产方式不限于现代计算机和电子信息产业,已延伸到汽车等其他制造业。温特制在美国率先兴起,使美国公司一举打破日本企业的竞争优势,并创造出20世纪90年代以来美国经济长时间繁荣的景象。温特制也成为当今引导产业发展潮流的先进生产方式。温特制是经济全球化发展到一定阶段的产物,反过来又极大地推进了基于生产阶段分工的产业内贸易体系的发展。在这一生产方式下,标准和游戏规则的制定掌握在极少数国家或企业手中,它能够确保标准制定者获取较大利润。温特制企业在掌握核心技术的基础上,通过产品标准不断提升和推陈出新,维持其在本行业中技术标准和游戏规则制定者和垄断者的地位,并通过控制产业标准来影响一个产业的水平分工,控制整个产业的运行,确保其利益的实现。例如,微软和英特尔,分别控制着计算机内部两个关键技术,通过提高技术创新能力,不断提升新产品标准,维持其在行业中的领先地位。

温特制以模块化、外包生产模式构建水平型跨国生产体系。温特制将产业链按一定的"模块"加以分割、生产和组合。模块化包含产品设计、生产、企业组织形式三个方面的模块化,是基于某个产品体系的流程再造。在这种产品体系中,一种产品的功能通过相对独立的、不同的零部件来加以实现,这些零部件之间的嵌合是根据一套接口标准进行设计的,从而确保零部件的可替代性。随着模块化的发展,出现了外包现象,即把现有的企业活动转移到企业外部的过程,该过程通常伴随着将相应的资产转移到第三方(企业外部)。通过外包,企业可使用外部更加专业化的资源或服务,原有的一些职能部门转移出去成为独立经营单位。

(二)精益生产模式

麻省理工学院教授詹姆斯·沃麦克领衔的工业生产率委员会在《美国制造业的衰退及对策:夺回生产优势》和《改变世界的机器:精益生产之道》中旗帜鲜明地提出,丰田汽车公司的管理模式是最适用于现代制造企业的,并将其命名为"精益生产"。精益生产着眼于对一切与车间生产过程无关、多余的因素进行精简,使生产系统能够快速适应灵活多变的市场消费需求。这种强调多品种、小批量的按需生产模式直接挑战了少品种、大批量的以产定销模式,生产车间不仅关心生产规模,更加重视生产效率和灵活性。也就是说,精益生产以人的技能为中心,视机器设备为提升劳动生产率的辅助手段,通过人员组织、运行方式、系统结构和市场供需等多方面的变革,生产系统可快速适应用户需求的变化。精益生产强调人力资本的重要性,把员工的创造力视为企业的宝贵财富,认为人是企业未来发展的原动力,因此充分重视员工培训,强调团队协作精神,以人为本建立个体精英型团队。

(三)机器换人生产模式

随着人力成本的不断增加,制造业的人口红利正在消失,机器换人利用自动控制、机械手及自动化流水线等技术对生产过程进行智能化改造,进而提高生产效率。第一次工业革命以来,从机械织布机到内燃机,再到第一台计算机,新技术的出现总是引起人们对于被机器取代的恐慌,特别是Open

AI发布的人工智能机器人GPT-4多模态语言模型,大大超过了人们对人工智能的预期。据统计,在1820年至1913年的两次工业革命期间,雇佣于农业部门的美国劳动力份额从70%下降到27.5%,目前不到2%。根据国际劳工组织的数据,中国的农业就业比例从1970年的80.8%下降到2015年的28.3%。面对以人工智能为标志的第四次工业革命,美国研究机构于2016年发布报告称,未来10年到20年内,因人工智能技术而被取代的就业岗位数量将由目前的9%上升到47%。麦肯锡全球研究院的报告则显示,预计到2055年,自动化和人工智能将取代全球49%的有薪工作,其中印度和中国受到的影响可能最大。麦肯锡全球研究院预测中国具备自动化潜力的工作内容达到51%,这将对3.94亿全职人力工时产生冲击。2017年,浙江发布《浙江省"机器人+"行动计划》,这项被称为升级版的"机器换人"计划,将实施"机器换人"智能化改造,支持企业从部分环节单台机器人应用向整条生产线自动化改造、自动化生产线+工业机器人改造发展,实施"机联网""厂联网"等以智能机器人系统为核心的技术改造,加快在制造、物流、健康、服务、农业和特殊领域的机器人应用,这意味着"机器换人"将进入2.0时代。

三、工程技术变革下的技能人才内生体系重构

(一)劳动力再技能化

人工智能和机器化自动生产相结合,使得"螺丝钉"式去技能化劳作方式不再与信息生产系统相适应,"技艺"的再技能化成为职场工作的新趋势。劳动力市场开始呈现"岗位极化"和"人机共生"两大趋势,岗位极化是指高技能和低技能工作岗位数量的增加,而中等技能工作的岗位数量却大幅减少;人机共生则是指智能化生产背景下的新型雇佣方式,在强调人工智能拓展人类能力的同时,人类也在不断提高人工智能的技术性能,这明显区别于流水线生产环境下的"机器换人"。2019年,我国政府工作报告中首次提出"智能+"概念,明确指出"打造工业互联网平台,拓展'智能+',为制造业转型升级赋能",智能制造系统也必将重塑劳动力市场结构,驱使劳动者必须尝试技能再生,以适应智能制造的发展步伐。

(二)技能鸿沟

从工业革命的变革历程来看,人工智能与机器人技术相结合,必然会取代一部分工作岗位,进而对就业造成冲击,但同时会创造出更多的新型工作任务,三种劳动力类型将同时并存:一是技术型人才,其负责开发生产线,确定工艺、工序,分配任务并重塑生产体系;二是高技能劳动力,其能够掌握娴熟的技艺并进行多岗迁移,提升生产精益化程度,打造产品品牌内涵,这部分技能人才的缺失是"岗位极化"的根本原因;三是低技能劳动力,其从事"机器换人"尚未覆盖的常规化流水作业,或非记忆功能的技能劳作,随着技术迭代,这部分群体将逐渐无法适应新型工作任务,面临淘汰。三种劳动力类型将逐步分化,换言之,目前的生产设备无法实现无人化生产,劳动技能仍然处于工业4.0时代自动化生产系统的中心位置,只是劳动者之间存在的技能鸿沟越来越明显,需要引起高度重视,终身学习将是知识密集型经济社会消除技能鸿沟的主要方式。

四、第三次工业革命中典型的技能人才内生体系

(一)德国"双元制"教育的技能内生模式

德国很早就提出了"工业4.0"的发展新战略,这是智能化时代到来的标志。德国的人才培养模式直接决定着其工业高速发展,凭借世界职业教育典范的"双元制",德国形成工业人才培养的独特模式。"双元制",其中一元指企业,另一元指职业院校,二者合作培养职业人才。整个培训过程在企业和学校里共同进行,将实践操作与理论学习紧密结合。"双元制"教育模式的成功,重要的是校企合作贯穿了职业教育的整个过程。其教育模式的特点是严格选拔符合企业需求的学生,他们经过层层筛选后与用人单位签订教育合同,接受"双元制"培训;在学生接受培训期间,企业向学生提供补贴,保障学生顺利完成学业,并且为学生提供平等的就业机会,但这并不意味着企业有为毕业学生提供就业岗位的义务。在基础教育完成以后,只要符合条

件,普通职业院校的学生和"双元制"培养的学生可以双向流动。[①]

(二)美国"合作教育"的技能内生模式

当前美国职业教育校企合作的主要模式是"合作式"教育模式,合作教育是把课堂学习与学生专业或职业相关工作内容结合起来的一种教育模式。美国实施的是单轨制教育,负责职业教育的主要机构是综合类高中和社区学院。而接受职业教育的对象通常为在校中学生或中学毕业生,以及需要继续培训的社会人员和无法完成常规教育的人。美国职业教育模式的特点是有专门机构来负责协调职业教育活动,如美国国家合作教育委员会负责协调全国合作教育工作;美国的合作教育有完善的跟踪体系,受训者和企业在合作教育过程中都有详细的记录。美国通过多种方式实施合作教育,包括工读轮换、半工半读、劳动实习等,以满足不同学生和不同企业的需要。

(三)英国"三明治"教育的技能内生模式

英国的"三明治"教育模式,是"理论—实践—理论"或"实践—理论—实践"交替式的人才培养模式。在高职教育为主体的前提下,以培养高素质技能人才为目标,通过学校的理论基础课程与企业的实践课程多重交叠,增加校企合作的紧密程度,提高学生实际操作能力,学生通过较长时间的顶岗实习完成职业技能的学习,进入工作时既有专业理论知识,又有实际工作经验。"三明治"教育模式的特点有:政府在推动教育改革与校企合作过程中发挥重要作用,通过教育拨款、政策宣传等保障措施,提升职业教育在社会中的地位;实行弹性课程模式,对不同专业和课程合理分配理论与实践课程的比例;理论结合实际贯穿于职业技能培养的整个过程,在培养方案的制定、课程体系的设置、项目制课程的开发,以及培养过程中的各个环节都充分地体现学做合一。

---

① 姚远.现代学徒制及校企合作模式研究[D].昆明:昆明理工大学,2021.

（四）新加坡"教学工厂"教育的技能内生模式

新加坡的"教学工厂"模式是在借鉴众多发达国家职业教育模式的基础上，结合自身所创新的一种人才培养模式。学校承揽企业的工程项目，企业帮助学校建设一个仿真的生产车间，学生在教师或技术工人的指导下，进行实际生产操作以完成工程项目。这种学校、实习工厂、企业"三合一"的人才培养模式为培养学生实际操作能力提供了有力的保障。新加坡的"教学工厂"模式的主要特点有：项目式教学贯穿学生培养过程。引企进校不仅以厂房、设备等作为依托，而是通过承揽具体的项目为学生提供学习的机会，教学活动不流于形式，学生能够进行实际生产操作，起到提升职业能力的目的。企业的生产活动不能完全不营利，在为学生提供真实工作机会的条件下也要追求利润。

第六节　第四次工业革命面临的挑战

一、世界各国制造业迅速向高端化发展

瓦科拉夫·斯米尔在《美国制造：国家繁荣为什么离不开制造业》中写到，若缺乏强大而有创新力的制造业体系，以及它所创造的就业机会，那么任何先进的经济体都无法繁荣发展。上一轮全球金融危机后，在萧条的全球经济中只有德国一枝独秀，这得益于其制造业的强劲实力，德国制造业出口贡献了国内经济增长的2/3。[1]斯米尔认为制造业的衰败必将导致国家的教育、医疗、社会福利乃至军事体系都开始衰败，甚至威胁国家安全，可见凸显国家综合国力的制造业是国民经济的支柱和强国之基。2010年，德国发布《德国2020高技术战略》，2013年，在汉诺威工业博览会上正式推出"工业4.0"构想，以提升德国工业的竞争力。2019年，德国又发布《德国工业战略2030》，强调坚持制造业为本的发展模式，将制造业增加值由当前的23%提

---

① 斯米尔.美国制造：国家繁荣为什么离不开制造业[M].李凤海，刘寅龙，译.北京：机械工业出版社,2014.

升至25%。借鉴德国的经验,我国于2015年印发《中国制造2025》,提出30年的制造强国规划,在新中国成立百年之际迈入世界制造强国行列。2018年,日本经济产业省发布《制造业白皮书》,指出日本制造业已处于"非连续创新"时期,即"第四次工业革命"的前夜,为了进一步提高制造业的劳动生产率,不应仅追求通过大数据、物联网等技术应用和工作方式变革提升效率,重要的是通过灵活运用数字技术从而获得新的附加值。2018年,美国为保持制造业的领先地位,国家科学技术委员会下属的先进制造技术委员会发布《先进制造业美国领导力战略》,提出开发和转换新制造技术,在教育、培训和集聚制造业劳动力、扩大国内制造业供应链能力三大目标上发力,并公布了未来四年的行动计划,认为先进制造是美国经济发展的引擎和国家安全支柱。

(一)先进制造业发展战略

先进制造业的发展需要依靠复合型专业人才及大量技术工人,英、美、日等国家根据制造业发展对人才的不同需求,分别制定了先进制造领域专业人才培养计划。[①]美国早在2011年就由奥巴马政府发起并成立了先进制造业合作委员会(Advanced Manufacturing Partnership,AMP),其在对未来制造业发展做出的展望和重点规划中认为,增材制造、材料设计、合成加工、传感、测量与过程控制、数字制造技术、纳米制造、可持续制造、生物制造、柔性电子制造、工业机器人、先进生产和检测装备、先进成形与连接技术11个领域将对制造业竞争力产生决定性作用,应成为全国研发行动的重点。2016年,美国国家科技委员会发布的《联邦大数据研发战略规划》中指出要改革并完善国家大数据教育及培训,壮大具备数据分析能力的劳动力队伍,并不断发展数据科学家。2017年,特朗普政府提出扩大美国学徒制并改革无效的教育和劳动力计划以解决民众失业问题,引导劳动力技能与空缺的35万个制造业岗位相匹配。2015年,英国就业和技能委员会提出提升先进制造业人才技能的五条建议,其中包括职业培训机构及大学要保证将领导、管理及供应链管理技术技能嵌入STEM教育;雇主要强化员工的岗位技能

---

① 张秋菊.美日英三国促进先进制造发展的创新政策重点分析[J].全球科技经济瞭望,2017,32(7):15-20,69.

训练;先进制造业管理者应探索持续发展自己的专业能力并确保拥有学习机会和空间等。德国联邦政府于2018年颁布了《高科技战略2025》,提到包含健康与护理、零排放智能化交通等在内的七个重点领域,为德国高科技创新设定了目标,旨在提高德国核心竞争力,确保可持续发展。德国先进制造业除要求相关从业人员提高学习、判断、解决问题、维护与服务生产的综合能力外,特别强调提升从业人员的媒介素养(media competence)。日本则将新材料、机器人、生命科学、生物技术、环境工程、信息通信技术、纳米技术与材料等纳入优先发展计划。[①]日本政府在"重振制造业"计划中提出,要培养先进制造业人才并列出相关的具体举措,如选拔6000名以上装备制造领域的优秀人才,培训熟练工人及一线技术人员,推动日本传统的制造技术传承。

(二)"工业4.0"引发的技术变革

"工业4.0"时代将借助互联网,通过软件、电子及环境的结合生产出全新的产品和服务。"工业4.0"在社会层面的影响主要体现在劳动力市场,尽管当前的影响仅局限于利益相关人群,但长远来看,将会影响整个人才供需体系,造成部分技能人才结构性失业。"工业4.0"将带来一系列生产和管理方式变革,包括个人职责的扩大、去中心化的管理,组织结构的管理方式从泰勒模式转为整体模式或社会技术系统模式,这就要求技能人才具有驾驭复杂系统、做出正确决策以及协调各方关系的能力。巨大的产业转型压力面前,大量投资和相应的人力资本、创新人才涌入,同时也导致大量低技术劳动力失业,从而造成巨大的人才缺口。2015年,德国联邦职业教育与培训研究院(BIBB)发布的《"工业4.0"及其带来的经济和劳动力市场变化》预测报告指出,随着"工业4.0"的推进,德国的工作岗位结构将发生巨大变化,43万个新型岗位产生的同时,将会有6万个工作岗位被机器替代,49万个传统岗位被淘汰。随着"工业4.0"时代的到来,制造业生产模式将从单一化向集成化、服务化转变,劳动力市场也将随之变化,高端制造领域将涌入大批高端服务型、高技能型行业人才。

---

① 李金华.新工业革命进程中中国先进制造业的格局与调整路径[J].学术论坛,2018,41(2):75-85.

二、高端制造领域技能人才的结构性矛盾

欧洲国家普遍存在企业发展需求与技能供给无法有效匹配的问题,21世纪前十年,欧洲各国技能不匹配率就很高,如表3-1所示。表3-1列出了欧洲各国技能的不匹配率,如意大利毕业生技能不匹配率高达43.3%,说明100个毕业生中超过40个出现职业技能不匹配的情况,欧洲整体就业人口技能不匹配率超过50%,上述数据反映出技能不匹配现象在全球范围内普遍存在。

表3-1 欧洲各国技能不匹配率

单位:%

地区/国家	毕业生	全部就业人口
欧洲	20.9	51.9
奥地利	12.2	32.4
比利时	12.8	33.8
丹麦	17.9	32.4
芬兰	11.8	32.6
法国	31.8	51.3
德国	10.7	25.6
希腊	38.5	66.9
爱尔兰	12.1	42.0
意大利	43.3	72.9
葡萄牙	10.2	75.1
西班牙	20.8	51.2
英国	11.5	37.0

2022年,欧洲职业培训发展中心对外发布了报告,如表3-2所示。表3-2除列出欧洲各国技能体系综合评分外,还显示出各国技能发展、技能激活、技能匹配三个维度的得分。报告显示,56.2%国家的技能匹配未达标,上述数据反映出技能不匹配现象在全球范围内仍然普遍存在。

表3-2　欧洲技能指数主要指标得分情况

国家	2022年报告得分	2020—2022年报告排名			2022年报告各维度得分		
		2022年	2021年	2020年	技能发展	技能激活	技能匹配
捷克	0.7	1	1	1	0.58	0.54	0.93
芬兰	0.67	2	2	2	0.83	0.58	0.63
丹麦	0.63	4	6	6	0.66	0.6	0.63
爱沙尼亚	0.63	3	3	4	0.68	0.63	0.61
斯洛文尼亚	0.61	6	7	7	0.53	0.65	0.66
挪威	0.61	8	10	8	0.62	0.68	0.56
荷兰	0.61	5	9	11	0.64	0.73	0.53
卢森堡	0.61	7	5	3	0.56	0.51	0.73
冰岛	0.61	9	4	9	0.65	0.73	0.51
克罗地亚	0.6	12	13	18	0.56	0.48	0.74
瑞典	0.6	11	8	5	0.62	0.72	0.53
波兰	0.6	10	11	10	0.51	0.53	0.73
德国	0.6	13	12	12	0.59	0.65	0.57
马耳他	0.58	14	14	13	0.36	0.67	0.75
瑞士	0.56	15	16	15	0.67	0.84	0.39
奥地利	0.55	16	15	14	0.62	0.68	0.45
匈牙利	0.53	18	18	19	0.44	0.39	0.73
斯洛伐克	0.53	19	20	20	0.53	0.38	0.64
拉脱维亚	0.53	17	19	17	0.5	0.63	0.5
立陶宛	0.52	20	17	16	0.49	0.58	0.5
比利时	0.49	21	21	21	0.52	0.39	0.53
英国	0.47	22	22	22	0.5	0.62	0.37
法国	0.43	23	23	23	0.39	0.45	0.46
葡萄牙	0.43	24	24	24	0.35	0.5	0.44
罗马尼亚	0.4	25	27	25	0.29	0.25	0.67
爱尔兰	0.39	26	25	26	0.53	0.51	0.27
保加利亚	0.38	27	26	27	0.33	0.18	0.65
塞浦路斯	0.34	28	28	28	0.26	0.53	0.3
希腊	0.23	29	29	29	0.35	0.32	0.13
西班牙	0.19	30	30	30	0.41	0.19	0.11
意大利	0.15	31	31	31	0.39	0.02	0.31

第四章 发达国家技术人才匹配策略分析

　　纵观世界各国的发展历程,制造业与国家强盛息息相关。工业化是制造业形成并在国民经济中占主导地位的过程,改变了人类的生产和生活方式,极大增加了物质财富。第一次、第二次工业革命中,西方资本主义国家的制造业快速发展,工业化达到了世界领先水平,西方资本主义国家凭借强大的制造业主导了国际分工和全球经济循环。然而,20世纪70年代,一些西方工业国开始去工业化,制造业在国民经济中的地位下降,去工业化导致了严重后果,包括产业空心化,经济增速低迷,虚拟经济与实体经济脱节,贫富差距不断扩大,货物贸易赤字剧增等。[①]工业革命以来世界先行工业化国家,从英国、美国,到德国、日本,无一不依靠强大的制造业成为世界强国,制造业也带动了其他相关领域的发展。德国、日本制造业占比多年保持在20%左右,尽管美国制造业比重已经降至11%左右,但其科技创新、金融等面向制造业的生产性服务业在全球占据举足轻重的地位。[②]综合考虑制造业关联延伸的范围,制造业对美国经济的实际带动作用较大。综上所述,不难看出"制造业兴,则经济兴、国家强;制造业衰,则经济衰、国家弱"。

---

①　何自立.大力发展制造业和实体经济[N].经济日报,2022-09-27(10).

②　余新创.积极融入支撑新格局构建提高制造业畅通循环水平[J].中国经贸导刊,2021(19):33-35.

第一节 德国

一、德国的技术战略、企业制度与人才激励措施

德国是著名的工业强国。2021年联合国工业发展组织发布的《全球制造业竞争力指数》报告显示,德国制造业竞争力依然稳居全球各国之首,其制造业的繁荣很大程度来自科技创新,科技创新是德国制造业长盛不衰的根本原因。

(一)技术战略

1.前沿技术研发及相关机构

德国作为典型的创新型国家之一,非常注重战略与规划对创新活动的宏观引领,已经逐步形成相对连续、较为稳定的科技创新发展战略体系和以"高技术战略"引导国家科技发展的实践机制。[①]此外,德国的指导政策具有连贯性和传承性的特点。"高技术战略"是默克尔执政时期德国联邦政府发布的一项所有政府部门全面参与的综合性国家战略,是德国研究与创新政策最重要的发展方针之一,其主题是研究与创新领域的最新挑战和发展趋势,调整目标和优先支持领域,该战略始于2006年,每四年更新一次,现已更新至《高技术战略2025》。每份战略并不是独立的,它们之间具有连续性和衔接性,如《高技术战略2025》就是对《高技术战略2014》的继承和发展,对2014中提出的三个领域进行更加细致的规划,政策的传承性也反映了该政策方向的正确性和计划的长远性。

德国的科技创新离不开制度创新,德国有关科技发展战略规划的文件更新非常迅速,从政策内容看,德国在总体规划中指出重点领域,然后细化补充具体指导文本。2010年,德国发布了《高技术战略2020》,随后又发布

---

① 陈佳,孔令瑶.德国高技术战略的制定实施过程及启示[J].全球科技经济瞭望,2019,34(3):40-45,53.

了一系列具体的指导文件,2011年推出"纳米技术行动计划2015""联邦政府电动汽车计划""第六期能源研究计划"等,在新材料、医疗健康、新能源开发及新能源汽车领域做出前瞻性部署。2014年,德国发布《高科技战略3.0》《高新技术战略:创新为德国》,加快科技成果转化,支持中小企业创新发展,优化创新环境,不断调整研究重点,加快前沿技术研发,抢占科技制高点。

德国的科技研发机构分为高等教育机构和其他科研机构两类。德国的高等教育一直深受洪堡教育思想的影响,主张教学与研究相统一,因此,高等教育机构就是研究机构,不论是综合性大学还是应用技术大学的科研氛围都非常浓厚,综合性大学注重基础研究,应用技术大学负责应用研究。除大学外,德国还有著名的四大科学促进会和一个工程院,它们也是科技创新的重要力量,几个组织各有侧重。马克斯·普朗克科学促进学会聚集了众多杰出的科研人才,其被视作基础研究领域的杰出中心,着眼于自然科学、生物科学和人文社会科学三大领域的研究,致力于国际前沿与尖端的基础性研究工作。弗劳恩霍夫应用研究促进会是欧洲最大的从事应用研究的科研机构,面向健康、安全、通信、能源和环境等全民需求开展研究,弗劳恩霍夫的研究重心是为工业部门、服务部门和公共机构提供技术研究成果及全新的产品设计,对民众生活有着重大影响。亥姆霍兹联合会是德国最大的科研联合体,一直以来都致力于实现国家和社会的长期研究目标,提高人类生存福祉,研究分为六大领域:能源、地球与环境、生命科学、关键技术、物质结构、航空航天与交通。莱布尼茨科学联合会的研究领域较为广泛,涵盖自然科学、工程科学、环境科学、经济科学、社会科学、地球科学和人文科学,基础科学研究与应用相结合,研究主题具有多样性和学科交叉的特征。德国国家科学与工程院主要从事教育和知识、生物技术、能源和资源、健康技术、工程学基础问题、信息和通信科学、材料科学和材料工程、交通、纳米技术、生产制造和安全等领域的研究。政府也会对上述机构提供部分资金支持,如弗劳恩霍夫应用研究促进会近30%经费是由德国联邦政府和各州政府以机构资金的形式赞助,各机构的研究保持独立,政府不会过多干涉。

2.基于联邦分权制的科技管理

德国采用联邦分权制进行科技管理,政府部门负责宏观控制,通过经费控制投资导向,通过指标体系评价学术部门的工作。[①]德国建立了完整的科学评估组织体系,联邦层面的科学顾问委员会、科研教育资助机构,以及大学与研究机构等负责实施,评估指标为科研能力与科研绩效、教学质量与水平、科研服务与咨询能力、人员和经费管理等,其中,科学共同体是德国科技评估体系的中坚力量。[②]所有科学共同体中,亥姆霍兹联合会、弗劳恩霍夫应用研究促进会与莱布尼茨科学联合会较为重要,分别负责不同领域的科技管理。德国作为科学自由和学术自治的国家,素来以严谨治学的态度闻名,对学术不端和违反科技伦理等行为的调查与处理极度严格,但政府也没有设立专门的组织管理这块事务,相关事务主要由大学和科研机构负责,学术组织和科研机构制定了相关制度规范,约束科研人员的行为,以保持良好的学术风气。

（二）企业制度

1.完善的专利保护制度和科技创新机构

在知识产权保护方面,德国是世界上最早建立专门知识产权法院的国家,1961年德国联邦专利法院成立,专门负责审理工业知识产权相关的案件。在案件受理时,德国实行专利侵权与确权诉讼相分离的双轨制度,但德国联邦专利法院不是单独受理所有知识产权相关的案件,具体分工为:普通法院审理专利侵权民事案件,联邦专利法院审理专利确权行政案件。德国的法律制度也非常完善,《专利法》《商标法》《版权法》《实用新型法》《反不正当竞争法》《雇员发明法》等多部法案构建了一个完整的法律体系,其中《雇员发明法》颇具德国特色,该法案在《专利法》和《实用新型法》的指导下制定,主要目的在于划清职务发明和自由发明之间的界限,调节雇主和员工之间的关系,明晰专利的归属权,最大限度保护和激励发明创新。为了适应"工业4.0"的需求,2021年德国联邦政府又通过了《德国专利法律之二次简

① 陈强,殷之璇.德国科技领域的"三评"实践及其启示[J].德国研究,2021,36(1):4-21,171.

② Chen L S.German scientific assessment experience and its inspiration on Chinese scientific and technological assessment practice[J].Science Research Management,2008(4):186-189.

化和现代化法》,对先前的十几部专利法律进行修订,特地将指数式发展的科技、人工智能的特殊性以及技术交叉情况等都包括在内,形成了更加全面、有效、及时的专利保护制度。德国的科研院所与产业界都在知识产权处理上非常专业,认为重视知识产权的态度是科技创新能够向前推进的重要前提,过度的知识产权保护不利于科技共享与共同进步,而知识产权保护缺失又会挫伤科技创新的积极性。德国高校的知识产权保护系统非常完备,高校在科技创新上的贡献较大,知识产权保护的需求量也较大,因此在国家法律制度的基础上,很多高校自主建立了一套知识产权保护体系,进一步规范相关问题,还有一些高校设置了提供知识产权相关服务的机构,如德国慕尼黑工业大学、德累斯顿工业大学等高校,均专设知识产权政策法律服务部门为本校科研人员提供发明分析服务,帮助科研人员协调商务谈判中的保密方案、并购等相关事宜,将创新成果推向市场。此外,德国高校的知识产权转移制度还有其独特之处,高校允许科研人员从中获利,参与分配专利所获利益,而且德国高校支持科研人员开办企业,使专利直接通过自己开办的公司走向市场。

德国还设立了多种服务于科技创新的机构组织。促进科技成果市场化的技术转让中心主要分为德国技术转移中心、史太白技术转移中心和弗朗霍夫协会三类。德国技术转移中心是国家级的公共技术转移信息平台,是全国性非营利公共组织,主要提供技术交易服务、咨询服务、专利及信息服务,引导企业和科研机构开辟科技创新方向并提供帮助,以促进科技成果市场化;史太白技术转移中心以市场化方式运作,连接政府、学术界和企业,提供深入全面的咨询、研究开发、国际技术转移和人才培训等服务;弗朗霍夫协会是介于上述两者之间的半官方、半企业性质的全球性应用科学研究推广机构,为各中小企业科技创新和研发提供物质基础,非常重视和企业之间的合作。此外,德国联邦政府还提供技术中介服务,技术中介服务的目的是为科技创新企业提供获得奖励和资助的平台,以保障中小企业有足够的人力、物力、财力参与科技创新。

2.“工业4.0”下的中小企业集群策略

德国向来注重校企合作,强调产学研之间形成良性互动,其“双元制”被视为产教融合的典范,是世界各国学习借鉴的对象。

　　从顶层设计来看,德国联邦教育和研究部一直在落实"工业4.0:从科研到企业落地计划",这个计划以帮助德国中小企业解决"工业4.0"在实际生产中的应用和投资为目的。在人员管理上,鼓励科研机构、大学和工业界实行"双聘"制度,即科研机构的科研人员在大学担任教授,大学教授为企业进行技术研发,企业在应用技术大学承担教学任务,有效促进了三方的人才流通,实现资源共享。德国还成立了高校联盟——德国理工大学联盟(TU9)来推动校企合作。TU9是德国重要的九所工业大学的联合平台,由柏林工业大学、德累斯顿工业大学、卡尔斯鲁厄理工学院、达姆施塔特工业大学、汉诺威大学、亚琛工业大学、布伦瑞克工业大学、斯图加特大学、慕尼黑工业大学联合组成。TU9建立的目标就是建立标准化的教学机制,保证各大学间的资源共享,同时与德国非大学科研机构保持紧密合作与联系。弗劳恩霍夫应用研究促进会凝聚了一批既善于把握科技前沿,又熟悉企业需求的复合型科技创新领军人才,建立了较完善的有利于人才成长和流动的机制。从形式途径来看,产学研融合具有多样性,孵化器、工业研究型校园、科学企业挑战计划、创新和研发校园、集群、创新能力中心、创意城市、卓越中心、创新联盟等都是产学研融合的模式,其中科学企业挑战计划是由英国大学普遍采用的企业中心和美国企业与学院合作研发中心改良而来,设立围绕课题研究的相对独立的科研单位;卓越中心侧重点在于为拥有国内外竞争优势的研究者提供虚拟或现实研发环境;创新能力中心为企业、高校和科研机构共同开展创新活动提供平台。从合作内容来看,产学研合作的内容兼顾技术研发和人才培养两方面。

　　德国企业之间的合作也非常密切,形成了独具特色的产业集群模式。德国中小企业数量众多,占到了德国总企业数量的99%以上,产业集群集合各个企业的优势构建重点产业,吸引各类投资、企业和专业人才,德国的中小企业广泛实施集群策略,形成了多个产业集群。德国的集群往往表现为开放性、网络化的组织形式,集群计划具有互补性,主要体现在两个方面:各子计划之间具有互补性,不同部门的计划之间具有互补性。德国的集群组织多数以联合会形式注册,以公司形式运行管理,由董事会、委员会,或者由核心成员(企业、大学等机构)、伙伴、区域成员、雇员构成。德国集群的组成、管理和发展基本上都是由区域内各主体自行负责,最后采用竞赛的方式遴选出联邦政府资助的集群。产业集群的原型是20世纪80年代德国在著名大学所在城市配套建立的高科技产业园区、科技创新产业孵化器,如慕尼黑高科技工业园区和海德堡科技园区。此后,德国连续制定了几个建立推广产业集群的计划。德国的产业集群计划始于1995年在全国范围内推行的BioRegio(生物区域)计划,这项计划主要面向生物技术领域的创新型企业,其中最著名的就是BioM集群。1999年,为了弥合东西部之间的发展差异,基于BioRegio计划的前期经验,德国联邦政府又发起了InnoRegio(创新区域)计划。起初,InnoRegio计划主要在东部地区实施,旨在提高东部地区的创新实力,随后衍生出的创新区域增长极计划将InnoRegio计划的经验推广到全国,扩大了这一计划的影响范围,以"自下而上"的方式带动了全国经济的全面发展,通过创新网络激发中小企业的创新能动性,从而促进集群主体间的合作。InnoRegio计划涉及的领域更为广泛,不仅涉及医疗生物科技,还有电子信息等其他产业。截至2002年,InnoRegio计划已经促使23个创新网络形成,其中包括四个服务网络、六个生产网络、四个研究网络和九个非正式交流网络。继承了BioRegio计划和InnoRegio计划思想,2005年区域合作经济结构联合促进工作组组织实施了GA-networking(GA网络)计划,以协调与改善产业集群的生产创新和管理方式,促进德国产业集群之间的竞争和合作,巩固集群内部和集群间的合作关系。随后,2007年德国又开展了领先集群竞争计划,主要内容为优化基于技术联盟的研发合作、国际合作及集群之间的合作,改善产业集群的发展环境,通过这一计划德国打造了15个世界级的创新产业集群。2012年的走向集群计划则将重点转向集群的管理的专业化服务,涉及战略、国际化、资助和组织等方面。如今,德国的产业集群的发展重点已经从建立、完善走向管理优化,形成了以高新技术战略为代表的技术革命、以"工业4.0"为代表的工业革命和以集群战略为代表的组织革命"三位一体"的国家战略体系。

3.技术创新企业的扶持与激励

德国重视对中小型技术创新企业的扶持,主要采用经济和法律两种手段,德国联邦政府支持创新创业和中小企业发展的措施主要为直接补贴、税收减免、法律保障等。直接补贴是指政府制定各种扶持政策,直接给予中小企业财政补贴,最有代表性的要数欧洲复兴计划创新项目(ERP)、高科技创业基金(HTGF)和中小企业创新核心项目(ZIM)。ERP主要为初创期企业研究提供资金支持和长期融资;HTGF面向技术型公司提供早期融资的重要投资基金;ZIM为中小企业和与之合作的研究机构提供资金援助,支持应用导向的基础研究和科技成果。联邦政府经济部设立了中小企业管理局,主管中小企业的政策制定,扶持和资助中小企业发展,对中小企业管理人员进行职业培训等。2008年,经济部对之前实施的相关中小企业创新资助政策进行整合,并推出中小企业创新核心项目,它是德国联邦政府支持中小型技术创新企业金额最大的计划,专门为新产品开发,或者工艺、技术服务的改进提供资金支持,以持续提高中小企业创新能力和竞争力。至于税收减免,德国的税收制度向中小企业倾斜,提高税收起征点,降低税率,减免税收。为解决中小企业融资困难的问题,德国联邦政府还建立了专门为中小企业服务的融资机构体系,如联邦政府和州政府共建的担保银行、德国复兴信贷银行及各州立投资银行,其中复兴银行是最主要的机构之一,分布广泛,且受《德国复兴信贷银行法》的保护。至于法律保障,早在1957年,德国联邦政府就颁布了《反限制竞争法》,防止大企业垄断,鼓励中小企业联合,为中小企业提供资助补贴。20世纪70年代,相关法律增多,联邦政府颁布了《改革中小企业结构的基本纲领》《中小企业研究与技术政策总方案》《中小企业研究与研制工作基本设想》等法律,为中小企业提供了更加全面的保障。1999年,德国推出中小企业贷款证券化,通过资产(贷款)证券化为中小企业融资。后来的《中小企业研究与技术政策总方案》《反垄断法》《中小企业结构政策的专项条例》《德国专利法》《德国专利商标局条例》等法律进一步保障了中小企业在与大企业竞争中的地位,联邦政府并没有专管中小企业的法律,但各州都因地制宜制定了《中小企业促进法》。

为鼓励中小企业创新创业,德联邦经济与能源部设有中小企业研究创新咨询窗口,为创业者和中小企业提供免费咨询,并通过信息平台等为创业者提供便捷的服务。德国联邦政府还将标准化作为促进创新创业的重要手段,帮助中小企业更多地参与标准化工作,获取所需的标准化和规范信息。由德国联邦教育和研究部设立的INSTI项目,为持有项目、专利的个人和企业提供与潜在投资者对接的服务。

在支持中小企业的同时,德国联邦政府也关注大企业的发展,在2019

年发布的《德国工业战略2030》中突出强调重点扶持少数大企业,打造"德国冠军"和"欧洲冠军"型企业巨头。

(三)人才激励措施

1.顶尖科研人才驱动的人才培养体系

德国从18世纪开始强制推行义务教育,到19世纪创办研究型大学,再到20世纪兴办职业教育和推行"双元制"教育体系,人才队伍建设的接替性和持续性始终保持得比较好。在科技人才培养方面,德国关注未来科技人才储备,尤其是顶尖的科研人才培养。为此,德国开展了一系列培养计划,埃米·诺特计划支持优秀后备科研人员通过独立领导与教学任务有关的青年研究小组获取科研领导资格,尤其是获取大学教授资格;森贝格计划主要资助已获得教授资格或同等条件的优秀后备科研人员,入选人员可以向德国研究联合会申请用于购买设备的补贴性经费。德国还为优秀后备科研人员提供了丰厚的奖励,如海因茨·迈尔-莱布尼茨奖等奖项就是为培养优秀后备科研人员设立的,奖金高达2万欧元。

德国在顶尖科研人才培养上投入了大量资源,2004年德国提出卓越战略,卓越战略具有精英教育色彩,其资助对象为顶尖的科研机构。[①]卓越战略专注于基础研究,仅面向精英层次的综合性大学,应用技术大学没有申请资格。至于应用型科技人才,德国提出了职业教育4.0计划,该计划共包含"未来数字化工作的熟练工人资格和能力研究计划""促进职业培训机构和能力中心的数字化计划""职业培训中的数字媒体框架计划""就业起步者加强计划"四个项目。此外,德国职业教育与培训研究所通过分析业界招聘信息,根据企业数字化转型需求,修订了德国资格框架,着重强调跨学科能力。

2.严格的人才管理与评价制度

德国科技人才的晋升过程漫长而复杂,职称评定严格,德国的职称评定要综合考查工龄、科研能力、科技成果等要素,其中最重要的指标是"研究工作及其成果的独创性",而无关人脉、地区等学术能力之外的考量,各项指标

---

① 王兆义.德国"卓越计划"结构性影响研究——基于应用科学大学的考察[J].比较教育研究,2020,42(2):97-104.

要求高但又公平,直接指向研究创造能力。由于条件严格,德国教授数量少,仅占大学教师群体的 15% 左右,且初任年龄较大,W1 教授的平均受聘年龄为 42 岁。科技人才上升通道中有特殊的制度——学术助手机制,学术助手要具备博士学位,遴选和聘任一般都由教授亲自决定,学术助手必须在规定期限内完成相应的任务,达到标准后才有可能成为教授。其他科研机构的职称评定也非常严格,以德国国家科学与工程院为例,要想晋升为院士必须由院士推荐,还要经历几轮选拔,选拔过程严谨而复杂,严格的评聘制度极大提高了科研人才的社会地位。在科技人才评价方面,政府不会过多干预,大学和科研机构享有较大的自主权和决定权,可自行围绕教学和科研定位制定相应的评价指标,评估各级科技人才,且科技人才选聘和评价的标准与过程具有公开性。总体而言,德国非常强调科研能力和工作成就,评价指标强调质而不是量。科技人才考核与绩效评估中,虽然论文占比较大,但是科技人才的工资并不会因为发表论文数量多而增加,并且科技人才的绩效考评不与科研产出直接挂钩,科研绩效的评价结果主要体现在科研条件是否得到改善。马克斯·普朗克科学促进学会有更严格的管理制度,如果没有前瞻性或世界前沿研究课题,会撤销科研团队甚至关闭相关研究所,直接遣散相关人员。因此,科技人才可以沉下心做深入研究,寻求更高层次的突破。

3. 宁缺毋滥的人才交流机制

德国的移民政策非常严格,外籍人员留德非常困难,但是为了吸引高端科技人才,德国一再调整移民政策放松对外籍人员的限制。2000 年,德国总理施罗德提出绿卡计划以吸引 IT 专业高级人才。2004 年,德国修订了《移民法》,为德国有计划地引入外国移民和高级技术管理人才奠定了坚实的法律基础,该法允许拥有特殊专业知识的科学家、身处突出位置的教学人才或科技人才、具有特殊职业经验的专家、处于领导岗位的工作人员等人群"落户",放宽对外籍人员的限制。2012 年《关于高素质人才引进条例》,即"蓝卡"法案规定,国外的高技术人才可在德国享有限期半年的找工作签证,并且如果能证明自己在德国有年薪 44800 欧元以上(特殊情况可降至 35000 欧元)的工作即可获得"蓝卡",凭此可在德国居留四年,降低了外籍人员留德的难度。德国为海外科技人才设立了单独的奖励机制,如研究奖学金就是面向愿意来德国从事科研工作的青年科研人员设立的;国际研究基金奖也专用于表彰所有在德国工作且研究处于世界领先地位的各学科的杰出科学家。除政府外,其他机构也积极开展人才引进,如亥姆霍兹国家研究中心联合会的青年科学家小组计划,就面向博士毕业2—6年的高水平青年科研人员;后备人才科学院计划也旨在帮助青年学者在资深科学家带领下独立开展科研、自主管理项目,争取第三方资金,弥补本研究领域的人才短缺;项目科学院计划面向高校聘期六年内的年轻教授,支持申请人参加专题研讨会,开展科研交流,帮助其完成项目申请的准备工作。同时,德国还有"赢取大脑"工程、技术专家引入计划等,为海外科技人才提供高额的奖金、优越的研究环境和学习生活保障。此外,德国还成立了"德国学者组织"吸引海外德籍人才回国创业。德国在人才引进方面严格管理,坚决执行人才引进标准,与其他国家相比,德国的人才引进始终坚持宁缺毋滥的原则,不为计划数额左右,也不因急缺而放松要求。2008年,德国联邦政府启动"洪堡教席奖"计划,该项计划原定每年引进10人,获奖者五年内可得到500万欧元的资助,优厚的待遇吸引了大批科技人才,但该项计划2008年只引进八人,2009年获奖人数仅有五人,可见德国对科技人才要求之高,管理之严格。

4.薪资待遇与科研激励办法

德国对科技人才的资助与激励也可分为工资待遇和额外奖励两部分。

在工资待遇方面,德国为科技人才提供了基本的生活保障,并在此基础上根据科技人才的工作成就予以津贴奖励。教授的工资由基本工资和浮动工资两部分组成,德国实行公务员制,W2和W3级别的教授属于国家公务员,因此具有稳定的职业保障和薪资待遇。就基础工资而言,德国科研人才的待遇较高,教授的工资根据各州颁布的《州公务员薪酬法》而定,《公务员法》《公务员薪酬法》《高等教育法》《联邦职工合同法》《教授薪酬改革法》等法案对教授的薪资待遇也进行了规定,一般而言,教授的基本工资为3260—4522欧元。截至2019年9月,德国高校教授基本月工资集中在税前4200—8000欧元,基本收入整体稳定且位于各行业中上游。[①]浮动工资包括招聘及挽留补贴、业绩补贴和领导职务补贴三项,依据教师自身能力和水平进行

---

① 陈志伟,陈洪捷.德国高校教授薪酬制度的结构特征及激励机制研究[J].教师教育研究,2021,33(1):115-120,128.

分配,青年教授一般只有基本工资,更高水平的教授才能得到浮动工资。德国科技人才的薪资待遇与职称挂钩,但薪资待遇差距并不是很大。

德国还通过制定政策、设置奖项等方式为科技人才提供额外的激励。政策方面,德国通过立法的方式不断加强保障或提高科技人才待遇,教授治校是德国高校一直以来的传统,教授是德国关键的科技人才,有着举足轻重的地位。2002年修订的《高等学校框架法》引入了青年教授职位,具备科学工作特殊能力的青年科技人才不必经历漫长且复杂的竞争过程,可以直接聘任为教授,打破了传统的年龄限制,为青年科技人才提供了更多发展机遇,也激发了更多青年人的科研热情。2006年,德国联邦教研部制定了《科技人员定期聘任合同法》,规定公立科研机构研究人员的最长聘任期限放宽至12年或15年,为科技创新领域成就突出的人才提供了更稳定的工作环境。德国还有基金项目与奖项两种激励措施,前者大多为申请制,如艾美·诺瑟计划、海森堡计划,后者通常为提名制,如洪堡研究奖、莱布尼茨奖等。在众多奖项中较为著名的是索菲亚奖和莱布尼茨奖,索菲亚奖面向德国科学界和在德国工作的青年科技人才,获奖者不仅可获得高达165万欧元的科研资助,而且可在德国组建自己的科研团队并独立开展科研工作;莱布尼茨奖是目前世界上奖金额度最高的科学奖项之一,奖金高达250万欧元。

二、德国的技能人才内生体系、支持政策与激励制度

德国的技能人才发展体系属于社会伙伴式技能提升模式,强调学校、企业、政府等利益相关方的协同合作。德国技能人才发展体系的演变过程中伴随着多方利益的冲突与协调,最终形成了现有的基本制度框架,其中主要制度包括技能人才投资制度、技能人才培养制度、技能人才评价制度、技能人才供给制度等。

（一）学徒制下的技能人才投资制度

在德国技能人才发展过程中,学校、企业、政府三方分担培训成本,企业是技能人才的投资主体,成本收益率是企业是否参与学徒制培训的决定性因素。除少数培训项目有财政支持外,绝大部分企业参与学徒制培训都需

要自己承担所有的直接和间接培训成本,包括培训人员经费、设备费、培训管理费、社会保险费等,因此,成本收益率就成了影响企业参与学徒制培训的关键因素。

(二)标准化与可迁移的技能人才培养制度

在技能人才培育过程中,德国在师资培养、教材与课程标准、学徒工资等方面的标准化程度都比较高。师资方面,德国企业教师是企业内部的专业培训师,主要负责为企业员工提供相关技能培训和职业教育。企业教师需要结合企业的业务特点和员工的培训需求,制定出相应的培训计划,这些计划既要涵盖员工的专业技能培训,也要涉及员工的职业发展规划和领导力培训等。企业教师需要具备教育学、心理学、职业教育和成人教育等方面的专业知识和资质,以及《企业教师资质条例》所规定的劳动教育学的技能、知识和能力。教材与课程标准方面,20世纪中叶,德国的金属制造业开始建立职业技能框架标准,针对"双元制"体系中职业教育和企业职业培训脱节的问题,在职业院校中采用名为"学习领域"的课程方式,学习领域课程以工作任务为导向,先对典型的工作任务进行分析,进而转化为学习领域,再对学习领域进行设计,并进一步转化为具体的学习情境。德国于1999年对学习领域课程进行统一规范。学徒工资方面,学徒津贴在工资协商制度下进行统一制定,不同行业和地区的薪资标准有所不同。德国学徒的薪资标准与学徒所在行业、年龄、工作经验和所在地区等因素直接相关。德国联邦劳工局的数据显示,2022年,德国学徒的平均薪资为795欧元/月,且薪资通常会随着学徒的年龄和工作经验的增加而提高。此外,德国社会工资差别较小,据统计,2021年德国工人的平均收入为3960欧元/月(税前)。但是,不同行业、地区和工作经验的工人的收入差异很大,工人收入最高可以达到数万欧元/月。2021年,德国高校毕业生的平均工资为44836欧元/年(税前),相当于每月约3737欧元。高校毕业生的收入同样也取决于所在行业、地区、公司规模等因素。德国对技能水平的衡量不以学历和学习途径为唯一标准,学历证书、职业资格证书、工作经验和技能测评等都是衡量技能水平的重要标准。

《职业教育条例》中强调,企业培训需坚持"宽基础"的职业教育,以掌握核心专业能力作为培训目标,因此,企业中工人的技能普遍具有可迁移性。由于德国的职业培训不允许任何形式的特殊化,德国企业的工作岗位之间具有较大的弹性和技能可迁移性。德国企业为员工提供了较多的职业培训和继续教育机会,工人可以通过参加这些培训和教育活动来提高自己的职业技能水平,从而适应工作环境和职业领域。德国的就业咨询和职业规划服务非常完善,工人可以在规划师的帮助下,了解自己的职业技能和就业机会,了解技能发展与迁移的途径。

(三)以技能资格为主体的技能人才评价制度

德国在100多年前就对工人进行技能资格认证,从而保障了工人技能资格的获取及使用。近年来,为了满足职业流动的需要,在欧洲资格框架的推动下,德国建立了国家资格框架,补充完善了职业资格标准。[①]德国的技能资格认证制度是第三方评价制度,资格认证具体由行业协会、雇主联合会、工商会及手工业协会等社会合作者组成的考试委员会实施,反映了多方利益的诉求,保障了技能评价的公平性。在知识评价方面,德国的技能资格认证制度要求申请人必须掌握相关领域的理论知识,包括理论基础、专业知识、技术原理等内容。在技能评价方面,申请人通常需要参加实践考试,进行相关技能操作和完成任务,实践考试会模拟实际工作环境,对申请人的技能水平进行全面的检测与考察。德国的技能资格认证制度还关注申请人的工作能力和职业素养,在考试和评估过程中,申请人的解决问题能力、团队协作能力、沟通交流能力等方面同样非常重要。

(四)凸显劳动价值的技能人才供给制度

在劳动力市场制度方面,相比于外部市场的供求关系,德国的劳动力资源配置更依赖于企业内部长期形成的管理制度或惯例。德国的内部劳动力市场制度是指企业与员工之间建立了长期雇佣关系,这种关系建立在发展的可预测性和企业与员工相互信任的基础上。德国的内部劳动力市场制度

---

① 邵程林.中国制造2025背景下技能型人才培养体系的国际比较研究[D].上海:上海工程技术大学,2020.

能够维持学徒就业的稳定性,在企业与学徒之间建立可信的关系,学徒能够通过企业提供的高质量培训进行学习从而获得就业或晋升机会,学徒的技能水平提升又能够有效降低企业继续培训的成本,维持企业与学徒之间稳定的互利关系。德国的内部劳动力市场制度能够提高企业的生产效率,原因在于通过在企业完成中长期工作,员工的经验和技能可以得到充分积累、发挥。

德国工资集体协商制度是由劳动者和雇主团体共同参与的制度。在工资协商过程中,双方会就一系列问题进行谈判协商,包括薪资待遇、工作时间、福利和劳动条件等。德国的工资集体协商通常在行业内展开,这表明同一行业内不同企业的工资待遇和劳动条件都应基本一致,以保证企业间的公平竞争和员工的公正待遇。工会组织、行业协会、雇主企业在谈判劳动者工作条件和工资水平时可以不受国家干预。议定工资主要包含无技能劳动者的最低工资和技能劳动者的最低工资,这两类最低工资具有明显差距,促使劳动者主动追求提升技能水平以获得更高的收入。技能工资是对员工所具备的技能数进行考核并发放薪酬的一种工资制度,员工的技能数越多薪酬也就越高。

第二节　英国

一、英国的科技战略、企业发展战略与人才发展战略

英国是第一次工业革命的发源地,直至今日依然保持着科技强国的地位,是世界高科技、高附加值产业的重要研发基地。英国以世界1%的人口从事世界5%的科研工作,足以看出其科技体系的优越性。

（一）科技战略

1.科技管理体系与智库的作用

英国科技政策的调整是从二战结束后开始的,此前英国政府对于科技

持消极态度。1965年,英国颁布了《英国科学技术法》,拉开了国家干预科技发展的序幕,该法对有关科学研究的责任和权利等进行了规范,明确了技术部部长、国务大臣,以及某些特许机构和其他组织在科学研究中的权力。到了20世纪90年代,英国确立了以基础科研为主导和以技术预见为引导的科技战略,[①]为后续科技发展奠定了基调。1994年,英国发布了《实现我们的潜能:科学、工程与技术战略》,正式启动了科技创新的国家发展战略。世纪之交时,英国科技政策迎来了发展高峰期,1993—2002年,英国政府连续发布了九个白皮书,自此英国的科技政策体系逐渐完善。此外,《我们竞争的未来:建造知识驱动的经济》(1998年)、《卓越与机遇——面向21世纪的科学与创新》(2000年)、《变革世界中的机遇:创业、技能和创新》(2000年)、《为创新投资:科学、工程和技术的发展战略》(2002年)等都明确了以科技发展促进经济增长的战略。英国首个中长期科技发展计划《科学与创新投入框架(2004—2014)》提出,英国科学创新的发展目标是建立科学与创新体系,使英国成为全球的知识中心。随后,由于科技创新在综合国力竞争中的重要性逐渐凸显,英国政府对科技发展加大了扶持力度,科技政策体系进入稳定的快速发展时期,直至2013年"脱欧"再次对英国的科技政策产生了重大影响。2014年,英国发布《我们的增长计划:科学和创新》,提出科学创新战略必须为科研支持方式、资金分配和资助机制确定核心原则,表明将继续推进科技创新战略。2016年,共同商业、能源与产业战略部发布白皮书《通向知识经济的成功之道》,提出改善科技创新资助体系。同年,《高等教育和研究法案》颁布并实施,为科技创新提供了法律保障。针对"脱欧",英国发布了《科技创新合作面向未来的伙伴》,以表明与欧盟继续合作的立场。特雷莎首相上台后颁布了《产业发展战略:建设适应未来的英国》,对英国科技创新进行了长远规划,改善科技创新的基础设施,加大资金投入,优先支撑重点领域,多措并举全方位推动科技创新。从科技政策的总体发展趋势来看,英国政府对科技创新的关注度提高,引导性加强。2016年发布白皮书《知识经济的成功:卓越教学、社会流动性及学生的选择》后,英国设立了专门负责资助科技创新的非政府公共机构——英国科研和创新办公室。

---

① 刘永林.英法德三国科技政策的演变及对我国的启示[J].科学管理研究,2014,32(4):113-116.

英国的智库在政策制定过程中起到了非常关键的作用,智库诞生于英国,1920年成立的英国皇家国际事务研究所是世界上最早的智库,发展至今,英国已经形成了完整全面的智库体系,如英国皇家学会、英国皇家工程院、英国国家科学艺术基金会、英国皇家国际事务研究所、英国国际战略研究所、亚当·斯密研究所、科技政策研究中心等都是英国主要的智库,也是世界一流的智库。智库以科技与经济、社会发展的互动关系以及可持续发展和环境为研究对象,为国家提供科技决策咨询以支持国家科技战略及政策规划布局,极大提高了决策的科学性,也促进了高校科技的发展。英国高校的科研评估采用科研卓越框架以及科研影响评估系统等体系。科研卓越框架由英格兰研究、苏格兰资助委员会、威尔士高等教育资助委员会和北爱尔兰经济部等四个英国高等教育机构联合推出,因此较为权威,并由科研卓越框架指导小组监督,[①]该小组成员由四个机构的代表组成。科研卓越框架的评价依据是高校提交的材料,从科技成果、科研影响、科研环境三个角度来评价高校。科研影响评估系统是世界上首个尝试基于指标评价的方法,基于诚信的自评价系统。该系统在科研项目绩效评价中被广泛采用,评价内容包括研究类型和研究途径、与研究相关的其他步骤、未来的研究、研究成果的传播、健康政策、培训、健康干预/产品以及对成果的评价。英国的科研评价方式指标合理、客观公正、操作规范,根据科技创新的质量进行评价,提高了科技创新者的积极性。

2.面向前沿领域的科技研发

英国政府对重点科技领域进行预测和规划略晚于美国和德国,《促进增长的创新和研究战略》中划出的重点研究领域为生命科学、高附加值制造业、纳米技术和数字技术四大关键领域;《英国产业战略:行业分析报告》将大数据、卫星和空间技术、机器人和自动化系统、合成生物学、再生医学、农业科技、先进材料和储能技术认定为重点领域;《我们的增长计划:科学和创新》提出重点发展大数据和高能效计算机、卫星和航天技术商业化应用、机器人和自动化系统、合成生物学、再生医学、农业科技、先进材料和纳米技术、能量及其存储等八大技术领域;《创新战略》中的重点领域为先进材料和

---

① 吴杨."双一流"大学科研创新评价体系建设的国际视野——基于英国、澳大利亚、日本、韩国的经验与启示[J].科技进步与对策,2018,35(15):126-131.

先进制造、人工智能、数字化和先进计算、生物信息学和基因组学、生物工程、电子、光子与量子、能源和环境技术、机器人和智能机器。综上来看,多年来英国的重点研究领域并没有发生明显变化,只是随着技术的发展不断升级,政策具有延续性,在上述政策指引下,英国还发布了面向具体领域的指导文件,为科技发展提供明确的规划,如《新兴技术与产业战略(2014—2018)》(2014年)、《英国量子技术路线图》(2015年)、《英国动物替代技术路线图》(2015年)、《英国合成生物学战略计划》(2016年)等。

与美德日三国相比,英国的科技研发突出人工智能、电子信息技术等前沿科技的同时,尤其注重可持续发展和环境影响。2008年,英国就颁布了第一个针对温室气体排放、适应气候变化的法案——《气候变化法案》,规定到2050年英国净碳排放量较1990年降低100%。2009年,英国政府连续发布了《投资低碳英国》《低碳复苏计划》《英国低碳转型计划》《可再生能源战略》等四个文件,将低碳发展置于科技发展的关键地位。2010年,发布的《英国海洋科学战略》规划了英国未来海洋研究热点,《2010—2025年海洋科学战略》《2010—2030年英国空间创新和增长战略》更强调了可持续发展。2017年,英国发布的《清洁增长战略》描绘了面向2030年的低碳发展路线图,从八个方面提出50项举措,包括提高行业能效、交通能效、住房能效、发展电动汽车等多项内容。2019年,英国开启了政企合作项目"碳信托公司",发展低碳经济,而且商业能源产业战略部和英国地方政府的拨款占总收入的78%—88%。2020年,英国为加速实现净零排放,公布了《绿色工业革命十点计划》,该计划涵盖清洁能源、交通、自然和创新技术等十大环保领域。英国还发布了《国家基础设施战略》《能源白皮书:赋能净零排放未来》。[①]

3.完善的科技创新资助与科技奖励体系

英国的科技创新资助与激励措施也可分为直接和间接两类,直接方式是指政府直接给予财政补贴,这类资助对象为企业和科学技术组织主导的科技创新项目,财政补贴主要用于早期验证和完善创新项目。英国政府在科技创新方面投入了大量资金,联合国教科文组织在科学/技术与创新领域的统计数据,以及经济合作与发展组织和英国国家统计局对外披露的数据

---

① 巴曙松.英国绿色金融实践:演变历程与比较研究[J].行政管理改革,2022(4):105-115.

显示,2009年至2018年,英国国内研发总支出与研发投入强度呈现稳步上升趋势,2009年英国国内研发总支出为364.31亿美元,2018年为526.01亿美元,总体涨幅达44.4%。英国政府与银行等合作建立了很多基金,专门为科技创新提供资金保障,如创新投资基金、高等教育创新基金、研究伙伴投资基金、国防创新基金等。英国研究与创新署下设的特别机构——英国创新署管理的创新资助基金项目,专门为中小企业的科技创新活动提供资助,企业要想获得英国创新署的资助,需要申请参加创新署组织的创新基金竞赛并胜出,创新基金竞赛根据创新项目的来源和重要程度,划分出多个基金竞赛子类别。为了减少新冠疫情的影响,英国还推出了"未来基金"计划,为中小企业科技创新提供资金支持。其他基金还包括产业战略挑战基金、小企业研究基金、大学创新研究商业化基金等,如表4-1所示。间接方式通过税收和贷款政策实现,这种方式更适合较成熟的、准备商业化的创新项目,中小企业可享受的税收减免额为研发开支的150%,2008年8月1日以后,该比例提高到175%。大企业可享受的税收减免额为研发开支的125%,2008年4月1日起该比例提高到130%。2011年4月开始,针对中小企业的研发优惠力度进一步增加,实行200%的研发税收减免。2012年,中小企业的税收减免比例提高到225%。[1]

表4-1 英国部分基金介绍

基金	资助目标和重点	说明
产业战略挑战基金	该基金旨在将英国世界领先的研究机构与英国最好的企业结合,以改变人们的生活、工作和出行方式,通过对最好的研究、开发和创新进行投资,解决当今面临的主要产业和社会难题,使英国处于未来全球市场竞争的有利地位。该基金具有用于支持英国现代工业战略	如"未来观众"挑战(虚拟现实、增强现实、混合现实等沉浸式体验技术)、无人驾驶汽车、法拉第电池挑战赛(清洁能源技术)、基于数据的早期诊断医学、老龄化社会挑战、卫星基础设施、制造业和未来材料、量子技术等

[1] 黄军英.后危机时代英国政府的科技与创新政策[J].中国科技论坛,2012(4):16-21.

续表

基金	资助目标和重点	说明
Smart 基金	该基金资助打破现有规则和具有颠覆性的想法,这些想法有可能改变世界。资助资金可用于项目从可行性研究到产品开发、测试原型、市场开发的各个阶段,不限于特定的行业和技术领域	申请人需要概述当前的需求和困难,以及他们的科技创新将如何满足需求。申请人还需要明确地说明他们想要进入的市场,如何进入和利用这个市场,以及在这个市场上销售或提供的最终产品和服务
知识转移伙伴基金	该基金向需要从大学、研究所等学术组织引进新的知识、技术和专业技能,在自身业务中进行创新研发的企业提供资金	该资助项目使得英国企业、其他组织能与学术组织和高素质的研究生合作,是英国"产学研"结合和转化的重要的组织形式
小企业研究基金	围绕政府部门未来的采购需求,通过竞争性的方式,支持高技术小企业的早期创新,使其能够获得更多的研发机会	英国国家医疗服务体系、国防部、能源与气候变化部等政府公共部门组织成功运行了小企业研究基金
创新资助基金	该基金提供高达5000万英镑的资助,用于资助开展后期试验性创新开发项目的中小企业	相比于普通商业贷款,创新基金的利率较低、期限灵活。要获得资助,企业需要申请参加创新基金竞赛并在竞赛中胜出
大学创新研究商业化基金	该基金为大学创新研究团队提供资金,以缩短创新想法从大学实验室到商业化应用所需要的时间。通过该基金诞生的初创企业可以获得进一步的资金来帮助建立业务和开拓市场	该基金项目是英国"产学研"结合和转化的另一个重要组织形式,资助高校学生、毕业生以及大学教授、研究员更快地完成从实验室研究人员到创新企业家的转变

　　科技奖励方面,英国设置了多个奖项,形成全面覆盖的奖励体系。1731年,英国颁发了世界上第一个科技奖励——科普利奖,英国成为世界上第一个创设科技奖励的国家。[①]英国政府仅设置了英国女王奖、潜力奖、"发掘我们的潜力"奖、"预测—联系"奖等少数奖项,且不参与管理或组织科技奖的

---

① 李朝晨.英国科学技术概况[M].北京:科学技术文献出版社,2002.

评审,英国科技奖励主要组织机构为各学术机构和专业学术团体。其中,英国女王奖是最高荣誉,获奖者为整个科研团队,每年大约能获得100万英镑的奖金。皇家学会共设29个奖项,其中科普利奖章(Copley Medal)、皇家奖章(Royal Medal)、贝克尔奖章(Bakerian Medal)和克鲁尼安奖章(Croonian Medal)四个奖项最为著名。英国皇家工程院也设有多个奖项,如麦克罗伯特奖(MacRobert Award)、科林·坎贝尔·米切尔奖(Colin Campbell Mitchell Award)、主要项目奖(Major Project Award)、鲁克奖(Rooke Award)等。从奖励的内容来看,英国的科技奖励更重荣誉,有些奖项奖金极少甚至没有奖金,但每个奖项都有对应的荣誉勋章,且要举行隆重的颁奖仪式,极大地提高了获奖者的荣誉感和成就感。

(二)企业发展战略

1.企业发展定位调整的历程

英国有着悠久的自然科学传统,但长期以来形成了"重探索、轻应用"的特征,基础研究与应用研究相分离,知识创新长期脱离生产实际,造成了英国在产业应用方面实力不足,知识创新无法转化为实际生产效益。第二次工业革命中优势地位的丧失,促使英国政府对科技创新体系进行改革,英国自此逐渐形成产学研融合的科技创新体系。1986年,由政府部门资助的LINK计划的目的是支持产业界与科学研究机构合作,使科学技术为生产服务。[1]20世纪末撒切尔夫人执政时期,英国政府推行国有企业私有化改革,减少对"近市场"研发的公共投资,鼓励企业增加研发投资,企业逐渐在研发中占据主导地位,政府积极促进大学与企业间的合作,通过发展大学科技园等举措,加强产学研之间的联系,还调整基础研究布局,在大学建立交叉学科研究中心,顺应世界科技发展趋势,注重信息、生物和新材料等战略科技领域的发展以振兴经济。[2]通过这一系列举措,英国形成以市场为导向,向私营企业倾斜的科技政策,推动科技创新向实际生产力转化。此时英国政府还制定了"阿尔维信息技术研发计划""信息工程先进计划"等高技术产业

---

① 张俊喜.中国中小企业发展报告[M].北京:社会科学文献出版社,2005.

② 刘云,陶斯宇.基础科学优势为创新发展注入新动力——英国成为世界科技强国之路[J].中国科学院院刊,2018,33(5):484-492.

重点研发计划,表明了英国对新兴科技和创新的重视。为了打破生产和研究之间的隔阂,英国提出开展以增长为目的的研究,发展知识经济,对科技创新管理机构进行改革。1992年,英国成立了科学技术办公室,其专门负责管理科技与工业生产,1995年,科学技术办公室与工业部合并,但职能与地位不变。①随后,英国政府又发布了多个科技发展战略,强调科技创新为经济发展服务的宗旨。《实现我们的潜能:科学、工程与技术战略》(1994年)、《我们的竞争——建设知识型经济》(1998年)、《卓越与机遇——21世纪科学与创新政策》(2000年)和《变革世界中的机遇——创业、技能和创新》四份白皮书都提出继续加强基础研究,大力推动形式多样的官产学研合作,推动科技成果的产业化。

英国的科技研究力量主要来自大学,推动大学与企业开展合作是英国支持科技创新的重点。2008年,经济危机更加凸显了科技创新对经济发展的重要性,于是英国政府又发布了《促进增长的创新和研究战略》《我们的增长计划:科学和创新》等文件对科技发展进行规划,将知识密集型服务业和先进制造业作为支柱产业,政府与产业建立长期战略伙伴关系并共同培育商业机会。"脱欧"对英国科技创新和经济状况都造成了重大影响,于是英国发布了《构建我们的工业战略》《产业战略:建设适应未来的英国》,加大政府对科技创新的投入,鼓励大学与企业合作,提高科技成果转化率。通过这一系列措施,英国重振创新经济,保持了科技强国地位,产学研融合的科技发展战略得以巩固并不断完善。

2.校企合作的创新举措

英国的学校和企业在人才培养领域也保持紧密联系,学徒制就是产教融合的典型表现形式。英国科学技术设施理事会推出"工程高级学徒培训计划""毕业生招聘计划""工读交替实习计划"等。《英国学徒制的2020愿景》《16岁后技能计划》《学徒制学院战略指南》《学徒制问责制声明》等文件中反复强调雇主参与职业教育全过程,引导职业教育改革,确保职业教育人才培养与企业需求有效对接。2017年,遵循《英国工业战略》的思想,英国还设立了学徒制与技术教育研究所,支持雇主团体发展学徒制。雇主与研究所一起开发、审查和修订学徒制标准和学徒终点评估计划。英国还开展

①樊春良.全球化时代的科技政策[M].北京:北京理工大学出版社,2005.

了"雇主学徒制津贴"项目,为参与学徒制的企业提供津贴,以吸引企业参与学徒制。

大学是英国国家层面科技创新的中坚力量,为加强高等教育与产业的有机结合,英国政府新设了商业、创新与技能部管理高等教育事务,促进校企合作。商业、创新与技能部的设立从制度上使高等教育与产业经济的联系更加密切,实际上,英国政府对高等教育促进商业和经济发展的作用寄予厚望。商业、创新与技能部的工作职责是通过在人力资源和教育领域的投资推动创新和创业。牛津大学和爱丁堡大学两所高校均成立了全资子公司,子公司专门负责技术转移转化的管理服务工作,以企业化模式推动科技成果转移转化和产业化。

3.源远流长的科技成果转化与专利保护制度

英国不仅重视科技成果转化,而且重视成果转化工作的人才培养,着力将那些有知识和经济头脑的创新型人才培养成为成果转化方面的行家里手,以提高科技成果转化的专业性。专利是科技成果转化的桥梁。英国是第一个建立了正式专利制度的国家,早在1624年,英国就实施了《垄断法》,随后在1852年颁布了具有现代意义的《专利法修正案》,与此同时设立了英国专利局专门处理专利事务。[①]英国在1919年首次创设专利开放许可制度,该制度在1977年定型并沿用至今。专利开放许可制度是指专利权人自愿向专利局申请登记开放许可,任何人都可以与专利权人协商获得许可,协商不成可以请求专利局裁决。为了适应国际化发展的需求,英国签署颁布了《保护工业产权巴黎公约》《专利合作条约》《与贸易有关的知识产权协定》等法案,这些法律法规的出台拓展了科技转移的渠道,限制了非法垄断技术等阻碍大学科技成果产业化的不利因素。2012年,英国专利法院推出新的小额案件跟踪系统,该系统将加速知识产权纠纷的法律程序,大大降低诉讼成本和难度。英国还有专利代理人——专利律师提供知识产权服务,英国设置了特许专利律师协会来监管专利律师,获得专利律师从业资格要通过资格考试,还要经历2～4年的实习,门槛较高。知识产权管理委员会还出台了《专利律师、商标律师及相关人员行为规范》,规范专利律师行为,维护

---

① 董雨,徐伟.英国专利制度发展史及其对我国的借鉴[J].中国高校科技,2019(C1):47-49.

行业秩序,专利服务机制和设施非常完善。此外,英国高等教育创新基金也为中小企业的科技创新提供咨询服务,以此支持英国高校的成果转让。

科技成果转化的过程中,英国大学注重发挥校企联盟协会的作用,为了促进技术转移,高校均以不同方式成立了校企联盟协会,用于加强高校与产业界的合作。校企联盟协会是一个面向全球高科技企业的开放式创新网络,在协会内,一方面,会员单位可通过参加年会、餐会及学术会议的方式,加强与学校、科研人员、企业之间的联系,优先获取有市场前景的科技成果;另一方面,学术界也能够及时了解市场面临的问题及未来需要关注的重点领域,使创新项目、科技成果与行业产业和社会经济发展需求有效对接。

4.企业资助与激励体系

英国对企业的资助与激励措施分为直接和间接两种形式,直接形式指通过成立基金会直接投资企业等方式给企业以资金支持;间接方式指减免税收、降低投资风险、融资担保以及公共采购等。2001年,英国借鉴美国开始实施小企业研究计划,利用政府采购推动中小企业创新、参与政府科技创新项目,为中小企业提供约5000万英镑的资助。2001年,英格兰高等教育基金管理委员会设立高等教育创新基金,用以支持大学科技成果商业化应用,目前该基金每年投入约1.6亿英镑。2012年,英国政府投资3亿英镑设立研究伙伴投资基金,推出20个投资项目,带动8.55亿英镑私人投资,加强了横跨学术界和产业界的科研基础建设。基于2017修订的《高等教育与研究法案》,英国又成立了创新投资基金,其主要职责是代表政府与产学研各界合作伙伴在科技创新领域密切合作,寻找令人感兴趣的创意与机会予以资助。创新投资基金的投资领域为生命科学、信息和通信技术、低碳和高价值制造业等。除政府外,英国很多民间组织也非常关注企业的科技创新,投资支持企业发展,如维康信托基金会、盖茨比慈善基金会、沃尔夫基金会等,它们会通过各种基金项目与英国政府共同推进中小企业科技创新发展。

英国政府支持科技创新企业的税收政策以间接优惠政策为主,英国的税收政策就是著名的"专利盒制度",主要包括投资抵免、费用扣除以及特殊政策等内容。投资抵免是指创办高新技术企业的法人可按照创办投资额的60%免税,对新创办的高技术小企业免征资本税。费用扣除是指企业用于科学研究与开发活动的经常性支出和资本支出,可以直接在当期应纳税所

得额中全部扣除。针对中小企业而言,符合相关规定的经常性支出可按
150%的比例在当期应纳税所得额中扣除,2011年,英国对中小企业研发经
费的税收减免幅度由原来的150%提高至200%,2012年再次提高了25%。
特殊政策指对于某些特定商业行为减免税收的政策。此外,对于中小企业,
英国政府还采取了以下方法:一是推出企业融资担保计划,由政府出面担保
贷款;二是设立国有政策性银行,即英国商业银行,由其出资扩大"创业投资
催化基金",针对高增长企业增加后期创业投资;三是设立绿色投资银行,对
绿色可持续发展的科技提供特别支持;四是为初创企业提供多元化融资渠
道。英国还设立了多个有关科技成果转化的奖项,如技术转让奖、科学与工
程合作奖、工业与学术界合作奖等,鼓励高校、研究机构共享知识产权成果,
促进科技成果向生产力转化。

(三)人才发展战略

1.创新型人才培养机制

英国在科技人才培养方面始终保持高投入,每年的教育支出占国家总
支出的8.15%以上。对于人才培养,英国秉承全过程人才培养的理念,其科
技人才培养体系充分体现了终身教育的特色,全面涵盖基础教育、高等教育
和继续教育。在基础教育方面,英国政府采取了一系列措施强化以物理、化
学和数学为主的理科教育,使自然科学成为基础教育的重点。在高等教育
方面,利用研究理事会资助模式下的研究生竞争性和认可式培养来提高人
才培养质量。[1]此外,英国还发布了"科研人员生涯发展支持契约",帮助研
究生进行职业生涯的发展规划,并通过奖学金和助研金的形式资助处于职
业生涯发展早期的青年科研人员,以确保英国科研人员得到较好的支持和
培养。

英国在各个领域都强调创新人才的培养,并且强调创新品质。1994年,
英国发起"公众对科学、工程和技术的认识"活动,旨在吸引更多的人参与到
科学、工程和技术的研究中来,同时提高公众对科学、工程和技术所做贡献
的认识。为提升高校科技创新能力,英国2007年启动研究卓越框架计划,

---

① 白春礼.人才与发展:国立科研机构比较研究[M].北京:科学出版社,2011.

之后为解决忽视教学质量的问题,2010年颁布了《教学的重要性》白皮书,出台一系列提高教学质量和管理水平的举措,并于2016年启动教学卓越框架计划。2017年,英国商业、能源和工业战略部发布的《英国工业战略》将人才作为工业战略的六大要素之一,通过重点打造世界一流的职业教育培训体系,强化科学、技术、工程、数学技能基础,制定国家新型再培训计划三项举措保障创新型人才储备。受自由主义等思想的影响,英国鼓励支持科技人才自由探索,营造了富有创造性的科研环境。

英国非常重视高等教育的发展,大学和其他高等教育机构被视为促进经济增长的关键场所,其科研和技术转让活动在创新系统和产业发展中发挥了重要作用。2009年,英国颁布的《更高的雄心——知识经济时代大学的未来》将大学置于实现国家经济复苏和长期繁荣的重要地位,要求大学提高科研能力,培养更多经济发展所需的高水准技术人才和科研人员。2011年,英国高等教育改革白皮书《高等教育:把学生置于体系中心》统筹设计了高校信息公开、教学改革、招生改革、教育公平等各个环节,明确提出将学生置于"高等教育消费者"这一中心地位。2016年,英国发布的《知识经济的成功:卓越教学、社会流动性及学生的选择》白皮书进一步将学生的知情权和选择权作为高等教育改革的核心,首次将学生权益作为高等教育监管机构的工作重心。英国还积极开展高校绩效评估,根据各个高校的科研投入和产出情况分配资源,以提升高校的竞争意识,提高高等教育质量。

2.灵活且积极的人才引进政策

英国十分重视海外科技人才,构建了灵活而积极的人才引进体系。作为典型福利国家,英国的科技人才引进主要通过调节移民政策来实现,与美国、德国、日本相比,英国对于科技人才的定义更广泛,相应的人才引进要求也更宽松。受自由主义思想的影响,英国对于人才流动也采取"放任"的态度,不会过多限制,允许科技人才自由流动,但同时英国也会为科技人才创造优越的科研环境和提供丰厚的待遇。英国采用多样且富有针对性的签证制度,根据申请人年龄、教育程度、申请课程长度及从事工种,采取不同的签证政策,以保证最大范围地吸引该国缺乏的高技能人才。2003年,英国实施的高技术人才移民政策更是放宽人才引进的要求,不设工作和语言限制,没有固定工作的人才也可以申请高技术移民。这一政策还以28岁为分界线,对28岁以上和28岁及以下的申请人分别采取不同的评估标准,注重青年科技人才的引进。英国政府高度重视高等教育国际化,不断加强政策监管,完善质量保障机制。例如,2007年发布的国际毕业生计划,留学生毕业后有一年的居留期,以便在英国求职。《高等教育境外合作办学实施准则》《国际教育:全球增长与繁荣》《国际教育战略:全球潜力、全球增长》等都强调了国际人才交流的重要性,以提升英国高等教育对国际学生的吸引力。英国特别注重吸收第三世界国家人才,通过学术交流、科研合作及留学生交换等方式与这些国家建立联系。①一些著名的跨国公司和科研机构有自主签发工作许可证的权力,获得签证的学生在完成学业后可以在英国居留一年以便求职。

脱欧造成了严重的人才流失,英国更加积极地开展人才引进以弥补人才空缺,2020年被认为是英国抢夺人才的开端。2020年,英国政府再次加大对科学基础设施建设的投入,为科技人才提供优质的设备和环境。英国政府发布的《科技研究和发展路线图》提出,在首相府设立"人才办公室",该办公室负责科技人才的引进工作,为科技人才提供更加快速便捷的移民服务。2021年,英国启动新的积分制签证计划,根据规定只有学历、行业资质、薪资、职业等模块的总积分达到70分的非英籍公民才可以留英工作,这一计划明确提出优先录用高技能人才,不再限制移民人数,取消了欧盟的特权机制。新的计划机制提高了积分要求,并增加了语言等方面的基本条件,整体偏向有能力的工人、熟练工、学生以及专业人士、各个领域的顶尖人才和创新者,在一定程度上提高了移民的门槛。2022年,英国又开启了全球人才签证计划,为世界领先的科学家等开辟新的通道。其中增设了高潜力人才签证,专门面向在英国以外的顶尖大学完成课程的国际学生,该签证的有效时长根据申请人的学历水平而有所不同,博士学历长达三年,本科和硕士只有两年。从移民政策可以看出英国在逐渐提高人才引进的标准,十分渴求高技能人才,同时也在减少低技能工人的引进。此外,英国也设立了一些奖项,为科技人才提供物质奖励,如牛顿国际人才计划、全球创新计划,以及各式各样的政府奖学金和针对不同国家和地区的奖学金,为海外科技人才

---

① 望俊成.英国吸引和培养国际优秀科技人才的举措和特点[J].科技管理研究,2013,33(19):28-32.

提供丰厚的奖金及补贴。英国还为科技人才提供了良好的科研环境和先进的科研设备,为他们从事科技创新工作提供了良好的平台条件。

3.有效的人才评估与问责制度

英国科研评估是公共资金问责制度的表现,评估核心是科研质量,评估结果既为资助机构提供经费划拨的依据,也成为高校科研声誉的重要依据。高校要接受包括高等教育基金委员会在内的各种利益相关组织的问责,问责的范围很广,包括经济、教育、财政和国际交流等方面,不同利益相关者问责的重点不同,但高校的各个方面都要评估。根据评估结果将高校划分为不同等级后分配资源。问责制度较为重视高校的自评和互评,贯彻发展性评价理念,并且会将评估方法、程序和结果对外公开,保障评估公平公正。

二、英国技能人才内生体系、支持政策与激励制度

(一)基于现代学徒制的技能人才内生体系

自现代学徒制诞生起,英国就将其视为科技人才发展的重要支柱,现代学徒制成为振兴制造业的重要支撑。英国经历了契约式学徒制、行会学徒制和国家干预与世俗教育相结合的学徒制三个重要发展阶段,学徒制在文艺复兴时期到达顶峰,宗教改革后在资本主义生产方式变革和民族国家兴起的冲击下走向没落,但为随后真正意义上的学校职业教育的产生与发展奠定了重要基础。英国的学徒制没有独立的资格证书制度,但学徒在完成学徒制学习后可以获得三类与学徒制框架相对应的认证资格,分别是技术证书、国家职业资格和关键技能资格。在对学徒的学习效果进行考评时,除了书面测试,还有在工作场所进行的能力本位测评。英国现代学徒制经过漫长的发展过程,政府、学校、雇主、学徒等多元利益主体不断加强合作,逐渐形成了较为完善的制度体系,主要包括四种类型,分别是中级学徒制、高级学徒制、高等学徒制和学位学徒制。其中学位学徒制鼓励企业与高校合作提供课程,学生可以一边念大学一边在企业实习,根据专业不同,通常三年到六年毕业,之后学生既能拿到大学学位,又能收获企业所需技能,甚至提前锁定工作。

(二)渐进主义改革模式下的技能人才发展政策

21世纪第一个十年是工党执政时期,布莱尔政府从强化技能基础、提高生产力的角度制定了一系列技能人才发展政策。2002年7月,英国教育和技能部发布了白皮书《21世纪的技能:发挥我们的潜能》,回应了英国所面临的技能挑战和提出应对这些挑战的政策措施,并提出了英国的技能战略目标。2003年,英国政府先后发布《21世纪技的能:实现我们的潜能》《14—19岁:机会与卓越计划》,提出通过增加课程的多样性和灵活性来确立多层次的职业教育与中等教育的总体改革方向。2003年,英国政府颁布白皮书《技能战略》,详细地阐述了现代学徒制的改革思路,提出了英国现代学徒制的质量目标、结业率目标以及覆盖产业目标等,强调要继续扩大学徒制的普及范围,并通过各项政策激励更多的企业发挥主导性作用。自2004年起,英国开始对现代学徒制进行重大改革,主要体现在以下几个方面:一是对学徒的技能资质进行分级,二是取消年龄限制,逐步形成涵盖多领域、多行业、多层级的现代学徒制。2005年,英国教育和技能部连续发布白皮书《14—19岁青年教育与技能培训》《技能——在商务中增强,在工作中提高》。总体目标是:第一,使青年人具备企业所需要的技能和终身学习能力;第二,改革必须有助于社会公平,要让青年人有机会展示能力、充分利用自己的才能,从而打破英国的阶层壁垒,消除普通教育与职业教育之间长期存在的地位差异。2006年,英国发布了白皮书《继续教育:提高技能为生活获得更多机会》,同年12月发布报告《为了全球经济的共同繁荣——世界一流水平的技能》,主要探讨了技能在促进英国经济繁荣和提升社会公平中的重要性,重申在新的全球经济下技能已成为世界高水平就业的核心要素。2007年,英国首相布朗在格林威治大学发布了新政府的教育施政纲领,明确提出英国的抱负是建立世界级的教育体系,成为全球教育联盟的领头羊,将英国现有600万名非技能工人降至50万名。世界级教育体系的最终目标是使英国每位青少年成功完成学校教育、在职培训或学徒训练,获得资格证书,通过受益培训计划提高工人职业技能水平。

2010—2015年,卡梅伦政府制定了《可持续增长技能战略》,继承了布莱尔政府实现"世界一流水平的技能"目标,但在政策工具和配置方面做了重要调整:一是减少了对培训机构的投资,强调弱化政府的官僚性,将重点放在完善技能人才发展体系上,使培训机构可以灵活地满足企业和学习者的需求。同时,政策治理更加集权化,主要标志是建立了教育标准办公室和新的学徒制学院,并推出了学徒制改革方案,改革方案包括改革英国学徒制度,建立企业主导的学徒制度,满足英国未来所需的劳动力需求等举措。2016年,为实现重振制造业、提高劳动生产率的目标,英国政府通过近两年的评估审查,推出了以"高水平技术教育路径"为特征的16岁后技能计划,该计划提出建立从低级到高级及不同教育类型之间灵活转换、以"共同核心"为基础的高质量技能人才内生体系的目标。2017年,英国实施学徒制税费改革,对开展学徒制的企业进行税费减免和人头费补偿。同年,英国出台《英国学徒制:2020年愿景》,从学徒制质量、企业、支持举措、建立长期学徒制、资助政策等五方面提出了具体目标。同年,英国创建了学徒制与技术教育研究所,旨在支持雇主团体制定学徒制标准,超过3000家企业参与了学徒与技术教育新标准的制订,以确保学徒的学习结果和技能获得可以满足未来社会发展的需求。与此同时,英国还建立了终点评估制度,全方位提升学徒制课程和培训的供给质量,开发由企业主导的学徒质量标准,在此基础上,英国每年发布学徒制进展与评估报告,从政府、学徒和企业等不同角度对学徒制的影响与存在问题进行评价,以进一步对学徒制进行优化。

(三)保障技能主体利益的经费激励机制

2015年起,英国政府上调了16—18岁学徒和18岁以上学徒第一年最低工资标准,增幅为20%,工资达到每小时3.3英镑。尽管绝大多数企业支付的学徒薪酬要超出这个标准,但政府此举意在增强学徒制的吸引力,使年轻人优先考虑学徒制。2016年,英国政府承诺企业可以不再为25岁以下的学徒缴纳国民保险费,旨在进一步减轻企业的财政负担,激发其大范围开展学徒制的动力。2017年始,英国政府针对学徒制进行财税制度改革,该改革适用于所有公共领域与私营领域的企业,由于学徒税的"明收暗补"原则,实际上只有年度工资支付超300万英镑的企业才须真正缴税,达到这一标准的企业不足2%,这一举措旨在激励企业投资学徒制项目,招收学徒越多则其获利越大。企业在利用学徒津贴补助方面有较大自主权,学徒津贴可以用于企业自身学徒培训费用支出,也可以用于培训企业外其他员工。学徒津贴的使用期限也一再延长,现在有效期为两年,旨在使企业更灵活地利用津贴。

第三节　美国

一、美国的科技战略、企业激励与发展战略、人才发展战略

美国是首屈一指的科技强国,2021年联合国贸易和发展会议发布的《科技与创新报告》中,美国的前沿尖端科技在参与评估的158个国家和地区中位居榜首,其强大的科技实力离不开科技体制的支持。

(一)科技战略

美国的科技战略主要体现在科技政策上。美国的科技竞争力长期位居世界前列,但纵观整个美国科技发展史,20世纪前美国在科技创新方面的表现并不出彩,20世纪后(尤其是第二次工业革命后)才飞速崛起。因此,本节着重研究分析美国20世纪后的科技政策。

1.注重前沿性的科技研发体系

科技研发实力是国家综合实力的重要表现,美国科技研发受国家政策影响很大,通过对相关政策的分析可以知晓美国科技研发的特点。

首先,美国科技研发政策兼具前瞻性和灵活性的特点。美国科技研发政策注重前沿性,美国擅长对科技发展趋势进行长期预测。2016年,美国在由政府机构、咨询机构、科研机构等发表的32份科技趋势相关研究报告基础上提炼形成了《2016—2045年新兴科技趋势报告》,该报告对未来30年可能影响国家发展的核心科技进行了总体把握,同时也为国家及社会资本指明了科技投资方向,长期的预测也为美国科技发展指明了方向并奠定了发

展基调。为了提高国家的创新力和竞争力，美国根据社会发展需求连续发布了多个有关科技创新的法案，如《无尽前沿法案》《国家科学基金会未来法案》《2021年美国创新和竞争法案》《2022年美国竞争法案》等。《无尽前沿法案》着重改革了美国国家科学基金会，通过明确美国国家科学基金会培育关键技术领域科技人才的职责、加大对科技人才培育的财政投入等方式，实现科技人才规模的快速扩大。《国家科学基金会未来法案》更加重视科技人才的系统性布局和连贯性培养，对各级教育都进行了完整细致的规划。基于《无尽前沿法案》，参议院颁布了《2021年美国创新和竞争法案》，进一步强化科技创新顶层设计与人才一体化发展理念，融合部署"科技＋人才"重点工作。随后，众议院又制定了《2022年美国竞争法案》，该法案将推动科技人才发展的任务分散到能源部、商务部、国家标准与技术研究院等机构，由对应机构培养所需人才，同时继续贯彻系统性布局和连贯性培养理念，为人才发展提供全周期支撑。

其次，美国科技研发政策兼具竞争性、系统性、全域性、协同性，通过宏观战略布局打造国家层面的创新生态系统。[①]科技创新事关全局，美国的科技研发也由多领域多部门协同合作，美国经济、军事等领域的政策法规中也包含科技政策，多领域共同参与科研创新，构建了多方协同的科技研发政策网络。美国的科技研发政策还有指引性、导向性的特点，集中体现为科技研发领域的军民融合，如《关键技术和新兴技术国家战略》《科技政策的"地平线战略"框架》《为了美国的创新经济和美国的竞争成功》《新兴技术与数据的地缘政治影响》等都明确列出了重点研究领域，并进行了军民融合战略部署，这些科技研发政策作为国家意志，发挥了国家和社会间的桥梁作用，将需求明确传达给社会各界。此外，上述战略文件也明确反映，美国最重视国防领域的科技研发工作，国防相关的核心科技研发创新始终处于优先地位，随后为卫生健康、能源以及航空航天领域。以2010—2018年为例，美国联邦政府在基础研究、应用研究、试验发展与研发设施等的投入比例如图4-1所示。

---

① 苗苗.美国科技创新动态跟踪与政策解析：先进性与偏误[J].科学管理研究，2020,38(1):153-159.

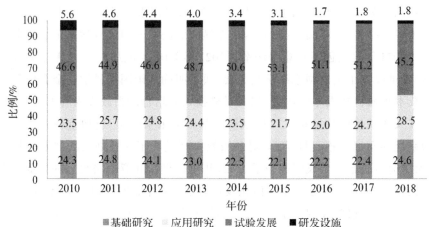

图4-1 2010—2018年美国联邦政府经费支出分布

美国特别注重前沿科技的研发,将大量资源集中于新兴领域,从研发资金投入情况看,美国较为关注的是生命科学、计算机科学与数学、自然科学等领域的基础研究,对其他领域的应用研究关注度相对较低,科研领域集中在新兴科技领域,以核心技术的研发为主,如表4-2所示。

表4-2 美国主要部门基础研究经费按科学与工程领域分布

单位:%

部门	计算机科学和数学	工程	环境科学	生命科学	自然科学	心理学	社会科学	其他学科
卫生与人类服务部	0.5	5.1	1.3	83.8	0.4	6.1	0.4	2.5
国家科学基金会	18.1	14.6	23.9	14.1	18.2	0.7	3.7	6.7
能源部	12.0	21.7	6.6	8.3	41.3	0.0	0.0	10.1
国家航空航天局	1.0	18.5	28.4	4.4	39.4	0.2	0.0	8.1
国防部	20.0	27.0	4.5	10.9	13.5	1.4	0.7	21.9
农业部	0.1	2.3	0.7	88.2	4.8	0.0	3.9	0.0

2.专业化的科技管理办法

坚实的法律基础是美国科技管理显著的特点,美国基于法律体系建立了"内外结合、分层分级"的立体化科技项目监督模式。《监察长法案》《联邦会计和审计法》《单一审计法》《政府绩效和成果法》《联邦基金责任和透明法》等多重法律的刚性约束,国会和政府的总体监督,外加专业机构的内部监督,严密的监督体系为科技项目资金的安全使用提供了保障。

美国的科技管理也具有明显的专业化特点,美国实行多元分散的科技管理体系,由行政、立法、司法三个系统参与科技决策与管理,[1]由国防部、人口与健康服务部、国家航空航天局、国家科学基金会等11个政府部门分管对应的科技项目,[2]表4-3展示了部分机构设置的奖项。以科技评估为例,美国作为科技大国是开展科技评估和推进科技评估制度化建设最早的国家之一,但美国没有设置单独的科技评估机构,科技评估工作分属不同的职能部门,各部门根据各自使命进行科研开发与管理,涉及科研的领域都会设立专门的科技评价办公室,如美国总审计署、国会研究服务部、国会技术评价办公室等。各评价部门侧重点不同,如美国审计总署注重项目、政策的事中和事后评估,国会技术评价办公室注重项目、技术的事前和事中评估,国会研究服务部侧重政策的事前、事中和事后评估。另外,政府也会出资聘请社会咨询评价机构、学术组织参与科技评价工作,根据不同研究项目的特点,选择不同的评价方法、评价对象、评价时间范围、评价流程和评价专家等。

表4-3　美国部分科技奖项及设置机构

设奖机构	奖励名称	奖励对象	评选方式
美国国会	美国国家科学奖	物理学、化学、生物学、数学、工程科学、行为科学及社会科学方面的卓越科学家,美国公民	专家及机构提名
	美国国家技术创新奖	通过技术产品、方法和概念为国家做出突出贡献的个人、团队或公司及其分支机构,美国公民、美国企业或美国控股企业	同行、专家提名
	青年科学家与工程师总统奖	在生物、医学、物理等科学技术领域从事研究并取得突出成绩的青年科学家,美国公民	专家及机构提名

① 潘昕昕,张春鹏.美国科技项目监督体系研究及借鉴[J].中国科技论坛,2016(11):155-160.

② 王学评.中美两国科技奖励评审制度的比较与思考[J].中国科技资源导刊,2018,50(3):76-81.

续表

设奖机构	奖励名称	奖励对象	评选方式
美国国家科学院	费米奖	在能源科技研究方面取得杰出成就的科学家、工程师,不限国籍	同行专家提名
	美国国家科学院化学奖、数学奖、生物物理、海洋、生物医学奖、研究创新奖公共福利奖等35个奖项	在各学科领域贡献突出的科技人员,不限国籍	同行提名
美国国家工程院	戈登奖	在工程与科技教育方法领域有创新及突出贡献的个人,美国公民	任何人均可提名
	拉斯奖、德雷珀奖、创业者奖、布歇奖	在工程技术创新、社会科学技术普及、科学技术事业及相关科技管理政策方面取得突出成就的个人,不限国籍	任何人均可提名
美国科学促进会	克利夫兰奖、科学公众参与奖、青年科学公众参与奖、科学外交奖、科学自由与责任奖、科学新闻奖、导师奖等十余个奖项	对科学做出重大贡献的个人,不限国籍	同行、公众、机关提名

3.财政、税收与多元科技激励机制

美国的科技激励举措可分为直接和间接两种形式。直接方式为财政投入,间接方式指给予税收优惠。首先,美国政府在科技创新方面的投入非常大,2009年更是在《美国创新战略》中规定,美国公共和私人研发投资要占GDP的3%以上,这个比例达到了历史最高水平。2017年,美国发布了《优先:让美国再次伟大的预算蓝图》,主要内容就是增加国防科技的财政支出。国家科学基金会的2022财年的计划提出,科研投入经费为108亿美元,此后四年还将以每年20%左右的速度递增。美国国家科学基金会统计数据显示,2019年,美国基础研究总投入约为1078亿美元,占研发总投入的16%和GDP的0.5%,其中联邦政府资助是基础研究资金的主要来源,占基础研究总投入的41%和GDP的0.2%;企业基础研究投入占基础研究总投入的31%和GDP的0.15%。美国还设立了专门负责各研究领域资助的机构,国家科学基金会是美国国内提供科学研究资助的最大独立机构之一,专门负责资

助美国科技、技术、工程和数学等领域的基础研究和普及教育任务。

其次,美国通过设立多个科技奖项予以物质和精神上的激励。美国政府设立了美国国家科学奖、美国国家技术创新奖、青年科学家与工程师总统奖、费米奖等十余个奖项。总体而言,美国的科技奖项少数由政府设立,大部分由社会力量管理和颁发,如医学研究领域的"拉斯克奖"、计算机领域的"图灵奖"、地球科学领域的"维特勒森奖"、工程领域的"费里茨—鲁斯奖",以及化学领域的"韦尔奇化学奖"和"亚当斯有机化学奖"等,社会和政府相结合的奖励体系形成了覆盖各个领域的科技奖励体系,很多社会力量设立的奖项认可度和权威性并不亚于政府奖项,且奖金更加丰厚。美国国家科学奖和美国国家技术创新奖都没有奖金,只授予奖章、证书和荣誉,一般由总统亲自颁发。劳伦斯奖由能源部资助,获奖人能获得2万美元奖金。费米奖有5万美元奖金,如果多人获奖则平分奖金。美国政府设立的科技奖项奖励不算丰厚,更偏重精神奖励。

(二)企业激励与发展战略

美国大企业的创新能力和技术研发水平无须赘述,但中小企业的科技创新实力也不容小觑,美国小企业管理局研究20世纪对美国和世界有过巨大影响的65项发明和创新后发现,这些发明和创新基本上都先由个人完成,个人取得专利后创办自己的小型企业,生产和销售这种新产品后小型企业再发展成为大公司。20世纪80年代开始,美国中小企业完成的科技发展项目占全国总量的约70%,中小企业的人均创新发明是大企业的两倍,可见,中小企业具备科技创新的活力。而且,美国中小企业数量庞大,所占市场份额巨大,2018年,中小企业数量占美国企业总数99.9%以上。美国尤其注重发挥中小企业的科技创新作用,通过中小企业转型快速带动整个产业升级。

1.知识产权保护与成果转化

美国制定了多部法案保护知识产权。《创新法案》规范知识产权申诉流程。在知识产权保护方面,美国以《拜杜法》《史蒂文森—怀德勒技术创新法》为中心,建立了全面的知识产权法律体系。《拜杜法》主要规范非营利机构(大学等高等教育机构)和企业受政府资助产生的知识产权的权利归属;《史蒂文森-怀德勒技术创新法》等则规范政府所有与政府运营、政府所有与私人运营的实验室受政府资助产生的知识产权的权利归属。近期，美国又通过缩短知识产权申请周期、规范申诉制度等方法激励科技创新。并且美国商务部商标专利局、美国国际贸易委员会、美国海关共同承担知识产权保护工作，机构管理比较完善。健全的法律制度和完善的组织机构有效保障了知识产权，促进科技成果化、资本化。

美国联邦政府也为中小企业参与科技创新提供了制度保障。1977年，美国政府推出了中小企业创新研究计划，旨在帮助中小企业将实验室成果转化为可在市场上销售的产品，1982年《小企业创新发展法案》的颁布，标志这一计划正式启动。以《小企业创新发展法案》为核心，美国联邦政府陆续出台了一系列法律法规，如《史蒂文森-怀德勒技术创新法》《国家竞争技术转移法》《联邦技术转移法》《专利法》《知识产权法》《商标法》《反垄断法》等，建立了系统全面的法律体系。这些法律法规将技术创新和解决就业确立为中小企业的两大职能，对中小企业科技计划的制定与实施、技术转移、技术推广、知识产权保护等方面进行了全面规范。1998年，制造业拓展伙伴计划是美国联邦政府为提升中小企业竞争力而制定的一项国家计划，该计划促进了政府、产业、学界等多方协作，建立了独特的公私合作伙伴关系。为保证计划实施的稳定性和连续性，美国通过立法形成了一系列技术转移政策，支持中小企业科技创新，形成了完备的技术扩散服务制度体系。2014年，《振兴美国制造业和创新法案》将中小企业、大学、国家实验室、美国制造业研究所等机构打通，确保各方获得相应的技术和知识。

2.政府专门机构管理下的资助与激励

联邦政府设置了专门机构来管理中小企业相关事务，美国小企业管理局是专门管理中小企业相关事务的机构，其主要职责是制定小企业政策并提供各种资源。在众多服务中，采购和担保服务尤为著名，1988年颁布的《商业机会发展法案》规定联邦政府直接采购的合同份额中，至少有20%的优先合同必须授予小企业，1997年颁布的《小企业再授权法案》将这一数额提升至23%，该政策一直沿用至今，且采购份额不断提高。1984年颁布的《联邦采购条例》为中小企业提供优惠价格和确定其优先采购地位，从而帮助中小企业开拓市场、激发其创新动力。2001年，《减税法案》调整了税收优惠政策,规定逐步提高遗产税的免税额,降低税率。美国联邦政府还为中小企业提供低息甚至免息贷款服务,如小企业创新研究计划,联邦政府以财政支出名义为中小企业提供低息贷款。2013年颁布的《国防授权法案》提高了中小企业承包合同的金额,以需求为牵引提高中小企业参与国防科技创新的积极性。2019年新修订的《购买美国产品法》进一步加强了对中小企业的扶持,也提高了"美国制造"的门槛。担保服务指美国小企业管理局为小企业提供政策性贷款担保,帮助小企业从商业银行获得贷款,缓解资金压力。美国小企业管理局的人员结构完整,分工明确,采购部门主管(高级采购主管)负责实施小企业项目,采购部门员工(小企业专家)与小企业和弱势企业办公室主管协调机构的小企业项目,采购部门主任负责协调机构业务的采购工作,包括监测和评估机构收购活动、充分利用公开竞争等。政府主要采用财政手段支持中小企业,还设立了支持中小企业的专项基金,以中小企业创业研究基金为例,美国国家科学基金会先对企业进行评审,选出符合相关条件的企业,给予专项补贴帮助中小企业开展科技创新。

3.完善的产学研协作体系

美国是在产学研合作方面立法最为完善的国家。1980年的《史蒂文森-怀德勒技术创新法》《贝赫-多尔法》是美国产学研合作史上里程碑式的法案。美国联邦政府以高校为依托组建了多学科工程研究中心,以提高大学的自主创新能力,帮助工业界提高其在市场上的竞争能力,并逐步形成"科研—教育—生产"三位一体的新型研发体系。

校企合作科研分为科技创新和人才培养两部分。小企业技术转移计划是美国联邦政府专门为促进研究机构向中小企业技术转移而制定的财政援助计划,中小企业只有与大学、非营利研究机构、教育机构等合作才能参与美国国防部、能源部、卫生部、国家航空航天局、国家科学基金会等的科研项目并获得资助。美国的高等教育机构还承担着中小企业员工培训的职责,大部分四年制学院和大学提供了专业培训及更复杂和高端的技术培训,社区学院则主要提供技术工人培训。创新培训和教育项目培训作为技术转移的一种形式成为大学新的使命,大学技术转移计划为企业培训提供了特殊支持。美国大学为中小企业提供教育与培训的方式多种多样,如"保持美国活力行动计划"是美国社区学院推行的培训项目,其涉及多项人力资本发展项目,鼓励大学、企业、劳动工会合作。"社区学院联盟"由多所社区学院建立,联盟提供办公自动化、远程通信、计算机辅助设计、激光技术、质量控制、材料管理、计算机辅助制造等技术领域的培训服务;"质量/生产培训网络"是美国社区学院和高等专门学校联合会培训计划,该计划旨在全国范围内共享培训资源,帮助企业开发提高质量和生产效率的项目,传播知识。[①]

(三)人才发展战略

1.基于终身教育的人才培养机制

美国的教育和科技发展水平处于全球领先地位,美国是人才强国的典范,其科技人才发展举措被很多国家模仿借鉴。通过对美国现行教育法律法规等的梳理分析发现,美国的科技人才发展有以下几个主要特征。

首先,美国将教育置于战略地位,优先发展教育事业。美国实施"教育优先"和"脑力强国"战略,通过法律法规保障教育质量。从数量上看,美国建国仅短短200多年,但根据《美国法典》不完全统计,剔除时效性短的教育私法,美国教育法典共有80章、10013条联邦教育法,[②]并且美国宪法规定,教育主要是各州和地方政府的责任,联邦政府仅起辅助作用,美国联邦教育法的数量已经非常庞大,更不必说各州的教育法,从教育法令的数量可见美国对教育的重视程度。此外,美国发布和修订教育法律政策文本的频率极高,世纪之交时,美国连续颁布了三个战略规划《美国教育部1998—2002战略规划》《美国教育部2001—2005战略规划》和《美国教育部2002—2007战略规划》,这些充分体现了国家教育规划的及时性、细致性和完备性。

其次,美国的教育投入很大,并且仍在增加。世界银行统计,2018年美国在教育领域的投入占政府总支出的13.1%,教育和军事是美国投入最多的两个领域,尤其是2002年《不让一个孩子掉队》法案通过后,各州更将教育投入与绩效责任相联系,为保障教育公平,美国中小学教育经费完全由政府承担。在此基础上,《美国2022年教育部工作与投资要点》提出,加大教

---

① 许长青.美国大学技术转移在中小企业创新中的作用[J].中国高校科技,2017(8):46-49.

② 叶强.美国教育法典的构成特点与启示[J].湖南师范大学教育科学学报,2022,21(1):41-48.

育拨款力度,要求联邦政府大幅增加对各级教育的支持。大量经费支持下,美国国民受教育机会较多和高等教育普及率较高,长期以来,美国中高等教育的入学率一直稳居世界前列。联合国教科文组织和世界银行统计,2018年美国高等教育毛入学率为88.3%,2019年高等教育毛入学率为100%。美国国家教育统计中心发布的《2022年教育统计报告》显示,2009—2020年,美国攻读硕士、博士学位人数增长10%,四年制学校的入学人数增加10%,2019—2020年学士、副学士、硕士、博士学位的授予数均增加超过20%。

再次,美国大力普及高等教育,提高高等教育质量。高等教育机构是美国基础研究的主要承担者和新技术的发明者与发现者,也是科技转化的主导力量。美国拥有世界顶尖的高校,在泰晤士高等教育世界大学排名、软科世界大学学术排名等多个排名中,美国很多高校都名列前茅,如2022年QS世界大学排名中,前10名中有5所都是美国高校,且麻省理工学院已连续10年排名世界第一。为了缩小差距,建立学习型社会,普及化成为美国高等教育的一大特征。20世纪70年代以来,在"逆向歧视说""平等主义说"等思想的影响下,美国高等教育进入深度普及化阶段,随着《民权法案》《高等教育法》《年龄歧视法案》《退伍军人法案》《高等教育法案》《妇女教育平等法》《民权复原法案》等法律的出台,公民平等受教育机会得到制度保障。美国高等教育还具有多样性特征,高等教育机构按照培养目标和研究层次大致可分为研究院大学、本科大学、社区学院和开放大学四大类,研究院大学注重学术性和基础性,这类大学有较为庞杂的研究院,拥有授予博士学位的资格;本科大学是以四年制为主的综合性大学,主要为学术界培养人才;社区学院包括两年制的技术专科学院和普及学院,主要面向高中毕业生中成绩较为落后的学生,毕业时可授予副学士学位;开放大学向社会各教育层次、各年龄段人群开放,标准考试及格者均可获得学位。全面覆盖各年龄阶段的多样化高等教育系统还具有军民融合的特点,美国依托普通高校培养军事人才并开展国防技术研发,国防部设立大学与国防部论坛,旨在重塑防务部门与大学的关系,建立互通、共享和共赢机制,有助于防范军民融合高等教育功能退化或固化。[1]

----

[1] 宣星宇.美国军民融合高等教育发展的协调机制研究:系统科学视角[J].黑龙江高教研究,2018,36(9):13-17.

最后,美国始终坚持全周期培养科技人才,建立终身教育体系。美国的科技人才培养渗透在各个教育阶段。基础教育阶段注重培养学生的技术创新意识和创新能力,开展自然科学、投资理财等课程,从小培养学生的科学家和企业家精神;在校内开发集会议室、实验室为一体的创客空间,学生在导师指导下可以很方便将创意转化为产品推向市场。高等教育阶段提供良好的外部创新服务环境,建设多样化的创新指导机构,如创客交流中心、科技转化孵化器等,学生在专业指导下拥有创新实践的机会。继续教育阶段推进学徒计划,加强商业、知识产权培训,注重教育内容的实用性和教育形式的灵活性。

美国人才培养强调实用性,政策法规根据社会发展需求对高技能人才提出具体要求,西部大开发时期,急需农业和机械方面的人才,《莫雷尔法案》便通过赠地的方式资助学院,培养社会急需的农业和机械人才。冷战时期,为了培养国防方面的顶尖科技人才,《国防教育法》把外语、数学、自然科学和技术教育列为核心内容,为科技人才的培养奠定了基石。随着社会的发展,美国不仅注重外在技术技能,而且注重人才内在素质的提升。近年来,科技创新在国际竞争中的地位愈发重要,为培养创新型科技人才,美国大力提倡STEM(science, technology, engineering, mathematics)人才培养,将STEM教育提升到了国家战略层面,大力推动政府与高校、企业、社会组织合作,形成"全国一盘棋"的联动机制和特有的STEM教育生态系统。[①]1996年,美国国家科学基金会发表《塑造未来:科学、数学、工程和技术的本科生教育新期望》,提出加强基础教育师资队伍建设。2006年,《美国竞争力计划》和《2010年美国竞争再授权法》都提出,通过发展STEM教育推动国家创新并提升国家竞争力。2007年颁布的《给未来技术、教育和科学领域杰出成就创造机会》法案,将提高学生STEM素养视为21世纪教育改革的根本目标。随后,针对女性STEM人才匮乏、年龄结构不完善等问题,2018年,美国联邦政府公布的《联邦STEM教育五年战略规划》中提出,让所有美国人终身获得高质量STEM教育,并使美国成为全球STEM素养、创新和创造就业的领先者,以完善STEM人才的性别和年龄结构,保障全民平等接受STEM

---

① 张帅.美国本科阶段STEM人才培养模式研究[D].北京:北京理工大学,2016.

教育的机会。《美国STEM教育战略规划（2018—2023年）》《美国创新战略》等文件仍在持续完善STEM教育结构，构建覆盖全民的高质量STEM教育体系。

2.薪资与荣誉激励措施

美国对科技人才的激励措施体现在科技人才的薪资待遇和科技奖项两个方面。在常规薪资方面，美国科技人才的薪资待遇丰厚，美国国家科研机构职员的薪资通常根据美国人事管理办公室每年更新的薪资级别文件中的"通用规则"序列与"地区调节工资"乘数共同决定，获得"完全成功级"或更高级别绩效评级的"ST序列"（scientific or professional positions）战略科学家还能突破薪酬上限获得现金奖励。根据这一规则计算，美国科研人员的基本年薪达到19738美元。*Nature*对各国科研人员薪资情况的调查结果显示，北美地区仅2%的科研人员薪资低于1.5万美元，可见美国科研人员的薪资待遇非常优渥，这不仅为科研人员提供了物质生活保障，也吸引了更多人加入科研队伍。美国科技人才受到政府、科研机构和社会组织三方的激励，政府设立并实施的主要奖项有青年科学家与工程师总统奖、美国国家科学奖、美国国家技术创新奖和费米奖等，其中青年科学家与工程师总统奖是政府授予独立研究的青年科学家和工程师的最高荣誉。科研机构设立的奖项含金量也很高，如美国国家工程院的拉斯奖、德雷珀奖和戈登奖被誉为工程界的诺贝尔奖。社会组织创设的奖项较为普遍，其中以布拉瓦尼克国家青年科学家奖最具代表性。

3.全球化海外人才引进制度

美国是人才输入大国，其引进的人才数量和质量都很高，美国的人才交流经历了由输出到输入的转变。美国早期的人才交流以输出为主，1870—1940年美国的905名教育家多数具有出国留学经历，留学国家以欧洲国家为主，其中留学德国的人数最多，约占总留学人数的44%，主要集中在柏林大学、莱比锡大学、哥廷根大学、海德堡大学等院校。[①]二战前后，美国迎来欧洲大规模移民潮，一批学有建树的科学家云集美国，特别是爱因斯坦等优秀的犹太裔科学家移民为世界科学中心向美国转移奠定了强大的人才基

---

① 唐绍芳.19世纪末20世纪初美国教育家群体社会结构特征探析[J].高等教育研究,2014（1）:83-90.

础。直至今日,促进高水平科技人才的聚集,依然是强国科技政策的基石,据统计,1990—2010年,美国15%—26%的高科技公司是由移民创建的。[①]

美国大规模引进高质量人才得益于海外人才引进制度,其人才引进制度按功能分为"引进"和"留住"两类。美国随着发展阶段的变化及其对人才的不同需求调整移民和签证制度,实施H-IB签证计划和"绿卡制",签证和绿卡申请难易程度的变化可以反映美国对科技人才的需求。例如,为了弥补STEM人才的空缺,拜登在《为何美国必须再次发挥领导作用——拯救特朗普之后的美国外交政策》中主张取消对STEM领域博士毕业生签证的上限限制,认为排斥高科技人才的移民制度会威胁美国的创新和竞争力。2021年,《美国公民法案》也提出增加高技能签证和职业移民绿卡数量,并取消绿卡国别限制。此外,美国依靠奖励机制留住人才。青年科学家与工程师总统奖、工程创造奖,以及专门奖励活跃在各学科前沿的青年科学家的沃特曼奖等,都是专门为科技人才设立的奖项。美国为高科技人才建立了科研资助体系,创设优良的科研和生活环境并提高福利待遇。美国在引进科技人才方面非常注重精准性,聚焦新兴科技领域,重点引进急需紧缺的各类人才。例如,《2022年美国竞争法案》特地降低了STEM人才引进的门槛,将22个专业划入STEM专业领域,使更多学生可以享受到STEM专业领域的优惠政策,变相扩大了人才的引进范围。

二、美国技能人才内生体系、支持政策与激励制度

(一)高度开放的替代式技能人才内生体系

美国的技能人才内生体系相对其他发达国家最鲜明的特征之一是呈现出技能替代的模式。所谓"替代式技能形成"是指一国的企业生产多采用理性化的生产战略,用新技术、新生产工艺替代员工技能。美国的替代式技能人才内生体系是以雇主利益为主导的,形成了以通用教育为主的技能培育模式,内容多集中在文化内涵、基本技能的掌握和较窄的岗位技能等方面。

---

① 阿特金森,伊泽尔.创新经济学:全球优势竞争[M].王瑞军,译.北京:科学技术文献出版社,2014.

美国技能人才内生体系的另一重要特点是高度开放,这一特征不仅丰富了技能人才的培育方式,还有助于美国各类人才的技能提升。高度开放性主要体现在以下几点:首先,技能培育对象的广泛性。接受技能培育的对象并非局限于某一特定群体,而是具有普遍性,这一点具有鲜明的历史延续性。二战结束后,美国为了解决退伍军人的就业问题,帮助退伍军人获得一技之长,实施了针对退伍军人的技能培训计划。1963年颁布的《职业教育法》打破了《史密斯—休斯法案》规定的联邦拨款仅适用于高中在校生的限制,对联邦拨款的适用对象放宽了限制,范围从高中在校生扩大到了在职培训者、残障人士、经济条件困难者及提供职业教育培训者等。此外,《职业教育法》进一步拓展了教育和培训的对象,使所有社区、所有年龄的公民都拥有平等接受更高质量的教育和培训的机会。2009年发布的《为明日工作之工人而准备》报告中,提出要实现人人具备高技能的目标,将接受高等职业教育或职业培训视为每个美国人的义务,又提出"面向人人"的社区学院建设,并号召加强社区学院的基础能力。于是,美国的社区学院针对有教育培训需求的所有人员开放,社区学院根据技能提升需求提供相应的学习课程。可以看出,美国的技能人才内生体系让每一个有技能需求的对象都能获得技能提升的机会。[①]其次,技能培育场所的高度开放性。美国技能人才的培育并不局限于某一特定层次的教育或某类型学校,小学阶段就有与职业相关的课程,大学阶段也始终将职业课程与学术型课程充分结合。除此之外,美国的各类教育培训与全日制教育往往并存,为产业工人的技能提升提供了便利,社区学院就是最具代表性的场所之一,社区学院不仅提供学历教育,还提供继续教育和培训,我们可以说美国的社区学院是一所多功能的学校,为不同类型的劳动者提供普适性的技能提升服务。最后,技能培育过程的高度开放性。美国技能人才的培育并不仅局限于学校内部的封闭体系,而是在政府的统筹指导下积极开展跨区域合作,美国的高等院校、职业院校、社区学院、培训机构及其他相关组织机构相互协作,充分整合各类与技能提升相关的教育培训资源,实现技能提升资源的共享与优势互补,在政府、企业、学校、个人等利益相关者协同参与下,实现个人目标、学校发展目标、企业需

①邵程林.中国制造2025背景下产业工人技能型人才培养的国际比较研究[D].上海:上海工程技术大学,2020.

求目标的充分有效整合。

（二）市场化原则下的技能人才供给制度

美国的劳动力市场技能人才供给制度主要涵盖三个方面的内容：劳动力市场的信息传递机制、工资机制和集体谈判机制，其中，劳动力市场的信息传递机制主要是指在劳动者就业过程中与职业相关内容的信息传播，如职业的介绍、职位信息的发布、媒体广告等；工资机制主要涉及技能劳动力的供给情况与劳动力价格间的关系；集体谈判机制则出现在劳动者就拥有的就业权利与企业制度间的谈判过程。企业和劳动者作为劳动力市场中的两个重要主体，拥有充分的自主选择权，而政府的主要职责是维护劳动力市场的公平秩序，此外，美国还将低收入者作为主要的就业援助对象，保障了这部分劳动者的收入。美国的这种技能人才供给制度体现了市场化的原则，使得劳动力的资源配置处于最优状态，同时，由于集体谈判机制与协商的存在，劳动力价格处于相对均衡的状态。在劳动者与企业协商一致的前提下，通过合同协议等契约方式实现劳动和技能的交换，充分体现了自由择业与自由雇佣的原则。除此之外，美国政府还注重通过行政立法等方式加强对劳动力市场的调控与干预，并为劳动者提供相应的权益保护。

（三）经济发展变化下的动态调整政策

美国制造业在过去30多年间发生了巨大变化，对技能和教育水平提出了越来越高的要求，技能人才短缺造成的先进制造业岗位空缺，需要对劳动力进行培训和再培训来填补，这种现象也就是美国前教育部部长阿恩·邓肯（Arne Duncan）提出的"技能鸿沟"，即从业者群体的技能水平整体上难以满足先进制造业的技能需求。自19世纪末至21世纪初的100多年中，美国经历经济社会发展的不同阶段，劳动力市场供需出现动态变化，技能人才支持政策也呈现出"适时而变"的特征。美国国会1992年通过了《科学和高级技术法案》，希望通过增加新兴科技领域的技师数量来提高国家的工业生产力，最终达到提升美国国际贸易领域竞争力的目的。2012年，美国国家科技委员会推出"先进制造业国家战略计划"，将先进制造业发展正式上升为国家战略。美国总统科技顾问委员会分别于2011年和2014年发布《获取先进制造业国内竞争优势》(AMP1.0)和《加速美国先进制造业》(AMP2.0)。在这些政策的指导下,奥巴马政府每年投入20多亿美元用于先进制造业研发。美国教育部职业和成人教育办公室发布的《致力未来:重塑美国职业生涯与专业技术教育的改革蓝图》,集中体现了奥巴马政府的技能人才内生体系改革措施,认为联邦政府必须对以学校为主体的技能人才内生体系的投资进行重新定位,提出投入10亿美元用于扩展职业与技术教育项目,同时为中等职业教育发展做出了具体规划。AMP1.0和AMP2.0的发布,则从推行技能资格证书制度、开拓技能人才生涯路径等方面提出了相应的技能人才内生体系发展战略。2014年,美国总统奥巴马签署《劳动力创新与机遇法案》,该法案作为2015年以来公共劳动力领域的第一次立法改革,旨在帮助劳动者获得就业、教育、培训等方面的支持和服务,从而在劳动力市场上获得成功,成为与雇主需求相匹配的技术工人,保持美国在全球经济中的竞争优势。2018年,特朗普政府同样将目光投向了职业教育与培训,美国国会通过的《加强21世纪的职业与技术教育法》反映出特朗普首个任期内对技能人才内生体系发展战略的调整,该法案的前身是《卡尔·D.柏金斯法案》。同年5月,美国发布《美国学徒制扩张任务》,呼吁扩大学徒计划,改革无效的学徒制度,同时联邦政府还建立了WIOA就业中心,也称为一站式职业中心。该中心与美国劳工部合作,建立了包括探索职业生涯、寻找培训、求职、查找本地帮助、工具包以及资源六个数据模块的数据资源平台。2020年,美国国防部发布《人工智能教育战略》,推进人工智能应用领域的发展,进而提升劳动力的人工智能素养,培养全球人工智能领军人才。2021年,美国围绕治理、数据、表现和监测四个主题发布人工智能问责框架,确保人工智能的使用规范。数字素养是人工智能的基本要求,为提升全民数字素养,《美国创新和竞争法案》明确规定,将计算科学引入中小学教育。

第四节　日本

一、日本的技术战略、企业发展战略与人才发展战略

（一）技术战略

1.从混乱到有序的科技研发体系

日本的科技政策经历了从混乱到有序,从片面到全面的改变,其中《科学技术基本法》《科学技术基本计划》《科技白皮书》等系列政策文件见证了日本科技政策变迁的全过程。1995年,《科学技术基本法》的颁布是日本科技立法的重大突破,结束了日本模仿美国、科技发展混乱的局面,具有划时代意义,标志着日本确立了科学技术立国的基本方针,强化了政府对科研活动的管理和指导,推动科技成果的转化。在这一法案的指引下,日本开始实施长期、系统、连贯的科技政策,为日本的科技发展奠定了基础。2020年,《科学技术基本法》经修订后更名为《科学技术创新基本法》,标志着日本科技发展步入新阶段,此次修订的目的从片面强调理工科人才培养转向了全面人才协调培养。此外,新增的"创新"二字标记着日本政府对突破性技术的重视,突出了创新人才和技术的重要性,这一法案还提到日本内阁将新设"科学技术创新推进事务局",强化跨部门的指挥功能,政府对科技管理的力度进一步加强。

在《科学技术基本法》的指导下,日本政府从1996年起每五年发布一期《科学技术基本计划》,对科技发展进行战略规划,至今已完成五期,这一计划对日本科技发展起着提纲挈领的作用。《科学技术基本法》规定要均衡推进各项研究开发,确保研究人员的要求得到满足,完善研究设施和设备,推进与研究开发有关的信息化,促进研究交流等。该法案提到要推动自然科学与人文科学和谐发展。如表4-4所示,每一期《科学技术基本计划》都明

确了未来五年的重点发展领域,[①]从而引导科技发展方向,使研究资源更加集中,提高研究效率。

表4-4 《科学技术基本计划》规划的重点领域

《科学技术基本计划》	重点领域布局
第1期(1996—2000年)	生命科学、信息科学、环境科学、纳米与材料科技
第2期(2000—2005年)	生命科学、信息通信、环境科学、纳米与材料科学、能源、制造技术、社会基础设施、科学前沿
第3期(2005—2010年)	
第4期(2010—2015年)	绿色创新(能源低碳化、能源效率提升、社会基础设施绿色化等)、生命科技创新(疾病预防、早期诊疗、安全有效治疗、老年和残障人士生活质量提升等)
第5期(2015—2020年)	构建"超智能社会5.0"的必要技术(网络安全、物联网、大数据解析、人工智能等)、促进新价值产出的核心技术(机器人、传感器、生物技术、材料纳米技术、光量子等)

从1958年起,日本每年都会发布《科技白皮书》,尤其是1997年后的《科技白皮书》都是根据当年的《科学技术基本计划》编制的。《科技白皮书》的主要内容是介绍日本的科学技术现状和未来发展方向,对前一年科技成果进行总结,提出现存的问题及改进方案,并对下一年的科研工作进行规划和展望,还提到了如何利用科技改善社会。《科技白皮书》也是日本未来科技政策的指南。近年来,日本转向了具有突破性、未来性的技术研究。2019年,日本政府公布"登月型"研发制度,从解决未来国内外可能出现的问题角度,提出了面向2050年的研发目标,以产出更多的创新成果、推动更加大胆的挑战性研发为目标。此外,该制度设定了四个期限,分别为2035年、2040年、2050年和2060年,将AI、机器人等作为重点研究领域。从上述政策和报告的发表频率可以看出,日本注重阶段性的详细规划,且持续不断调整科技发展方向,为科技发展指明了方向。

2.多方评估下的科技管理机制

在科技评估方面,日本的科技评估机构数量较多,类型较丰富,科技评估体系非常透明,充分借助独立专家委员会、第三方评估机构和社会公众等

---

① 胡智慧,王溯."科技立国"战略与"诺贝尔奖计划"——日本建设世界科技强国之路[J].中国科学院院刊,2018,33(5):520-526.

外部力量。评估机构大致分为四类,并且每一类型负责不同层次的科技评估。综合性科技评估机构和由国家直接管理的事业评估机构,主要评估大规模的国家研究开发课题;专业评估机构往往附属各省厅;企业评估机构是由企业主办的;研究机构内设评估机构,主要评估的是政府投资的研究项目。

3.规范的科技奖励办法

日本也设置了许多科技奖项,并且制定了相应的科技奖励条例、实施细则和法律法规,规范科技奖励的同时提高科技奖励的认可度。与其他国家不同的是,日本国家科技奖主要由科技厅负责颁布,分为紫绶、蓝绶、黄绶三种奖章。日本47个都道府县都有不同种类的科技奖励与资助制度。

(二)企业发展战略

1.完善的知识产权保护制度

知识产权是产学官合作中的关键问题,为了合理分配知识产权,推动产学官合作,日本制定了完善的知识产权保护制度,促进科技成果转化。2005年,日本经济产业省颁发了《产业活力再生措施法》,强化了对知识产权的保护,为日本实施知识产权战略奠定了良好的基础。2016年发布的《加强产学研合作研究方针》再次强调,加大企业对大学等研究机构的资助并建立高效透明的资金管理制度,设立产学研管理总部来集中管理相关事务,规范了知识产权的分配问题。

2.中小企业为主体的产学官合作模式

中小企业是科技创新的中流砥柱,为了进一步激发中小企业参与科技创新的活力,日本出台了一系列政策,构建了独具特色的产学官合作模式,企业(产)与拥有高技术、高知识的大学(学)及公立研究机构(官)合作,共同进行新产品研发和新项目建设,推动技术升级创新及研究成果转化,产学官合作最大的功能之一是将尖端的技术创新与技术产品转化有机连接起来,打破资源壁垒,实现知识、资金、人才的有效循环。一直以来,日本都强调研究要符合实际生产需求,并通过政策指引明确了产学结合的研究方略。1981年,日本科学技术厅提出了创造性科学技术推进制度,倡导以学术带头人为中心组建课题组,构建一种流动、弹性的研究体制。随后,日本通产省又推出了下一代产业基础技术研究开发制度,重点支持新材料、生物工程、新功能元件等下一代产业基础技术研发。此外,科学技术会议预算新设了科学技术振兴调整费,以支持产学官合作进行基础研究与尖端技术研究。进入21世纪后,日本通过颁布《产业竞争力强化法》《加强产学研合作研究方针》《关于大学技术研究成果向产业转移促进法》等政策,进一步明确了企业、大学、研究机构间开展产学官合作的基本方向。

产学官合作是日本科技创新和人才培养的一大特点,产学官合作模式中,首先,政府负责预测重点领域,指明和规划研究方向,把控部分关键领域的研究权限和技术,通过政策指引鼓励产学官合作;企业负责提供课题、资金、设备等支持,同时参与科研;大学是科研的主体,根据社会需求进行研究开发。政府逐渐放宽对产学研究领域的限制,进一步加强对高新技术领域研究的支持。2013年颁布的《产业竞争力强化法》提出,取消和缓解各种限制,鼓励企业向新的生产领域进军,制定新的制度,允许企业开展科技研发和技术创新。企业可参与的行业领域增多,科技创新的积极性大大提高。其次,提供政策、税收优惠和资金支持,为产学官合作扫清障碍,1955年的《国民收入倍增计划》和1961年的《日本高等专科学校法》都提出产学官合作要在日本企业的支持下推行,支持企业直接参与相关决策活动和职业教育管理事务。[1]日本政府在产学官合作模式中的干预性不强,主要采用引导、激励等方式。为了促进产学官合作,1998年日本国会通过了《大学技术转让促进法》《研究交流促进法》修正案,随后又发布了《产业活力再生特别措施法》《产业技术力强化法》《研究开发力强化法》等一系列法律,规范了知识产权分配等问题,促进大学科技成果向企业转让,为企业与国立大学或国立实验研究机构合作的研究设施提供土地优惠政策,进而鼓励企业加大参与科研的力度。2017年,经济产业省还制定了《整合信息公开与对话指导——ESG·非财务信息与无形资产投资》,为企业投资和管理提供意见,促进战略性、计划性投资,引导企业正确把握发展方向。最后,保障企业和大学的自主权,日本大学具有极大的自主权,且科技研发对社会发展需求的响应度较高,日本的大学和研究机构是科研主体,具有极大的自主权。1999年

---

① 李博.基于"产学官合作"的日本实践型高职教育模式[J].教育与职业,2017(13):104-109.

的独立法人化改革极大提升了大学和研究机构的地位，政府投资下的学校行使独立法人权力。2004年，日本出台《国立大学法人法》，自此大学在科研方面的自由度和主体性大大提高。日本还有一系列推动大学与企业开展共同研究的制度，如委托研究制度、委托培训制度、捐赠奖学金制度、捐赠讲座制度、实验室制度等。在这些制度的促进下，企业为大学、研究机构等提供的课题和资助显著增加，拥有独立法人权后，大学积极主动参与产学官合作。《创新综合战略》提出，要引入日本版的弗劳恩霍夫模式，激励大学积极争取民间研究资金，创立产学官一体的"大学改革支援产学官协议会"。为促进校企融合，加快科技成果转化，日本还创办了独具特色的中介机构和流动研究所，中介机构指日本科学厅建立的"高科技市场"，高科技市场会对大学或研究机构中能够进行转化的科技成果进行资助，促进大学科技成果向企业转移和研究成果产业化。

（三）人才发展战略

日本自然科学领域的诺贝尔奖得主数量位列世界第二，足以体现出日本在顶尖科技人才培养方面的优越性。据统计，自2000年以来，获诺贝尔奖的日本人多达14人。

1.全面贯通的人才培养体系

由于自然资源匮乏，日本一直将人才立国作为国家发展的基本方略，在科技人才培养上，构建了全面贯通的终身科技教育体系。此外，对不同人群，日本还制定了不同的人才策略，有针对性地培养管理人才。日本将培养科技创新人才列入了国家教育计划，且反复强调。日本内阁发布的《统合创新战略2018》中就明确表明科技创新的核心要素是创新人才，颠覆性创新在全球迅速发展，培养杰出的原创型科技人才是日本科技创新的重中之重，要构建科学、工程、人文、社会等各个领域横向贯通的教育体系，跨学科培养科技人才。为培养科技人才，日本构建了完整的教育体系，科技教育在各个教育阶段开展。文部科学省实施了"从小到大"课程改革系统工程。小学引入计算机编程教育，扩大热爱科学、喜欢学习数学的儿童范围；初中强化理工科教育，唤起学生的科学兴趣和学习热情；高中开展探究式学习，培养学生的科学思维；大学开设"AI+专业"的复合学科，全面培养下一代科技人才，为日本提供人才储备。针对中学阶段的学生，日本推出了超级高中计划以激发高中生对科技的热情，学习基本的科学知识和研究方法，这是一项通过发展先进科学技术，培养学生的科学能力和思维能力，培养引领未来社会的科技人才的倡议。相比于普通高中，超级高中更加重视科学技术、理科以及数学教育，培养学生的创造性和独立性，超级高中和大学联系紧密，为学生提供了参与大学科研项目的机会。日本政府大力提倡女性参与科研工作，针对女性研究人员者，通过设置托儿设施、配备助手等措施，支持女性研究人员兼顾研究和养育子女，解决后顾之忧，促使更多女性加入科研队伍。日本还设立了"增进理解科技奖项"（科普奖），旨在深化国民对科学技术的理解，促进科学传播。"增进理解科技奖项"（科普奖）主要表彰在增进国民，尤其是青少年对科学技术的关心和理解方面做出贡献，或在地方开展科学技术相关知识的普及启蒙方面做出贡献的个人或团体。①

　　在人才培养规格上，日本强调全面推进，重点突破，根据时代需求培养相应人才，早年，由于受到产业变革和全盘西化的策略影响，日本片面强调对理工科人才的培养，近年来才转向全面培养各领域人才。日本尤其注重青年科技人才的培养，据统计，诺贝尔奖得主的年龄集中在30—50岁，青年科技人才是科技创新的中流砥柱。日本政府为青年科技人才提供政策倾斜和津贴，为了助推青年科技人才成长，开展了一系列活动计划。2002年，日本开始实行的"240万科技人才综合开发计划"中包含培养实战技术人才计划、240万人终身教育计划、人才培养机构评价推进计划等三个具体计划，其中培养实战技术人才计划以大学生、研究生和科研人员为对象，通过企业实际锻炼，将其培养成精通信息技术、环境、生物、纳米材料等领域和符合企业需求的尖端科技人才。同年，日本还提出了21世纪卓越研究基地计划，该项计划提出日本文部科学省每年将选择资助50所大学的100多项重点科研项目，通过建设一流研究基地吸引世界顶尖的科技人才，取得国际领先的科技成果，培养具有创造力的青年科技人才。2004年，日本发布科学技术人才培养综合计划，提出培养富有创造性的世界顶尖科技人才，创造能吸引各类人才并使他们充分发挥才能的环境，建设有利于科技人才培养的社会，建设

---

① 苏楠."日本诺贝尔奖计划"的启示与借鉴——中日比较的视角[J].全球科技经济瞭望，2018，33（10）：55-64.

具有国际竞争力的研究基地,重点资助被选中的基地优秀人才。为了保证优秀学生专心从事研究,这一计划还为博士生提供资助,实行生活费补助制度。2007年,日本推出全球卓越中心计划,进一步培养具有国际顶尖水平的青年科技人才。2010年,日本推出《强化基础研究的长期方针与政策》,提出加大对基础研究领域青年科技人才的培养,包括建立新的青年科技人才聘用制度,为青年科技人才提供独立的研究环境,以及建立确保青年科技人才待遇的年薪制度等;同时,还提出构筑研究支撑体制,为科技人才增加助手,使他们可以专心从事研究工作。在科技奖励方面,日本政府、民间团体、高校等都设立了面向青年科技人才的奖金,其中较有代表性的为日本文部科学省的青年科学家奖、日本研究人员奖励金、开拓独创性先进技术大奖、井上奖等。至于机构保障,日本学术振兴会建立了特别研究人员制度和青年学者研究项目,支持青年科技人才成长,特别研究员制度中的"(一般)特别研究员"和"特别研究员"制度是专门面向青年科技人才建立的。"(一般)特别研究员"和"特别研究员"制度提出资助年龄在33岁以下的博士毕业生或有同等以上研究能力者,培养将来能够担当日本科学研究重任、具有创造性的青年科技人才。此外,日本的终身雇佣制为青年科技人才培养营造了宽松的氛围,日本对青年科技人才采用任期制的录用方式,青年科技人才只有通过严格审查才能终身雇佣。

2.积极有效的人才交流政策

人口负增长、老龄化等问题严重制约了日本发展,为了缓解老龄化的压力,补充劳动力,调整人口结构,日本尤为注重海外人才的引进。近年来,科技人才在综合国力竞争中的分量加重,日本将目光投向了高端科技人才。在人才引进方面,日本的目标是尽可能多的,并且长期吸收优秀人才。早在1985年,日本就设立了外国人特别研究员制度,全世界所有学科博士毕业或即将拿到博士学位的人都可以提出申请,入选者将获得生活费、安置费、科研费等资助。2007年,新修订的《雇佣对策法》强调,提高对拥有高级专业知识和专业技能的外国人才就业的重视程度,将海外优秀人才的引入上升到了国家层面。2008年,日本提出接收30万留学生计划,扩大了留学生规模,同时完善入学考试、入国签证等标准,积极推进交换生项目、短期留学项目,畅通留学渠道以吸引留学生。2012年,日本法务省入国管理局推出了高级人才积分制度,将高级人才评定标准量化,给予高级人才签证和出入国等方面的政策优待。2013年,在《日本产业复兴草案》的推动下,日本外务省、文部科学省、经产省联合成立了"日本国际化推进协会",为全球人才提供交流平台。2019年,日本颁布《外国人才法案》,提出通过更高级别的考试、具备熟练技能的人才可每1—3年更新在留时间,只要通过更新审查,更新次数不受限制,一定程度上可实现永久居住,进一步放宽了移民政策,增加了语言考试考点。总体看来,日本政府通过放宽移民要求、提高人才待遇、扩招留学生等方法吸引科技人才。

3.透明合理的人才评价指标

日本科技人才的评价体系整体透明,指标合理,在这一体系下,日本的科技人才培养效率大大提高。在科技人才评价方面,日本建立了层级完整的科技评价政策体系,从上至下依次为《科学技术创新基本法》《科技基本计划》《国家研究开发评价指南》及各省厅的《研究开发评价指南》,并且评价指标还在不断调整。现行《国家研究开发评价指南》要求,评价实施的主体应努力培育适合从事评价业务的专门人才,使其能够在评价岗位上胜任必要的调查、分析工作,评价中要善于发现具有创新潜力的优秀研究者。2004年,《以社会角度培养科学技术人才》提出,研究国际性的评价方法,吸引跨学科科技人才,第三期《科学技术基本计划》也强调大学及公立研究机构的人才评价要以能力和业绩为准。日本的大学与中国不同:以研究而不是教学为主要任务,以研促教,尽管如此,大学很少有严格的考核指标,论文发表、科研经费等方面不做考核。国立大学法人化后,科学研究越来越强调国家目标导向,但大学对教师、科研人员并没有采取急功近利的考核措施,而是尊重学术自由并营造宽松的竞争氛围。例如,东京大学的评价更强调科技成果的社会贡献度,为此专门制定了鼓励科技成果广泛应用或服务于社会的规章制度,科技成果的转化情况及对社会的贡献程度成为评价教师绩效的重要指标。

4.综合全面的人才激励办法

日本政府、研究机构和社会组织都参与科技人才的资助与激励工作,设立了众多奖项,多方参与有效扩大了资助与奖励的覆盖面。由日本政府创立并实施的主要奖项有文化功劳者奖、文化勋章奖、科学技术特别奖、科学技术奖、青年科学家奖等。文化功劳者奖属于终身制奖励，不限国籍，行业覆盖范围广泛，获奖者每年可获350万日元奖金；文化勋章奖授予对文化和社会发展做出显著贡献的人才，属于精神激励，不附带物质奖励。日本文部科学省还设立了科学技术特别奖、科学技术奖、青年科学家奖、创意设想功劳者奖等，用来奖励在相关科技研发和科普领域做出突出贡献的日本籍科技人才。在研究机构发起并实施的全国性奖项中，较有代表性的是日本学士院设立的恩赐奖和日本学士院爱丁堡奖，其层次级别和认可程度都不亚于政府设立的奖项。由社会组织发起并实施的全国性奖项，有日本学术振兴会设立的国际生物学奖、野口英世非洲奖、日本学术振兴会奖等。

二、日本技能人才内生体系、支持政策与激励制度

（一）技能人才法律保障

为支持技能人才发展，日本早在1911年就模仿英国颁布了第一部与职业训练有关的法律《工厂法》，1916年颁布明确职业训练内容的《工厂法施行令》，1947年颁布《劳动标准法》，对劳动合同和工资等进行了规定，最大限度地从法律角度保障了劳动者的各种权益。1958年，日本在《劳动基准法》和《职业安定法》中劳动者技能培训相关规定的基础上进行补充完善，最终形成《职业训练法》，这部法律规定通过技能训练和技能鉴定，促使劳动者技能不断提升，在为企业提供所需技能的同时获得职业安定，并促使劳动者地位提高。由于社会经济的不断发展，继1958年《职业训练法》形成后，1969年公布了新的《职业训练法》，增加了"实际技能与科学头脑"相结合的理念。1978年，日本再次对《职业训练法》进行修订，对公共职业训练和企业内职业训练的关系进行了阐述。1985年，《职业训练法》更名为《职业能力开发促进法》，更加尊重劳动者自身的努力，重视对劳动者职业能力的开发，从而确保其的就业稳定性。随着社会和经济发展，日本于1992年、1997年和2001年分别对《职业能力开发促进法》进行补充和修改，支持鼓励劳动者自主、积极地参加技能提升活动，对长期从事培训工作的企业予以资金支持，同时更加重视企业开展职业技能鉴定的相关工作，为促进劳动者自主进行职业技能

开发,企业应提供相关信息和咨询服务。[①]发展至今,日本支持技能人才发展的法律政策还有《职业能力开发促进法》和《第十次职业能力开发基本计划(2016—2021年)》,其中《职业能力开发促进法》是劳动者技能开发过程中强有力的法律保障,政府、雇主及其他相关人员都应在劳动者有技能提升意愿时给予全方位的支持,使劳动者在职业生涯规划基础上能够适应社会发展过程中的产业结构调整和技术进步。《第十次职业能力开发基本计划(2016—2021年)》则明确提出,企业应充分发挥对劳动者自主职业能力开发的支持作用,同时要利用职业生涯提升补助金等手段,保障非正式雇佣劳动者的自我发展。

(二)内部劳动力市场的制度保障

日本企业一般采用终身雇佣制,大型企业尤其如此,普遍和员工保持着长期、稳定的雇佣关系,在这一制度下,企业和员工愿意为技能提升进行投资。此外,日本企业很注重企业内的"团体"活动,认为小团体内部的交流和相互学习可以促进员工的技能水平提升。[②]具有市场经济特征的日本企业内培训也是技能人才的又一激励制度,企业内培训包含多种模式,在岗培训模式、脱产培训模式、自我开发模式等较为常见。在岗培训模式是在工作的同时进行培训,并且面向企业全体员工,企业会进行定期考核。脱产培训模式下,企业会组织参加过培训的员工开展"学习会"等活动,使新技能能够在企业员工中共享,最大限度提高每一位员工的技能提升效果。自我开发模式是在员工自我意愿基础上开展的培训,企业会在时间、奖励、津贴等方面为员工的技能提升提供支持,进一步激励员工自我发展、追求进步,在这样的环境中,员工更愿意互相研讨,进而提高整体技能水平。为保证企业和员工的可持续发展,日本企业普遍重视员工的技能拓展,提高员工横向和纵向的适岗能力,使员工成为支撑企业持续发展的重要动力,在保障其职业的稳定性基础上进一步提升技能人才参与培训、实现自我提升的积极性。同时,

① 陈玉杰.日本职业技能开发体系发展历程、现状及经验借鉴[J].中国劳动,2020,434(2):44-55.

② 曾瑜,蒋雨珈,李蓉.中国建设"世界制造业强国"背景下的制造业技能人才研究[J].重庆大学学报(社会科学版),2018,24(5):208-217.

日本企业成果主义工资制度也对技能提升起到了很大促进作用,成果主义工资制度是依据工作的成果进行考核,并将考核结果反馈到员工个人能力开发、晋升及其经济报酬的制度。这一工资制度能够激励员工以企业战略目标为导向,不断制定个人发展目标,通过工作和自我提升创造价值。

(三)政府支持下的资金补助制度

为激励技能人才发展,政府颁布了一系列资金补助政策,旨在减轻劳动者参与技能培训的经济负担。例如,2014年日本厚生劳动省发布的《能力形成促进补助金》提出,给接受培训的员工提供工资补贴以促进劳动者的能力形成。2008年和2014年分别开始实施一般教育培训补贴和专业实践教育培训补贴,一般教育培训补贴面向的是缴纳雇佣保险三年以上,并在厚生劳动大臣指定的教育培训机构接受培训的在职员工和离职一年以内的劳动者,每年最多可领取10万日元的补贴;专业实践教育培训补贴面向的是缴纳雇佣保险10年以上,并在厚生劳动大臣指定的专业实践教育培训机构接受培训的在职员工和离职一年以内的劳动者,每年最多可领取32万日元的补贴。另外,对没有失业保险的人群提供免费的职业训练,对满足条件的再求职训练者提供住宿、交通等职业训练补贴,依据训练实绩及就业情况为实施职业训练的私人教育训练机构发放基本奖励金和附加奖励金。[①]同时,政府对支持员工进行技能培训的企业也提供补助金,这能促使企业坚持内部培训,帮助员工提升技能,补助金面向企业内各种培训,如企业开展在岗培训时可获得的补助金为有资格获得补助金的培训人数×培训时间×430日元。[②]

(四)评价体系下的技能鉴定制度

良好的技能评价机制可以调动技能人才发展的积极性。日本是有效实施职业能力评价制度的国家之一,1958年颁布的《职业训练法》中提出的职业技能鉴定制度是评价制度的核心,1985年颁布的《职业能力开发促进法》

---

① 肖凤翔,安培.日本终身职业能力开发体系:构成、特征、方向及启示[J].教育与职业,2019(5):93-99.

② 朱海霞.日本企业内职业培训:特点、原因、启示[J].职教通讯,2020(10):107-113.

对日本技能鉴定的相关规定进行了修订。1960年至今,日本的技能鉴定工作已经开展了60多年,被纳入鉴定的工种在不断增加。除国家技能鉴定之外,日本还有企业内部技能鉴定制度,即部分企业可以根据企业标准,对劳动者进行技能鉴定,以此帮助劳动者提高技能水平和社会地位,这一制度和国家组织的职业技能鉴定都能有效激励劳动者不断学习技术并提升技能水平。日本的技能人才获得技能等级称号后,除社会地位提高、职业稳定和就业机会增多外,晋升渠道也很畅通,部分企业还对获得技能等级的员工还增加工资、发放津贴。在这样的社会环境下,通过技能鉴定、获得资格证书逐渐成为劳动者技能提升的原动力。

第五节　对我国的启示

一、政府研发投入与重点产业发展战略

各国持续加大对科技研发的投入。以英国为例,2017年英国政府颁布的《产业振兴战略》提出政府大幅增加科技研发投入,2020年至2021年再增加47亿英镑的研发资金,可见对科技研发的重视。另外,各国都制定了前瞻性战略对未来的科研方向进行规划,如美国的《关键与新兴技术国家战略》、德国的"工业4.0战略"、英国的《我们的增长计划:科学和创新》、日本的《科学技术创新综合战略》等,通过中长期的科技发展规划引导民众进行重点领域研发,科技发展战略也是人才战略和企业战略的制定依据,科技研发的方向同样也是人才培养的方向。重点领域预测也是各国抢占科技发展先机的重要途径,从具体预测内容看,多数国家将航空航天制造业、计算机与办公设备制造业、电子与通信设备制造业、医药品制造业等确定为未来的研究重点,可见,上述领域的人才需求急剧扩大。为保障人才供给,当前的教育体系要调整重塑以支持科技人才培养,尤其是重点研究领域科技人才的培养。一是制造领域加快前瞻性布局,引导科研力量聚焦人工智能、数字化制造等前沿科技;二是政府聚焦重点产业开展规划引导,制定中长期发展规划,发挥产业(集群)及行业组织优势;三是提升科技人才的核心素养,重塑

教育生态,打破工业时代分工化专业结构体系,面向前沿科技培养一批顶尖科技人才。

二、中小企业产业集群与校企合作制度

产学研合作已经成为国际共识。各国都出台了相关政策文件鼓励中小企业与大学或研究机构开展科技创新和人才培养等方面的积极合作,而且校企科技创新共同体建设已成为世界各国的共同举措。科技成果转化是各国企业战略的重要内容,科技成果只有应用于生产实践才能创造价值。企业是实现科技成果转化的主要平台,因此各国都鼓励企业与大学合作进行科技研发,加大对科技创新的投入。由于专利在科技成果转化和利益分配中起着桥梁的作用,为了加快大学科技成果的产品化和企业化,各国都不断完善专利制度,加强知识产权保护,明确专利的归属权和利益分配问题。此外,各国非常重视中小企业在科技发展中的作用,在各国市场中,中小企业所占比例都远高于大型企业,且中小企业的科技创新活力和潜力都非常大,因此,各国都在加大对中小企业的扶持和保护力度,通过提供税收优惠、奖励、防止大企业垄断等方式,为中小企业生产和发展创造良好环境。一是重视中小企业集群生态建设,改善中小企业合作(发展)条件,引导大学与中小企业建立创新共同体;二是加强科技专利保护,加大对侵权的惩戒力度,制定利益共同体共享专利收益等细则;三是搭建大中小企业数据共享平台,通过适配的融资扶持、科技补贴、土地使用、厂房租赁等政策,加大政府采购中小企业各类型产品的力度,助推中小企业真正减负降困。

三、制造业劳动力综合素养与创新能力提升制度

各国都面临着技能人才不足的问题。以德国为例,截至2018年10月底,德国在STEM方面的岗位达49.6万个,较2017年同期增长5.9%;岗位缺口达33.8万个,超过岗位总数的68%。科技人才的需求量巨大,人才储备不足的问题已成为各国发展的重要矛盾。从各国的人才需求来看,电子与通信设备制造业等领域的人才需求量最大。根据预测,到2030年,制造业劳动力技能缺口将达到790万人,信息技术等领域的人才缺口达到430万人。

因此,各国都加大对这一领域人才的培养,以弥补人才缺口。为了解决这一难题,各国纷纷采用了扩大人才引进范围、加强人才培养等方式。在人才引进方面,美国、德国、英国和日本都为科技人才开启了凭借才能、技能和投资获得签证、绿卡与随后入籍的渠道。以美国为例,《美国STEM教育战略规划(2018—2023年)》等文件对美国的教育体系进行调整以促进STEM人才培养,美国联邦政府长期通过工作签证政策和绿卡、归化入籍等职业移民政策吸引海外科技人才。各国的人才引进政策表明高技能人才是各国人才引进的重点对象。技能是国际通用的人才评定标准。虽然人才引进能够短暂缓解人才急缺的问题,但是抓紧本国人才培养才是长远之计。根据各国的人才认定标准,人才培养应以技能形成为抓手,面向未来,尤其要注重对未来职业技能的预测,当前各国普遍强调STEM人才培养。而且,各国都实行全周期的科技人才培养,将未来技能和素质分解渗透于每一阶段的教育中。一是出台激励性政策文件,提升人才综合素养和技能可迁移能力;二是设立未来职业技能(人才)预测与评价机构,开展有针对性的科技人才发展评估;三是强化创新意识,对企业设立的研发/技能培训投入经费实行免税制度,激发企业和社会群体对技术创新的投入热情。

四、技能人才标准框架体系及保障制度

各国依据实际国情开发了适合自身的技能开发模式,无论是德国的"双元制"、澳大利亚的TAFE模式、英美的社会本位模式还是日本的企业本位单元制、法国的学校本位模式,都培养了大量优秀的技能人才,这也为我国的技能人才培养提供了一定的借鉴。德国政府的专项政策扶持、研发项目资助、技能水平阶梯晋升考试制度等,形成了多层次人才培养体系。美国"合作教育模式"强调产教结合,使教育与实践融为一体,政府直接进行财政拨款,还采取推行职业资格证书、开拓职业生涯路径、构建区域学徒制度、搭建退伍军人转业桥梁等措施,为美国的劳动力市场提供源源不断的人才。日本的企业本位单元制以企业或用人单位为实施主体,确保技能人才的培养符合实际需求,政府推动企业开展职业技能鉴定,建立培训、考核和待遇相结合的激励机制,鼓励公共职业培训机构发展,为向社会输送高技能人才

提供了保障。英国工读交替制培养模式采用"学习—实践—再学习—再实践"的方式,交替过程一般要4—5年,这样一种工读交替的人才培养模式不仅加强了学校和企业之间的合作,而且发挥了双方的优势。一是建立国家资格框架制度,为高技能人才层级突破建立标准框架,保障人才晋级的有效性;二是深化产教融合机制,加大财政、土地、税收等补贴力度,鼓励企业创办培训学校及技能提升机构,深化混合所有制办学;三是通过政策调整突破办学限制,实行"3—5年职业院校培养+2—3年企业实际工作"制度,真正在工作过程导向的环境中培养高技能人才,使高技能人才毕业后可以直接为企业所用。

第五章 我国制造业发展历程及职业技能演化

历史不到300年的工业化历程创造的社会财富远远超过3000年农业社会的积累,从全球视角来看,18世纪中叶到19世纪30年代,工业革命发生并在英国完成,之后逐渐向欧美国家扩散,从19世纪80年代开始,俄国和日本分别完成各自的工业革命,并成为20世纪50年代少有的非西方工业化国家。我国的工业革命从20世纪70年代末正式开启,用了40多年的时间追赶甚至部分超越了西方国家近300年的工业化历程。梳理我国制造业发展历程发现,技能人才队伍与之相伴而生,从古老的学徒制到现代化职业院校,再到现代学徒制,技能人才发展政策不断调整,形成了稳定的技能人才供给机制,奠定了重要的人才制度基础。

第一节 我国制造业变革简要历程

一、制造业萌芽期

1793年,乾隆帝接见了第一个访问中国的英国使臣马戈尔尼,此时英国以纺织业为主导的工业经济取得巨大进展,英国急需扩大海外市场,中国的故步自封错过了迎头赶上的历史机遇。1815年,清政府颁布《查禁鸦片烟条规》,第二年,英国使臣阿美士德勋爵到北京要求通商特权,被清政府拒绝,随团来华的亨利·埃利斯(Henry Ellis)这样记录:"中国幅员辽阔,物产丰富,人口众多,但是缺乏活力和变化,令人乏味、单调一致地统治着一切,也让一切失去活力。"中国制造业的高品质有着很高的国际声誉,纺织业、江南漆器制造业、云南铜矿业都很发达,但在"天下之本农为重"的观念影响下,制造业始终从属于农业发展。1840年,英国使用以蒸汽为动力的"复仇女神"号打败了装备落后的清政府。

20世纪60年代,洋务运动开启了中国工业化的进程,曾国藩、李鸿章等认识到西方坚船利炮的巨大威力。1861年,曾国藩在安庆建立的军械所,为洋务运动创建的第一个兵工厂。1865年,江南机器制造总局在上海建立,以铸造枪炮等军用目标为主,1868年造出第一艘轮船"恬吉号",后改为"惠吉号"。1870年,天津机器局建成。1874年,广州机器局设立。1880年,兰州机器织呢局正式开工。1893年,汉阳铁厂建成,奠定了我国重工业的基础。1894年,中日甲午战争以后,涌现出大批实业救国的企业家,盛宣怀接手汉阳铁厂并督办铁路总公司,承办了清末中国唯一的大型现代钢铁企业;张謇创办纱厂,无锡荣氏兄弟筹建振新纺织厂……中国工业化由政府投资转向民间投资,1895—1911年新企业创办数量由之前的每年不足八家,增至每年十余家、二十余家,1906年达到68家。直到1911年辛亥革命推翻清王朝为止,洋务派共创建了42个军工企业,但中国依然停留在农业国阶段。日本的火柴、棉纱等工业品横行于中国,并居于垄断地位,日本的工业化程度已经遥遥领先于中国。20世纪初期,手工业开始向大机器生产转变,但依然发展艰难,1912年,苏州、杭州等地陆续引进日本先进的提花丝织机。1915年上海开始出现电机。1924年,汉阳钢铁厂失败。1912—1949年,中国仍未实现工业化,由于战争影响,经济遭到破坏,工业化几乎处于停滞状态。

二、制造业发展初期

1949—1957年,新中国的成立推动了大规模工业化进程。1949年,中央层面组建中央财经委员会,下设重工业部、燃料工业部、纺织工业部、轻工业部和食品工业部五个工业部门。1953年,中央共设八个工业部:重工业部、燃料工业部、第一机械工业部、第二机械工业部、地质部、轻工业部、纺织工业部、建筑工程部。1953年,周恩来总理在一次讲话中提出,中国如果不努力建设自己的工业,特别是建设重工业,那就不能立足于世界。重工业优先发展战略意味着需要大量的工业人口,为保障这一点,国家为新增工业人口实施基本补贴,通过有计划的市场行为支撑工业发展。第一个五年计划(1953—1957年)的基本任务中,以重工业为主的工业基本建设成为核心任务,工业部门获得的投资高达313.2亿元,在工业基本建设投资中,制造生产资料工业的投资占88.8%,制造消费资料工业的投资占11.2%。这个阶段的主要技术来源是西方国家,一方面,接受苏联的援建项目,在被西方国家封锁的状态下开展技术研发;另一方面,仿制欧美的工业品。1957年底,第一个五年计划超额完成。

1956年,党的第八次全国代表大会决定在工业企业中建立集体领导和个人负责相结合的领导制度,国家放宽了对某些商品的市场管理,城镇中重新出现小型私营工业、个体手工业。但到1958年,中共中央决定对城镇个体工商业者进行严厉限制并加强改造,个体经济遭到限制。1958—1960年"大跃进"期间,钢的产量大幅度增加,工业总产值由704亿元增加到1650亿元,但工业与其他产业的比例严重失调,工业内部也出现了轻重工业比例失调、加工工业与采掘工业比例失调、加工工业内部各环节比例失调等问题。1961—1962年,我国放慢了重工业建设速度,工业生产退到最低谷,1963—1965年逐步恢复。1964年,我国第一颗原子弹成功爆炸,标志着我国科学技术和工业生产达到了新的水平。1966—1976年"文革"期间,工业生产遭受巨大损失,但也取得一些进展:一是机械化水平提升,发展了一批重大机械产品和成套工业装备;二是电子技术迅速发展,1966年我国第一块集成电路研制成功并实现量产,1976年产量达到了2000万块以上;三是制造体系逐步完善,重型机器、汽车、高精度机床、电站设备等加工制造行业初具规模。这一阶段劳动力素质大幅度下降,半工半读的职业教育大量增加,却无法形成制度,原来的全国统一招生考试制度被打破,技能人才培养质量不断下滑。

三、制造业变革期

1978年，中国百废待兴，模仿苏联计划经济建立了较为完善的制造业体系，通过"三线建设"，军工制造业和工业品生产领域有了一定基础，但在消费品制造方面，只能提供基本的生活保障。当时人民生活水平、消费水平很低，产品种类非常匮乏。党的十一届三中全会后，我国从日本引进了成套钢铁生产设备，开始建设宝钢工程。1979年，中央提出国民经济实行"调整、改革、整顿、提高"的八字方针。1980年，国务院对轻纺工业提出"六个优先"原则，即原材料、燃料、电力供应优先，革新改造措施优先，基本建设优先，银行贷款优先，外汇和引进技术优先以及交通运输优先。1982年底，五届人大五次会议审议通过了"六五"计划，确定了1981—1985年工业总产值平均每年递增4%的目标。1986年，国务院颁布《国营企业实行劳动合同制暂行规定》，劳动合同制度在一定程度上得到国家认可。1988年，国务院机构改革，保留电力工业部、煤炭工业部、冶金工业部、机械工业部、电子工业部和化工部。20世纪80年代中叶，中国的制造业发展开始进入快车道，很多家庭开始购买国产的电子产品和轻工产品。此时国营企业还是中国制造业的主流，一些军工企业开始生产民用产品，国人开始接触各种制造业新产品，"三大件"不断变迁，电视机、洗衣机、电冰箱逐渐成为老百姓家庭的必备电器，国人的穿着也有了更多选择，各类消费产品逐渐丰富，中国市场出现供不应求。

改革开放后10年，我国更关注国内制造业的发展，在很多方面尤其是生活用品等领域形成了自主品牌，如武汉的莺歌电视机、荷花洗衣机等，但此时国营企业还在中国制造业中占据绝对优势，民营经济还未得到充分发展。20世纪90年代，民营制造业开始崛起，外资制造业也开始进入中国。随着国家政策不断放开，以及沿海地区开放程度逐渐提高，民营企业逐渐发展。"苏南模式"和"温州模式"成为体制改革的两种创新模式，经济特区的建设、海南的发展、商品房的出现……使得中国基本完成了计划经济向市场经济的转型，而中国市场也逐渐由供不应求转向供大于求。伴随着民营经济的崛起和外资制造业进入中国，中国沿海地区的制造业迅速发展，内地和沿海地区的制造业,乃至整个区域的经济实力差距逐渐拉大。

改革开放后20年,我国制造业开始参与国际竞争,一时间外资企业和民营企业大量涌现。1980年前后,我国凭借庞大的人口基数和大量廉价劳动力大力发展劳动密集型产业,吸引大量外资企业投资建厂,成功进入国际市场,加入全球制造业分工中,一度被称为"世界工厂"。虽然当时我国在全世界产业链中扮演的并不是关键角色,但依靠劳动力、土地等优势,我国在世界市场占据了一席之地,积累了大量资本,为后续发展奠定了物质基础。1984年,党的十二届三中全会发布了《关于经济体制改革的决定》,提出加快发展轻工业,把发展工业消费品生产放在重要位置;全面整顿企业,提高企业的素质。可见当时我国已经意识到要提高产业质量,开启了制造业高端化发展之路。1990年前后,我国民营经济快速发展,民营企业生产的轻工产品迅速占领了大片市场,在充分利用劳动力成本低的优势下,中国制造业凭借价格优势占据了国际市场。其中,1980—1995年,中国纺织品出口额从25.4亿美元增加到139.2亿美元,占世界出口市场份额的比重从4.6%提高到9.1%。①从此以后,中国制造业逐渐在服装、电子、家电等领域形成了巨大的生产规模,我国在世界市场中所占的份额越来越大。

四、制造业飞跃期

随着制造业的发展,市场上可选择的商品越来越丰富,人民生活水平迅速提高,这一点可以从"三大件"的变化和普及中看出。1980年,我国工业制成品出口占出口总值不足一半,2000年以后上升到90%以上。技术密集型的机电产品逐渐超越劳动密集型的轻纺工业品成为出口主力。②1990年,我国制造业占全球的比重为2.7%,居世界第九位;2000年上升到6%,居世界第四位。③1992年,我国工业增加值突破1万亿元大关,2007年突破10万亿元大关,占比达到13.2%,居世界第二位;2010年,占比进一步提高到19.8%,跃居世界第一,④自此连续多年稳居世界第一。

① 李晓华.中国制造业变革的历史进程[J].新经济导刊,2019,274(3):16-20.

② 张翼.改革开放40年:我国工业增加值增长53倍[N].光明日报,2018-09-05(12).

③ 丁亦鑫.中国制造业总量连续多年稳居世界第一[N].人民日报,2018-09-04(1).

④ 王政.我国制造业增加值连续12年世界第一[N].人民日报,2022-03-10(12).

  2001年12月，中国正式加入世界贸易组织，开启了制造业全球化的历程，制造业可以更好地融入国际生产网络和国际市场，但也面临着更多的竞争与冲击，假冒伪劣产品泛滥、成本高、利润低、核心竞争力不足等弊端开始暴露。若要发展制造业，占据更多国际市场，不能仅依靠廉价劳动力和土地资源，必须撕掉低端制造的标签，掌握核心技术才是关键。在我国积极引进外资的政策及全球制造企业试图降低制造成本并占领中国及亚太市场的战略推动下，大量外资涌进中国，中国出现了数以万计的外资与合资制造企业，以及台资、港资企业，长三角地区随着浦东的开发逐渐成为中国改革开放的龙头。改革开放40多年以来，使"made in China"全球闻名的，是中国沿海地区众多出口导向型制造企业，这些企业充分发挥低成本优势，逐渐形成了国际竞争力，赢得了大量订单，成为国际制造业的生产外包基地，而支撑这些企业低成本优势的，是来自中国农村的大量低成本劳动力和沿海地区逐渐形成的专业化产业集群，尤其是在玩具、服装等产业。互联网的蓬勃发展，改变了人类的生活方式。中国在基础建设方面的投入飞速增长，跨越全国的高速公路网络全面建设，铁路一次又一次地提速，航空载客量和货运量快速增加，而中国的电信，尤其是无线通信的发展突飞猛进。中国的城市化进程，也呈现出蓬勃发展的趋势，中国的城市成为全球最大的"工地"，建筑业的发展也带动了对制造业产品的需求。农民工像潮水一般涌向沿海地区，支撑了民营制造企业，尤其是外向型企业的发展。中国制造业开始崛起，制造业增加值先后超过德国、美国等制造业大国，我国成为世界制造业第一大国，但依然存在大而不强的现实情况。随着中国的基础设施建设投资、国内消费需求的提升和国际贸易的迅速增长，中国制造业进入迅速发展期。尤其是中国的船舶、机床、汽车、工程机械、电子与通信等产业发展迅速，进而又带动了对重型机械、模具，以及钢铁等原材料需求的增长，从而带动了整个制造业产业链的发展。国家对军工行业的投入增大，在航天领域的成就举世瞩目。大型国有企业的效益显著提升，烟草、钢铁等行业开始进行迅速整合。资本市场为中国大中型制造企业的发展提供了充足的资金。2008年，金融危机爆发后，欧美国家开始重新重视制造业，实施再工业化和重振制造业战略，重振制造业不是恢复传统制造业，而是致力于发展附加值更高的中高端制造。由于欧美国家劳动力普遍受到较好的教育并拥有高技能,这些国家能够通过优化管理机制、提高产品质量以及降低生产成本来提高技能人才的附加价值,在研发、设计、技术、工艺、品牌等环节抢占制高点。

　　制造业在我国经济中所占的份额越来越大。新中国成立之初,以净产值衡量,工农业结构中农业比重高达84.5%,工业占15.5%,其中重工业只占4.5%,[①]经过70多年的发展,制造业已成为我国的一大支柱产业。如图5-1所示,2017—2022年,我国制造业占GDP比重维持在27%左右,且制造业的增加值基本上逐年增长。随着新一轮科技革命和产业变革的蓬勃兴起,数字技术、智能技术和制造业深度融合,引发影响深远的产业革命,形成新的生产方式、产业形态、商业模式和经济增长点,抢占制造业数字化、智能化的制高点就意味着率先步入制造业发展快车道,形成强大竞争力,因此,我国也将发展制造业放在了更为重要的战略位置。习近平总书记反复强调实体经济的重要性,更加凸显了制造业的重要地位。2022年,我国GDP为179927亿美元,位居世界第二,人均GDP达到了1.275万美元,与2020年相比增加了0.225万美元。

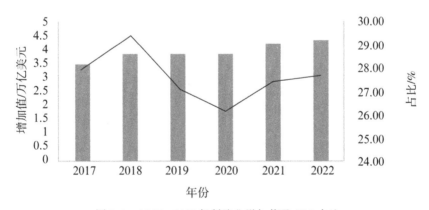

图5-1　2017—2022年制造业增加值及GDP占比

　　2015年以来,我国发布了大量支持制造业发展的政策文件,如表5-1所示。制造业提供了大量的就业岗位,推动技能型社会构建,在全社会营造了勤劳致富、自立自强、劳动光荣的良好社会风尚。近年来,制造业稳步发展,

　　① 刘海飞."先轻后重"抑或"先重后轻"?——新中国成立初期工业化发展战略的抉择[J].北京党史,2017(5):34-39.

是保障就业的稳定器,每年都吸纳了大量的毕业生。2019—2021年,高职毕业生在制造业的就业比例分别为20.9%、21.5%、22.9%,制造业在相关领域创造了越来越多的就业岗位,不仅带动了就业,也促进了大量农民工进城务工,极大地推动了我国城镇化进程。居民收入也持续提升,2010—2019年,我国城镇单位就业人员平均工资从36539元提高到90501元,按照当年价格测算,货币工资年均增长10.9%,去除物价因素,实际工资年均增长8.1%,工资增速高于同期我国GDP年均增速和企业收入平均增速。[①]根据2020年农民工监测调查报告,2020年我国农民工月均收入4072元,[②]同比增长3.5%;制造业农民工月均收入4096元,同比增长2.8%,制造业农民工月均收入和增速均高于平均水平。

表5-1 部分制造业相关政策

颁布时间	政策文件	内容要点
2015年5月	《中国制造2025》	提高制造业创新能力,推进信息化与工业化深度融合,把智能制造作为两化融合的主攻方向
2015年7月	《关于积极推进"互联网+"行动的指导意见》	"互联网+"协同制造
2015年9月	《促进大数据发展行动纲要》	推动大数据在产品全生命周期的应用
2015年11月	《产业关键共性技术发展指南(2015年)》	发展多项数字化、智能化制造领域设计技术
2015年12月	《国家智能制造标准体系建设指南(2015年版)》	提升制造业智能化水平,推动生产型制造向服务型制造转型
2016年3月	《国民经济和社会发展第十三个五年计划纲要》	深入实施《中国制造2025》,推进信息技术与制造技术深度融合
2016年5月	《关于深化制造业与互联网融合发展的指导意见》	普及企业互联网"双创"平台,探索制造业与互联网融合新模式
2016年12月	《"十二五"国家战略性新兴产业发展规划》	大力发展智能制造系统,继续推进"互联网+"行动

---

① 付保宗.明确制造业高质量发展的重要使命[J].智慧中国,2021,68(11):28-29.

② 宋伟.经济理性、成本收益对比与农业经营者行为选择[J].决策科学,2022,2(2):79-86.

续表

颁布时间	政策文件	内容要点
2016年12月	《"十三五"国家信息化规划》	推进实施《中国制造2025》、深化制造业与互联网融合发展
2016年12月	《智能制造发展规划（2016—2020年）》	普及数字化制造、示范引领智能化制造：在传统行业推广应用数字化技术、智能化制造装备
2017年4月	《"十三五"先进制造技术领域科技创新专项规划》	构建数字化、智能化、网络化的智能化生产线和数字化工厂，从而提升生产效率、产品质量，提升产业的竞争力
2017年7月	《新一代人工智能发展规划》	加快推进产业智能化升级
2017年11月	《关于深化"互联网＋先进制造业"发展工业互联网的指导意见》	打造与我国经济发展适应的产业互联网体系
2017年11月	《增强制造业核心竞争力三年行动计划（2018—2020年）》	推动互联网、大数据、人工智能和实体经济深度融合
2019年8月	《关于促进制造业产品和服务质量提升的实施意见》	强化数字化、网络化、智能化等技术对制造业的支持作用
2020年3月	《中小企业数字化赋能专项行动方案》	培育推广一批符合中小企业需求的数字化平台、系统解决方案、产品和服务
2020年4月	《关于推进"上云用数赋智"行动 培育新经济发展实施方案》	大力培育数字经济，深入推进企业数字化转型
2020年6月	《关于进一步促进服务型制造发展的指导意见》	引导制造业企业稳步提升数字化、网络化水平，加强新一代信息技术应用
2020年8月	《关于加快推进国有企业数字化转型工作的通知》	推进数字化产品创新、智能化生产运营、敏捷化用户服务、生态化产业体系
2021年3月	《国民经济和社会发展第十四个五年计划和2035年远景目标纲要》	以数字化转型整体驱动生产方式、生活方式和治理方式变革
2021年6月	《关于加快培育发展制造业优质企业的指导意见》	实施智能制造工程、制造业数字化转型行动和5G创新行动

续表

颁布时间	政策文件	内容要点
2021年11月	《"十四五"大数据产业发展规划》	以制造业数字化转型为引领,培育专业化、场景化数据解决方案
2021年11月	《"十四五"信息化和工业化深度融合发展规划》	制定制造业数字化转型行动计划和重点行业领域数字化转型路线图
2021年12月	《"十四五"智能制造发展规划》	到2025年,重点行业骨干企业初步应用智能化;到2035年,重点行业骨干企业基本实现智能化
2022年5月	《关于开展"携手行动"促进大中小企业融通创新(2022—2025年)的通知》	开展智能制造试点示范行动,挑选一批智能制造示范工厂和典型场景

(一)制造业规模持续扩大

我国是制造业大国,自2010年以来制造业产业规模一直位居全球第一。我国是全世界唯一拥有联合国产业分类中全部工业门类的国家,以强大制造能力为基础,我国商品在全球贸易市场中的份额不断提升,我国成为制造业第一大国、货物贸易第一大国。我国技术密集型的机电产品、高新技术产品出口额分别由2012年的7.4万亿元、3.8万亿元增长到2021年的12.8万亿元、6.3万亿元,制造业中间品贸易在全球的占比达到20%左右。[①]根据联合国工业发展组织的数据,中国22个制造业大类行业的增加值均居世界前列,其中纺织、服装、皮革、基本金属等产业增加值占世界的比重超过30%,钢铁、铜、水泥、化肥、化纤、发电量、造船、汽车、计算机、笔记本电脑、打印机、电视机、空调、洗衣机等数百种主要制造业产品的产量居世界第一位。[②]

制造业的发展成就与政府营造的良好发展环境有直接关系,近年来,政府颁发了一系列政策文件,为制造业发展提供制度保障,同时借助现代化技

---

① 王政.我国制造业综合实力持续提升[N].人民日报,2022-08-03(2).
② 李晓华.中国制造业变革的历史进程[J].新经济导刊,2019,274(3):16-20.

术,我国制造业的生产效率大幅度提高,发展空间进一步扩大。近年来,我国在市场化导向下,以制造企业为主体的应用型创新突飞猛进,并带动国家科技实力和创新能力不断提升。2015—2020年,全社会研发投入从1.42万亿元增加至2.4万亿元。2020年,我国总体研发投入结构中,应用研究和试验发展经费分别占11.3%和82.7%,制造业研发投入占总研发投入的60.6%。[①]2012—2021年,我国全部工业增加值由20.9万亿元增加到37.3万亿元,[②]以不变价计算,年均增长6.3%,远高于同期全球工业增加值2%左右的年均增速。高技术制造业和装备制造业占规模以上工业增加值比重分别从2012年的9.4%、28%提高到2021年的15.1%和32.4%,产业结构加快升级。

从制造业内部来看,高技术制造业的发展势头更猛,我国工业增加值的比重逐年上升,2020—2021年比重均超过15%,表明我国制造业产业结构不断优化升级。从图5-2中可以看出,2017—2022年,我国制造业的PMI指数基本维持在50%以上(PMI指数以50%为分界线,大于50%表示产业扩张,小于50%为萎缩),总体来看制造业呈现扩张趋势。与此同时,高技术制造业更是处于高速发展阶段。2021年,我国高技术制造业PMI大于50%,明显高于制造业PMI。高科技制造业的细分行业,如计算机及办公设备制造业、电子及通信设备制造业、航空航天器及设备制造业与医药制造业,均在新冠疫情下逆势发展,增长率远高于规模以上工业,它们有力地支撑了高科技制造业的发展。许多新兴制造业产品产量增势强劲,尤其是微型计算机设备、集成电路、工业机器人与新能源汽车,其中,新能源汽车在2021年产量同比增长高达145.6%,可见新兴产品在制造业的比重大幅增加,高新产业发展迅猛。

---

① 付保宗.增强产业链供应链自主可控能力亟待破解的堵点和断点[J].经济纵横,2022,436(3):39-46,137.

② 刘坤.我国制造业发展实现历史性跨越[N].人民日报,2022-07-27(10).

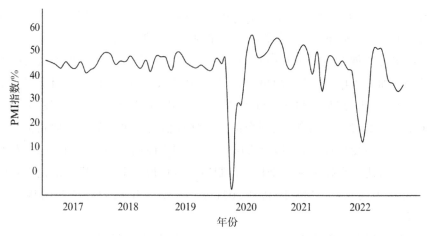

图 5-2　2017—2022 年制造业 PMI 指数

　　我国正加速实施智能制造工程和制造业数字化转型行动,推动云计算、大数据、人工智能与制造业融合发展,现已建成 700 多个数字化车间/数字工厂,实施 305 个智能制造试点示范项目和 420 个新模式应用项目,培育 6000 多家系统解决方案供应商,初步建成国家、省、企业三级协同的工业互联网安全技术监测服务体系。[①] 2021 年,我国重点工业企业关键工序数控化率、数字化研发设计工具普及率分别达到 55.3% 和 74.7%,较 2012 年分别提高 30.7 个百分点和 25.9 个百分点,一批智能示范工厂加快建成,智能制造应用规模全球领先,石化、钢铁、建材等行业已拥有一批制造能力和智能化水平独步全球的领先企业。我国已经从新中国成立之初积贫积弱的农业国,转变为一个拥有完整产业体系、完善产业配套的制造业大国和世界主要的加工制造业基地。[②]我国制造业在许多高科技领域亦实现了重大突破,千万吨级大型炼油设备、超临界火电机组、750 千伏交流输变电成套设备等实现技术自主可控、技术水平居世界前列,我国在一系列尖端领域都迈进了世界"第一梯队"。[③]

① 王政.我国制造业综合实力持续提升[N].人民日报,2022-08-03(2).
② 李晓华.中国制造业变革的历史进程[J].新经济导刊,2019,274(3):16-20.
③ 李晓华.我国制造业发展的历程与宝贵经验[N].经济日报,2019-10-30(11).

（二）制造业高端化发展

智能制造是当今我国制造业发展的一大热点，要想在国际竞争中占据一席之地，必须加快产业转型升级，推动制造业高端化发展，提高制造业的技术含量，大力发展智能制造，培育先进制造业集群，形成新的经济增长点。因此，以智能制造为标志，我国制造业不断向高端化、智能化发展。

2017年，《高端智能再制造行动计划（2018—2020年）》就对智能制造领域的发展进行了初步规划，提出突破一批制约我国高端智能再制造发展的拆解、检测、成形加工等关键共性技术的目标。2018年，《国家智能制造标准体系建设指南》指出，智能制造是落实我国制造强国战略的重要举措，加快推进智能制造是加速我国工业化和信息化深度融合、推动制造业供给侧结构性改革的重要着力点，对重塑我国制造业竞争新优势具有重要意义，并进一步提出要逐步建立起较为完善的智能制造标准体系。2019年，《关于推动先进制造业和现代服务业深度融合发展的实施意见》提出了更高要求，到2025年，要形成一批创新活跃、效益显著、质量卓越、带动效应突出的深度融合发展企业、平台和示范区，企业生产性服务投入逐步提高，产业生态不断完善，"两业融合"成为推动制造业高质量发展的重要支撑。2020年，《产业结构调整指导目录》列举了机械、轻工等47个鼓励类行业，鼓励智能制造关键技术装备、智能制造工厂及园区改造、智能制造系统集成应用体验验证服务、智能机器人等产业发展。2021年，智能制造被放到更加重要的战略地位，接连发布的《国民经济和社会发展第十四个五年规划和2035年远景目标纲要》《"十四五"战略性新兴产业发展规划》《"十四五"智能制造发展规划》等重要政策文件，将智能制造视为强国富民的利器，并对智能制造发展进行了更具体的规划布局，为制造业发展指明了方向。

产业结构的调整是制造业高端化的必然结果。首先，我国制造业向绿色低碳的方向发展。我国制造业中高耗能和劳动密集型产业比重明显降低，高技术和装备制造业比重快速增加。2010年后，我国受到国际市场持续低迷、国内需求增速放缓等影响，部分产业产能过剩问题不断凸显，其中钢铁、水泥、电解铝等高耗能行业尤为突出。在这一背景下出台的《关于进一步加强淘汰落后产能工作的通知》《关于化解产能严重过剩矛盾的指导意见》等政策文件,拉开了我国产业结构调整的序幕。2015年,供给侧结构性改革和"三去一降一补"(去产能、去库存、去杠杆、降成本、补短板)成为制造业改革的重要任务,在这一政策驱动下,钢铁、煤炭等重点领域去产能力度明显加大,国内煤炭、钢铁等产品价格快速上涨,带动非金属矿物制品业、黑色金属加工业、有色金属加工业等高耗能制造业生产加快,高耗能产业的市场占比不减反增,2020年占比达到了32.3%。为解决这一问题,2020年我国又有针对性地提出了"双碳"目标,旨在提高制造业的可持续发展能力,绿色低碳、节能降碳改造升级、提升技术和工艺水平释放先进产能等都是高耗能行业的重要转型方向,在"双碳"目标提出的第二年,高耗能行业比重就缩小了1.2%。其次,我国制造业的技术含量增加。2018年开始,随着中美经贸摩擦逐步增多,农副食品加工业、纺织业等主要劳动密集型制造业增加值增速开始放缓,加之新冠疫情对消费、生产造成较大冲击,2021年劳动密集型行业占比降至22.4%。随着技术进步和自主创新能力的提升,机器装备开始逐步替代部分劳动力,我国劳动密集型行业的劳动密集程度逐步下降。与之相反,高技术和装备制造业蓬勃发展,随着数字技术普及应用,计算机、通信和其他电子设备制造业增长尤为突出,占比从2013年的8.7%上升到2021年的12.9%。装备制造业占比从2013年的27.9%上升到2021年的30.2%,主要是由于汽车制造业增长较快,其在制造业中的比重从2013年的6.4%上升到2021年的8.5%。

　　智能制造是我国制造业发展最大的亮点之一。一方面,我国屡次实现关键技术突破。智能制造作为提升国家整体制造业水平的增长引擎,成为各国抢占数字经济制高点的主战场。根据《智能制造发展规划(2016—2020年)》,智能制造技术包括自动化、信息化、互联网和智能化四个层次,智能制造发展需要经历四个阶段,分别为自动化(淘汰、改造低自动化水平的设备,制造高自动化水平的智能装备)、信息化(产品、服务由物理到信息网络,智能化元件参与提高产品信息处理能力)、互联化(建设工厂物联网、服务网、数据网、工厂间互联网,实现装备集成)、智能化(通过传感器和机器视觉等技术实现智能监控、决策)。智能制造是新一代信息技术与制造全生命周期的赋能结果,通过工业互联网、工业大数据、人工智能等技术的赋能,制造业实现智能化生产。人工智能、物联网、云计算、大数据、5G等先进技术的应用不断拓宽,遍布制造业中的研发、供应、生产、销售、服务等应用场景,促使数字化管理水平提升,更多的是提升了运营效率,从而推动我国制造业转型升级。现代化技术在制造业中的应用非常广泛,展现出了自动化、数字化、网联化、智能化的发展趋势,我国正朝着制造业强国的方向迈进。我国深入实施重大技术改造升级工程,开展淘汰落后产能专项行动,推进传统产业改造提升,[①]提高中高端产品生产供给能力,持续实施消费品增品种、提品质、创品牌"三品"行动和重点行业质量提升行动,开展109个产业集群区域品牌建设试点。大力发展服务型制造,个性化定制、网络化协同等新业态新模式不断涌现,制造业企业服务环节增值的占比持续提高,2021年第三批服务型制造示范企业的服务营收占总营收的比重已达到48%。实施高端装备创新工程,近十年来,我国大型飞机、载人航天、电力装备、高档数控机床等领域均实现创新突破,新能源汽车、机器人、新材料、生物医药及医疗器械等新兴产业得到快速发展。

第二节　我国制造业面临的挑战

一、外部挑战

(一)国际竞争愈发激烈

我国制造业在国际竞争中面临双重挑战。一方面,由于我国制造业向高端化转型升级,劳动密集型产业减少,依靠廉价劳动力的中低端产业出口额减少;另一方面,我国在多项核心技术上仍受制于发达国家,高端制造业的很多方面无法与发达国家比肩,这一问题集中表现在我国制造业出口的产品类型上。有学者基于各国出口产品结构计算了我国与美国、德国、日本、韩国、泰国、印尼、印度等国家的出口产品结构相似度,结果显示,我国与相关国家出口产品结构相似度总体不断提高。在高端制造领域,我国与美

---

① 王政,丁怡婷,韩鑫.加快建设现代化产业体系[N].人民日报,2022-12-28(2).

日韩等发达国家在国际市场上呈短兵相接态势;而在中低端制造领域,我国出口产品则面临着发展中国家的激烈竞争。与发达经济体相比,2017—2019年,我国除与德国出口产品结构相似度略有下降外,与美国、日本、韩国三国出口产品结构相似度分别由38.3%、46.9%和40.1%提高至39.6%、49.9%和42.2%。这表明,随着我国产业发展水平不断提高,我国与发达经济体的出口产品结构不断趋同,在国际市场面临的竞争日趋激烈。以日韩为例,按照海关HS2编码,2019年我国出口占比最高的前10类商品中,有5类商品同样是日本及韩国出口占比排前10的商品,在部分细分制造业产品领域,中日韩处于短兵相接的直接竞争局面。[①]2019年,我国出口规模最大的商品是电机、电气设备及其零件等,约占我国总出口额的27.0%,当年日本、韩国的总出口额中此类产品占比分别为14.7%和28.7%。与发展中国家相比,我国与印度、印尼等国家的出口产品结构也越来越相似。2017年,我国与印尼出口产品结构相似度为17.4%,2019年为20.6%;与印度的相似度则由45.7%提高至48.9%。特别是在纺织服装、玩具等中低端制造领域,我国的出口市场空间正被东南亚、南亚等国家所蚕食。综上所述,我国中低端制造领域产能过剩,而高端制造领域又面临"卡脖子"的困境,难以在国际竞争中占据有利地位。

(二)后疫情时代的工业复苏

新冠疫情后我国制造业发展面临两项重点任务:一是摆脱新冠疫情带来的损失;二是接续发展,显然每一项任务都非常艰巨。在新冠疫情影响下,我国制造业的内需大受影响,相关数据显示,2021年10月我国消费制造业投资占比为23.5%,但2022年10月消费制造业投资只拉动了2.41个百分点的增长,贡献率为17.0%,可见内需消费发展情况并不乐观,弥补新冠疫情带来的损失是一项大工程。内需是拉动制造业发展的马车,内需乏力,制造业发展势必受阻。我国制造业面临一个全新的发展时期,在此背景下,必须结合时代背景重新审视发展趋势,准确研判制造业发展动向,才能顺利度过制造业发展的爬坡期。

---

① 耿德伟,傅娟.我国制造业高质量发展面临的挑战与对策[J].中国经贸导刊,2021(3):50-54.

二、内部挑战

(一)核心竞争力不强

第一,制造业的技术含量不高,科技研发实力不强。"大而不强"是我国制造业目前面临的最大问题之一。我国制造业规模庞大,但核心竞争力不强的问题由来已久,其中核心的问题就是科技创新还处于较低水平,很多核心技术的自主研发能力薄弱,必须依赖进口,受到发达国家的钳制。提高创新能力是制造业发展的关键,但我国整体创新能力仍不适应未来高质量发展要求。根据世界知识产权组织发布的"全球创新指数",2022年我国排名第11位,总体来看这一排名仍然与我国世界第二大经济体和第一制造大国的地位不相符。由于我国制造业利用先进技术的水平不高,在产品研发和技术创新方面较弱,劳动生产率和利润率较低。

第二,传统制造业现代化进程缓慢,亟须转型升级。传统制造业是我国发展的稳定器,相较于服务业以及其他制造业部门,传统制造业基础设施完善,消费市场大,具有缓冲周期长、抗波动能力强等特征,这使得传统制造业在稳定工业增长的过程中起到了重要作用。在整个体系中,传统制造业是不可忽略的一部分,是推动产业发展的重要力量,因此若要提高制造业的核心竞争力,必须实现传统产业转型升级。但是由于改造成本较高、产业信息化基础薄弱、技术人才匮乏等问题,传统制造业改造的任务始终难以实现突破。

(二)高技术技能人才缺乏

制造业正向高端化发展,而高端制造离不开高技术技能人才的支撑,然而,当前我国高技术技能人才匮乏,严重制约了制造业高端化发展的步伐。我国是人口大国,但人口红利正在逐渐消失。根据人力资源和社会保障部发布的公报,2021年每一季度"最缺工"的100个职业排行中1/3以上属于制造业,可见制造业人才缺口之大。2021年,高职院校装备制造大类毕业生毕业半年后的就业去向落实率为92.1%,高于全国平均水平90.6%,其中模具设计与制造、机械设计与制造等专业是就业量较大的专业,可见制造业,尤其是高端制造领域的人才缺口极大。按照当前的发展趋势,制造业将不断向高端化迈进,企业也将不断提升智能制造水平,提高设备的数字化和网络化,越来越多的制造企业意识到智能制造是提升核心竞争力的关键,届时高技术技能人才的需求量将会进一步加大,与此同时人才缺口也将进一步扩大。根据人力资源和社会保障部数据,2025年智能制造领域人才需求为900万人,人才缺口预计达到450万人,若不能加快高技术技能人才培育,我国制造业高端化的步伐势必受阻。第一,我国劳动力结构性失衡。随着人工成本的攀升、低端制造业转移、科学技术的发展、人工智能的应用,中国制造业逐渐进入大规模机器生产阶段。数字化转型不断加快,对劳动力素质提出了新的要求。一方面,劳动密集型产业的转移导致低技术技能的劳动力过剩;另一方面,正在兴起的智能制造等高端制造领域的人才供给不到位,不论是熟练掌握新兴生产技术的人才还是引领科技创新的人才都处于急缺状态。第二,高技术技能人才供给力度不足。职业教育以输出高技术技能人才为目标,现代制造业、战略性新兴产业和现代服务业等的一线新增从业人员70%以上都是职业院校毕业生,[①]可见职业教育对制造业的人才支撑作用之大。但是,我国职业教育面临着教育质量偏低、社会认可度不高、生源质量低等问题,而且,调研发现,职业院校开设专业与当地产业匹配度较高的比例仅为52.6%。同时,企业对员工的要求与学生的培养目标也有偏差,种种原因导致职业教育无法培育出制造业所需的人才,对制造业发展的支撑作用大打折扣,制造业发展所需的人才无法及时得到充足供给,发展后劲不足。根据2017年发布的《制造业人才发展规划指南》,到2025年,制造业十大重点领域的人才需求缺口将扩大到3000万人左右;有关调查也显示,73.8%的企业反映技能人才缺乏,高技术技能人才匮乏已成为推进产业结构向中高端转型的掣肘因素。

综上所述,我国制造业发展主要受制于技术创新和技能人才供给,而技术创新也有赖于技能人才这一要素,因此,加快高技术技能人才培养,保障人才供给才是破解发展难题的关键。

---

① 丁雅诵.推进职业教育高质量发展[N].人民日报,2021-02-26(7).

第三节　我国技能人才内生体系演变

1934年,费正清在参观上海南洋兄弟烟草公司后写下,"我们看到了3000多名女工、39个卫生间、现代化机械,每天工作10小时",这与缫丝厂形成了鲜明对比,"在缫丝厂的童工,年龄一般是9岁至12岁,每天站着工作14个小时,中间有半小时午饭时间,他们不停地在混杂着水蒸气的茧盘里抽茧丝,以致手上的皮肤脱落,这样辛苦的劳作换来的是每天1角钱",在一家较大的纺织厂,"眼窝深陷的女工,大概16岁,每天站着或跑着工作12个小时,照看着纱锭和隆隆作响的纺织机,轰隆的机器声能将人补牙的填料震松"。他提到,"我们在这里看到了早期工业化罪恶的一面,汉口、天津和其他城市的情况大同小异"。我国早期工业化的问题源于劳动者生存条件恶劣,这一点与西方国家早期的工业化历程无二,从工厂劳动密集型劳作发展为现代化的劳动生产制度,经历了一个漫长的过程。

一、中国行会制度下的技能学徒(萌芽期)

中国行会制度的建立始于唐代,目的是管理官府差派的工商业组织。史料记载,唐代设置了"掌土木工匠之政"的将作监与"掌百工技巧之政"的少府监,二者根据学徒所学工艺的复杂程度对学徒的修业年限做出了明确规定。明朝中后期随着资本主义萌芽出现,商品经济逐渐活跃,行会成为商人维护自身正当利益的组织。[1]清朝的行会组织得到了空前发展。据粗略统计,1655年至1922年,北京、上海、重庆等近20个城市共发展了182个商业行会、296个手工业行会。[2]行会组织的建立和发展翻开了学徒制新的篇章,不但为学徒制度化奠定了坚实基础,也促进了学徒制从私人空间向公共空间过渡。

---

① 米静.中国职业教育史研究[M].上海:上海教育出版社,2009.

② 彭泽益.中国工商行会史料集:下册[M].北京:中华书局,1985.

二、学校职业教育下的技能衍生体系（发展期）

18世纪下半叶，第一次工业革命导致传统手工劳作被机器大生产所取代，传统学徒制下的技能人才传承模式已无法满足规模化生产的需求，迫切需要一种新的技能传播方式，以学校为载体的职业教育模式应运而生，职业教育成为制度化的产物，传统的实践现场学习逐步被班级授课制所代替，"一对一"的师徒传授方式也向"一对多"转变，此时，知识成为第一生产要素。在工业革命过程中，学校的技能传播形态一直在职业教育中占据着主体地位。

（一）第一阶段：满足中低端劳动力需求

这一阶段我国职业教育致力于快速培养能够满足中低端制造业岗位需求的劳动力，扩大职业教育的规模，职业教育具有快速性、实用性等特征。

从发展重点来看，这一阶段我国重点发展中等职业教育，扩大劳动力储备。由于制造业的发展，我国需要大量劳动力，中等职业教育恰好能快速培养一大批技能熟练的劳动力，满足了制造业发展的需求。《关于中等教育结构改革的报告》《关于加强和改革农村学校教育若干问题的通知》《关于改革城市中等教育结构、发展职业技术教育的意见》《大力发展职业技术教育的决定》《关于改革城市中等教育结构、发展职业技术教育的意见》等一系列政策文件纷纷强调中等职业教育发展的重要性。[1]在政策推动下，中等职业教育的结构不断调整，中等职业教育多样化发展，除了中专和技校以外，这一时期还出现了职业班、职业高中等，改善了中等职业教育的结构。同时，中等职业教育的规模也急剧扩张，1980—1985年，高中阶段的中等专业学校在校生数量增长了26.4%，农业职业高中增长了9.1%，技工学校增长了4.8%，1985年接受中等职业教育的总人数为415.6万人，比1980年提高了17.2个百分点。1996年，中等职业学校招生数占高中阶段招生数的57.68%，在校

---

① 祁占勇，王佳昕，安莹莹.我国职业教育政策的变迁逻辑与未来走向[J].华东师范大学学报（教育科学版），2018，36（1）：104-111，164.

生数占高中阶段学生数的56.77%,[①]甚至一度出现了将普通高中改为职业高中或在普通高中里办职业高中班的现象。中等职业教育毕业生包分配政策以及优渥的工资待遇,使得职业教育的吸引力大增,社会认可度达到了较高水平,甚至超过了普通教育。

1.农村职业教育受到高度重视

2008年,农村成人文化技术学校共计13.78万所,仅此一年培训人数就超过了4000万人。[②]2008年,县及县以下的职教中心、中等职业学校达到了4032所,职教中心和中等职业学校招生人数达到166.97万人,在校生274.91万人,分别占全国中等职业学校数量、招生数和在校生数的27.2%、20.9%、13.2%。[③]2011年,全国民办高校698所(包括独立学院309所),占高校总数28%,民办高校专科(包括成人专科)招生65.41万人,在校生193.25万人,分别占专科(包括成人专科)招生总数、在校生数的21.8%、12.2%,民办职业培训机构21403个,教学班196265个,分别占职业培训机构总数、职业培训教学班总数的16.5%、35.7%。[④]

2.职业教育体系逐渐成形

在这一时期,我国出台了大量职业教育相关的政策文件,完善了职业教育的顶层设计,对职业教育的经费、质量、管理、课题申报等都做了较详细的规定,后来的职业教育结构调整都基于此。我国职业教育的基本架构在这一时期已经初具雏形,很多政策文件的指导思想对当代职业教育发展也有借鉴意义,部分条款沿用至今。例如,1983年颁布的《关于改革城市中等教育结构、发展职业技术教育的意见》在职业技术教育管理方面指出,职业技术教育的发展改革,需要多个部门齐心协力发挥作用,各部门要明确职责,切实履行职责。教育部门要协同其他部门,制定相应的措施规划等,这一政

---

① 和震.我国职业教育政策三十年回顾[J].教育发展研究,2009,29(3):32-37.

② 唐智彬,石伟平.农村职业教育发展现状及问题分析[J].职业技术教育,2012,33(28):60-65.

③ 张昭文.加快发展农村职业教育的研究报告[J].中国职业技术教育,2011(9):68-73.

④ 张雪蓉.新中国成立60年来民办教育发展的历史变迁与反思[J].教育与职业,2009(30):16-19.

策延续至今。1985年发布的《关于教育体制改革的决定》重点提出发展职业教育，并提出了"逐步建立起一个从初级到高级、行业配套、结构合理又能与普通教育相互沟通的职业技术教育体系"的目标，时至今日，我国仍然以此目标完善职业教育体系。

高等职业教育萌芽。随着社会经济的发展，国家对高技术技能人才的需求不断增加，制造业对人才培养质量的要求也逐步提高。这一背景下，政府和企业意识到，仅发展中等职业教育、扩大劳动力培养规模是远远不够的，还要重视和支持高等职业教育发展，提高人才培养的层次。毕业生包分配政策取消，福利待遇下降等因素导致中等职业教育的吸引力下降，随着制造业向高端化发展，中等职业教育培育的人才逐渐不能满足制造业高端化的需求。1996年颁布的《中华人民共和国职业教育法》从法律层面上将发展高等职业教育提上了日程。1999年发布的《关于深化教育改革全面推进素质教育的决定》更是首次明确，要大力发展高等职业教育，培养一大批具有必要理论知识和较强的实践能力，生产、建设、管理、服务第一线和农村急需的专门人才。

（二）第二阶段：满足高端劳动力需求

由于人才培养质量低，此阶段职业教育的吸引力大不如从前，社会认可度大大降低，如何提高职业教育质量成为职业教育发展的主要任务之一。

1."质""量"并重

该阶段职业教育不但强调规模扩张，而且要提高人才培养质量，产出更多高技术技能人才。制造业扩张势必导致人才需求量大增，为响应这一需求，我国职业教育规模进一步扩大，受众群体多元化。一是职业教育规模持续扩大，普惠性增强，普及水平提高。截至2021年，我国已经建成世界规模最大的职业教育体系，共有职业院校1.12万所，在校生超过2915万人。中高职院校每年培养1000万人左右的高技术技能人才，高职院校三年累计扩招413.3万人。另外，混合所有制办学、社会资本的投入使职业院校数量进一步扩增。二是职业教育受众群体扩大。招生考试制度的改革畅通了获取职业教育的途径。2019年发布的《国家职业教育改革实施方案》提出，完善职教高考制度，健全"文化素质+职业技能"考试招生办法，扩大应用型本科学校在职教高考中的招生规模,招生计划由各地在国家核定的年度招生规模中统筹安排。2022年颁布的《中华人民共和国职业教育法》再次强调,要完善职教高考制度,让退役军人、下岗职工、农民工等也有机会接受职业教育。

制造业高端化对职业院校的育人质量提出了新要求。因此,我国完善职业教育体系,提高人才培养质量。职业技能培训的大力发展,弥补了非学历职业教育的不足。《"十四五"职业技能培训规划》提到,"十三五"期间全国共组织开展补贴性职业技能培训近1亿人次;其中,培训企业职工超过3000万人次,农民工超过4000万人次,贫困劳动力超过900万人次。全国技能人才总量超过2亿人,高技术技能人才超过5000万人,均比"十二五"时期有较大幅度增长。技能人才总量扩大,结构逐步优化,就业质量不断提升。学分银行等的发展加快了职业教育与普通教育、成人教育、社区教育的融合,促进职业教育终身化发展。普职融通也取得了很大进步,健全多形式衔接、多段贯通的可持续发展职业教育和培训体系,让不同禀赋的学员能够多次选择、多样化成才,进而提高了总体人力资本质量。

2.高等职业教育蓬勃发展

与上一时期不同,我国高度重视高等职业教育发展,高等职业教育迎来黄金期,职业教育开始向高层次化发展,职业本科教育打破了职业教育的天花板,为职业技术人才提供了上升通道。截至2021年,教育部已批准34所学校开展职业本科教育试点,为探索我国职业本科教育提供了范本。2021年7月,《关于推动现代职业教育高质量发展的意见》明确提出,2025年职业本科教育招生规模不低于高等职业教育招生规模的10%。2020年,全国教育事业发展统计公报显示,2020年全国高职(专科)招生524.34万人,如果每年保持这个招生规模,意味着到2025年,职业本科学校每年会招生50余万人,[①]高层次的职业教育正在逐渐普及。

3.产教融合取得进展

职业教育对产业发展的支撑作用更强。职业教育以就业为导向,制造业变革使得职业教育人才培养的类型、层次、规模也随之发生改变。据统计,2022年全国职业院校共开设1300余个专业和12万余个专业点,基本覆

---

① 梁国胜.职业本科,来了! [N].中国青年报,2021-10-25(6).

盖了国民经济各领域,有力推动我国成为全世界唯一拥有全部工业门类的国家和世界第二大经济体。根据产业布局和行业发展需要,职业教育大力发展先进制造业等产业需要的新兴专业。2021年,新版《职业教育专业目录》发布,首次一体化设计了中等职业教育、高等职业教育专科、高等职业教育本科不同层次专业,共设立19个专业大类、97个专业类、1349个专业,更新幅度超过60%。[①]

产教融合的形式更加丰富。我国在借鉴发达国家经验的基础上,结合本国国情,开展了现代学徒制、产教融合型城市、职教集团、产业学院等试点,形成了政府主导、行业指导、企业参与的办学格局。经过多年的努力,我国在产教融合领域取得了丰硕的成果。截至2022年,全国组建了1500多个职业教育集团(联盟),涵盖了企业、学校、行业、科研机构在内的4.5万余家成员单位,形成了资源共享、责任共担、合作发展的具有中国特色的职业教育办学模式。全国培育了3000多家产教融合型企业,试点建设了21个产教融合型城市,构建起以城市为节点、行业为支点、企业为重点的产教融合新模式。[②]职业院校与企业的关系更加紧密,培养的人才更加符合企业的需求。近十年来,职业院校毕业生就业率总体保持在95%以上,说明人才培养与产业的匹配度较高。

三、现代学徒制下的技能衍生体系(创新期)

正如福斯特等学者所言,学校职业教育存在着很多自身难以克服的障碍,首先,学校职业教育本质上是一种供给导向的计划模式,结构性失业和供求失衡带来的技能短缺难以避免;其次,学校职业教育与实际工作过程脱节,使学校职业教育处于不利地位。传统学徒制是对职业岗位的一种思考,学校职业教育是限定于学校的一种思考,而现代学徒制正是由于它的跨界性,映入公众眼帘,得到了大众的广泛认可。现代学徒制是一种以企业为主体的校企合作,通过强化教师与企业技术人员联合教学传授知识,形成集"招生"与"招工"于一体的校企合作人才培养模式。在此模式下,技能人才

---

① 陈子季.职业教育从"大有可为"到"大有作为"[N].中国教育报,2021-10-13(9).
② 创新校企合作模式,深化产教融合[N].科技日报,2022-12-09(5).

在不脱离工作岗位的情况下,接受由学校指派专任教师传授基础理论知识,企业指派专业技术人员传授专业技能的正规学历教育,从而实现人才的知识、技能和学历的多重提升,促进职业教育体系和劳动就业体系融合发展。现代学徒制可在多个层面上切实提高技能人才在企业顶岗实习的效果。在实习时间方面,学徒大多数时间在企业,拥有充足的实训时间和实操机会;在技能考核方面,考核内容兼顾职业资格和实际工作两个方面,学徒能够真正学到方法和技术,切实提高实训效率;在道德培训方面,通过导师制一对一指导,能有效提高学徒对职业道德的认识,并将其内化到实践当中,培养具有工匠精神的高素质专业人才。

综上,技能人才发展体系经历了不同的发展阶段,每个时期都有不同的特点,从传统学徒制发展到学校职业教育,又发展成为现代学徒制,本书为探索以学徒制为线索的技能人才发展脉络,从技能要素、制度要素、功能要素三个维度进行比较,如表5-2所示。[①]学徒制在保证技能有效匹配方面主要有三个举措:首先,技能要素的有效融合。现代学徒制在传授"如何做"的同时还通过口传身授让学徒了解"为何做",这一点与其他技能传播方式相比有不可比拟的优势。其次,制度要素的不断规范。在培养标准上,传统学徒制往往以熟练程度作为掌握技能的标准,学校职业教育时期书面考核成绩成为考核标准,现代学徒制的技能标准更加规范,要求学徒各方面的职业岗位技能都要达到行业标准,才能发放职业资格证书,这意味着个体职业能力与整个行业标准达到有效匹配。最后,功能要素的频繁转换。学徒制发展的各阶段,教育、经济、社会等方面的功能要素各不相同,传统学徒制阶段,教育侧重技艺传承,经济侧重按需分配,社会侧重家族技能以及文化的传承。学校职业教育阶段,统一生产的经济功能和技能传承的教育功能逐渐弱化,文化传承的社会功能和个体社会化开始得到重视。现代学徒制阶段,经济功能和社会功能不占主流,教育功能成为功能要素的主要方面,侧重工匠精神回归和技艺传承。

---

① 徐珍珍.基于现代学徒制的非遗传统手工技艺传承策略研究[D].杭州:浙江工业大学,2016.

表5-2　不同时期的技能衍生体系比较

分析维度		学徒制形态		
		传统学徒制	学校职业教育	现代学徒制
技能要素	教育目标	解决如何做的问题	解决为什么这样做的问题	解决为什么这样做及如何做的问题
	教育主体	师傅	教师	企业(师傅)、学校(教师)
	教育内容	以缄默知识为主(零碎、直接的实践经验)	以显性知识为主(系统、直接的理论知识)	以缄默知识为主、显性知识为辅(理论和实践并重)
	教育环境	手工作坊	学校	学校和工作场所
	教育方法	实践性教学	理论性教学	理实一体化教学
	教育途径	模仿、反复练习	识记、记忆	学校和工作场所交替
	培养规模	少量	批量	定制
制度要素	培养标准	技能的熟练标准	成绩考核	符合行业标准,获得职业资格证书
	利益相关者	师傅、学徒	教师、学生	政府、学校、教师、行业企业、师傅、家长、学生
	身份特征	单一学徒身份	单一学生身份	学徒、学生双重身份
	师生关系	建立在私人关系上的契约	建立在教学关系上的契约	建立在合作协议关系上的契约
功能要素	教育功能	技艺传承	技艺传承	侧重技艺传承、工匠精神回归
	经济功能	侧重生产线和生活性统一	生产性和生活性统一	生产性和生活性相统一
	社会功能	家庭关系延伸、文化传承	侧重个体社会化、文化传承	个体社会化、文化传承

第四节　我国高端制造领域的技能人才现状

随着高端装备制造业的发展,我国制造领域的人才断档、技能不足等问题目益凸显。[①]根据教育部、人力资源和社会保障部、工业和信息化部联合印发的《制造业人才发展规划指南》，"十四五"期间中国制造业十大重点领域的人才缺口逐渐增大，尤其在航空航天装备、先进轨道装备、电力装备及农机装备等领域，2020年至2025年人才缺口年均复合增长率已经超过10%。除了新一代信息技术产业以外，其他领域均存在人才供给小于需求的情况，特别是在高档数控机床和机器人领域，人才缺口达到450万人左右，接近人才总缺口的一半，如表5-3所示。这说明高端装备产业转型升级态势下，对于高技能人才的总需求量不断提高，然而，与高端制造领域相匹配的技能人才的供给不足，现有的技能人才不能满足产业发展和企业用人的需求，市场职业技能输出与相关制造企业岗位技能需求匹配度不高。

表5-3　2025年我国十大重点领域人才需求预测

单位：万人

十大重点领域	人才总量预测	人才缺口预测
新一代信息技术产业	2000	950
高档数控机床与机器人	900	450
航空航天装备	96.6	47.5
海洋工程装备及高技术船舶	128.8	26.6
先进轨道交通装备	43	10.6
节能与新能源汽车	120	103
电力装备	1731	909
农机装备	72.3	44

一、我国高端制造领域技能人才发展举措

(一)政府对人才工作高度重视

世界各国越来越重视制造业发展并不断提出新的发展方向，其中创新是引领制造业发展的第一动力，人才是制造强国的根本，是支撑科技创新的核心资源，人才短缺将阻碍高端制造领域的发展。因此，如何面向高端制造

[①] 庄西真.职业教育供给侧结构性困境的时代表征[J].教育发展研究,2016(9):71-78.

领域培育所需的特定技能人才至关重要。2015年,国务院印发《中国制造2025》,要求"坚持将结构调整作为建设制造强国的关键一环,大力发展先进制造业",推动我国制造业转型。《中国制造2025》将"人才为本"作为制造强国建设的"五大方针"之一,强调把人才作为建设制造强国的根本,建设一支结构合理、素质优良的制造业人才队伍,坚定不移地走人才引领的发展道路。2019年,李克强总理在政府工作报告中提出,要围绕推动制造业高质量发展,强化工业基础及技术创新能力,促进先进制造业与现代服务业融合发展,加快制造强国建设。近年来,我国东部沿海制造业发达地区全面推进"机器换人"战略,稳定有效地提升制造业生产效率,由"人口红利"转向"机器人红利"。以浙江省为例,自2013年大力推行"机器换人"开始,接下来五年每年实施5000个机器换人项目,实现5000亿元机器换人投资。2016年,制造业投资中,装备制造业投资比重相比2012年提高2.1个百分点,达到49.3%;高新技术产业投资比重相比2012年提高7个百分点,达到30.2%。2019年,浙江省出台《关于推动工业企业智能化技术改造的意见》,机器换人迎来升级版。到2022年,规模以上工业企业与18个县(市、区)的中小企业实施智能化技术改造的覆盖面达到70%,销售额20亿元以上企业智能化水平达到全国同行业领先的占70%,在役工业机器人拥有量达15万台,制造业机器人密度达200台/万人,骨干企业装备数控化率达到65%、机器联网率达到55%,数字化车间、智能工厂达到300个,工业技术改造投资中重点技术改造投资年均增长15%以上,规模以上工业劳动生产率年均提高7%以上,智能产品产值率显著提升。

(二)国家制造业人才发展规划清晰明确

技能人才匮乏是世界各国制造业面临的共同难题,我国也不例外,随着工业化后期产业转型升级、新旧动能转换的步伐加快,我国处于由制造大国向制造强国迈进的关键时期,推动实体经济高质量发展,实施"一带一路"倡议,重大基础设施走出去的步伐加快,国际合作日益深化,急需数量庞大的高技术技能人才。21世纪以来,虽然国家深入推进人才强国战略,但我国制造业人才队伍建设还存在比较突出的问题,技能人才匮乏限制了制造业的发展。人力资源部和社会保障部2018年的数据显示,我国高技术技能人才

4791万人,仅占技能劳动者总量的29%,高级技工求人倍率更是达到2。[①]
2022年,人力资源和社会保障部、工业和信息化部、国务院国资委联合制定
了《制造业技能根基工程实施方案》,明确六项重点任务。一是遴选建设国
家技能根基工程培训基地,重点开展高技能人才特别是技师、高级技师、特
级技师、首席技师培训研修,促进制造业技术迭代和质量升级。二是制定制
造业政府补贴职业技能培训目录,突出"高精尖缺"导向,适当提高补贴标
准。三是在制造业企业全面推行中国特色企业新型学徒制,通过名师带高
徒、师徒结对子、建立技能大师工作室等形式,培养高质量企业新型学徒。
四是加强制造业高技术技能领军人才选拔评聘,推动符合条件的规模以上
制造业企业全部备案纳入培训评价机构目录,对高技术技能领军人才聘任、
评选表彰等予以优先支持。五是全面推进制造业工学一体化技能人才培养
模式,大力建设先进制造等产业需要的新兴专业和优质专业,开发优质教
学资源包,加强一体化教材和培训资源建设。六是大力开展制造业品牌职
业技能竞赛,聚焦人工智能、工业机器人、机械制造、新能源汽车等重点领域
职业工种,促进更多优秀高技术技能人才脱颖而出。2022年,中共中央办公
厅、国务院办公厅印发了《关于加强新时代高技能人才队伍建设的意见》,提
出到"十四五"时期末,高技术技能人才制度政策更加健全、培养体系更加完
善、岗位使用更加合理、评价机制更加科学、激励保障更加有力,尊重技能尊
重劳动的社会氛围更加浓厚,技能人才规模不断壮大、素质稳步提升、结构
持续优化、收入稳定增加,技能人才占就业人员的比例达到30%以上,高技
术技能人才占技能人才的比例达到1/3,东部省份高技术技能人才占技能人
才的比例达到35%。力争到2035年,高技术技能人才规模持续扩大、素质
大幅提高,高技术技能人才数量、结构与基本实现社会主义现代化的要求相
适应。

（三）高技术技能人才结构调整加快

随着供给侧结构性改革深入推进,我国经济转型升级态势愈发明显,以
知识密集型产业为代表的高新技术产业升级步伐日益加快。高层次职业教

---

① 丁怡婷. 大国工匠,助力中国制造[N]. 人民日报,2017-10-09(4).

育作为与经济社会发展联系较为紧密的教育类型,肩负着培养高技术技能人才的重任。教育部根据产业演进中人才需求的变化,于2019年提出了全国高职院校百万扩招计划,并在2020年提出硕士研究生及普通专升本继续扩招,进一步关注不同学历层次、学科专业以及人才规格类型的精准化扩招。2021年,《关于推动现代职业教育高质量发展的意见》提出,到2025年,职业本科教育招生规模不低于高等职业教育招生规模的10%,职业教育吸引力和培养质量显著提高。2021年全国教育事业发展统计公报显示,本科层次职业院校32所,招生4.14万人,在校生12.93万人;高职(专科)院校1486所,招生552.58万人,在校生1590.10万人。近10年来,院校数量和在校生规模均在不断扩大,院校数量增长221所,校均在校生人数的年均复合增速高达8%。尽管当前在规模上我国已经步入高等教育普及化阶段,但还未能形成相应的支撑体系和结构。首先,高层次职业教育只是实现了由系统外部力量所支配和决定的院校数量和入学人数增长,但系统内部诸如行政管理、专业结构、课程体系、教学形式和标准等还没有发生实质性变化。其次,高等教育普及化确实助力了人力资本增量的快速上升,但层次结构、学科结构、类型结构等问题导致的大学生结构性失业、文凭膨胀和过度教育等现象成为社会议论热点。高层次职业教育如何实现由单纯数量扩容向结构优化、量质齐升转变成了亟须解决的紧迫难题。2021年,国务院副总理孙春兰在教育部座谈会上提出了教育体系与产业体系有机衔接的教育政策研究实践课题。但是,我国区域之间不仅存在经济实力的差异,也存在着经济结构和发展潜力的差异,区域产业发展既依靠人口、资源等要素,也依赖从业者自身专业素质结构。当前一个普遍的共识是,高层次职业教育制度基本沿袭大众化阶段的组织和结构框架,无法适应不同地域间的经济发展需要。高层次职业教育应对照区域产业发展需求,主动调整结构,这已成为推动我国高等教育与产业高质量协调发展的必然选择。

二、我国技能型人才教育发展面临危机

高端装备制造产业的迅猛发展,导致制造业技能型人才存在结构性矛盾,在技能型人才教育领域,我国高等教育提出"新工科"发展理念,依据最

新产业技术发展方向,主动改革教学体系,开设与新兴技术领域相匹配的专业,面向未来制造业发展趋势开展学科交叉领域人才培养,探索个性化、多样化的人才培养模式,力求培养一批交叉复合型的新型卓越工程科技跨界人才。[①]新工科建设以制造强国战略为着眼点,围绕国家高端制造领域与先进科技发展领域开展人才培养工作。早在2011年,教育部就公布了高等学校战略性新兴产业相关本科新专业名单。高等职业教育也充分利用自身的资源和优势,积极应对产业结构变革和经济社会转型趋势,主动设置新专业与产业相对接,优化专业体系和课程结构,满足新产业、新技术对技能型人才的需求。

(一)职业教育是技能人才发展的决定性要素

教育部数据显示,在现代制造业、新兴产业中,新增从业人员70%以上来自职业院校。[②]为满足产业转型对高技术技能人才的需求,我国大力推进职业教育改革。截至2021年,全国共有1486所高职院校,为制造业企业输送了大量人才。根据麦可思研究院的跟踪调查,2020年高职院校毕业生中从事制造业的比例高达19.2%。高职院校为适应制造业发展需求不断增设新专业,2020年高职高专院校共新增备案专业3807个,第三产业相关的专业数由1466个增加到2997个,增幅达104.4%。以工业机器人技术专业为例,高职院校开设该专业的学校数量从2014年的9所增加到2015年的45所、2016年的238所,再到2019年的397所,每年培养约3.3万工业机器人领域技能人才,2025年毕业生总量将达到25.03万人,工业机器人领域技能人才失衡的矛盾将得到初步缓解。中等职业教育是我国中低端技能型人才输出的重要载体,每年为劳动力市场输送大量的劳动者和技能型人才。近年来,我国中等职业教育规模逐步萎缩,2014年至2020年,中等职业学校数量由1.19万所下降至0.99万所,减少了0.2万所,下降幅度高达16.8%。2014年至2020年,中等职业学校数量下降导致学位数量减少,尽管2019年时提出了百万扩招计划,在校生数量仍然由1755.28万人降至1663.37万人,减少

---

① 吴爱华,侯永峰.加快发展和建设新工科 主动适应和引领新经济[J].高等工程教育研究,2017(1):1-9.

② 高靓.高职扩招怎样改变技能人才培养版图[N].中国教育报,2019-05-09(8).

了91.91万人,降幅达到10.9%。招生人数的变化趋势也与之相同,2014年时为619.76万人,在2018年时达到谷值557.05万人,2020年又出现峰值644.66万人。中等职业教育师资质量一直饱受诟病,由于中等职业教育规模缩小,教师数量也随之减少,教职工数量从113.21万人减少到108.30万人,教师数量和质量问题导致中等职业教育质量低下的问题愈发严重,中等职业学校技能人才培养质量无法得到社会认同。2020年,中等职业学校毕业生中升学人数达145.33万人,升学率为49.2%,比2019年上升5.1%,可见中等职业教育远远无法满足当前劳动力市场对技能人才的需求,无法适应产业转型升级,提升中等职业教育的层次,将中低端劳动力升级为高技能型劳动力,已成为发展中等职业教育的必然选择和社会发展的趋势。

(二)产业高端化趋势下的职业教育发展要求

面对制造业高端化的趋势,无论高等教育领域的"新工科"建设还是职业教育领域的"中高衔接""中本衔接""专本研衔接"等,都是适应制造业转型升级、满足产业高端化人才需求的有效手段,需要在多个利益共同体协同下探索高度集成化的运行模式,形成稳定的人才输出网络化结构。作为提高企业竞争力和持续稳定输出高技术技能人才的职业教育,与社会经济发展密切相关,是加快国家产业结构调整和转型的技能人才第一生产力,是向劳动者提供职业知识与技能以增强自身职业技能水平,从而提高劳动生产率、增加商品附加值、获取更多利润的途径之一。所以,为满足高端制造领域技能型人才需求,职业教育需要快速变革。

第六章　我国技能人才发展支持政策与激励制度

第一节　我国技能人才支持政策的演变历程

改革开放以来,为营造良好的技能人才发展环境,我国从薪资待遇、社会地位、职业发展等方面,逐步完善技能人才支持政策,保障技能人才的权益。依据不同发展阶段的政策要点,梳理各阶段政策所关注的技能人才需求,对于我国建立技能人才激励体系,扩大技能人才队伍具有重要意义。

一、激发市场、企业活力阶段(1978—1992年)

1978年之前,我国以计划经济为主,国家统包统分城镇劳动力,工人阶级与农民待遇不同,工人的工作比较稳定,下岗的风险较小,退休后子女可继承其岗位,工作成为社会地位的表征,一度成为"铁饭碗";劳动人事部对工资级别进行统筹,不同技术等级的工资不同,但同一等级之间的收入差距不明显。在这种环境下,工人缺乏竞争力、工作效率低,导致企业整体生产效益不高,工人生活水平降低。与此同时,农村劳动力大量涌入城市,引发了新的就业矛盾,为此,国家开始着手改革就业分配方式,促进社会经济发展,满足工人生活需求。

1983年,劳动人事部要求企业招聘工人时依据劳动计划指标,采取德智体等全面考核的方式择优录用;同年,国家提出合同用工制。1986年,先后颁布了《国营企业实行劳动合同制暂行规定》《国营企业招用工人暂行规定》《国营企业辞退违纪职工暂行规定》《国营企业职工待业保险暂行规定》,提出废止"子女顶替"制度,国家机关、事业单位招用工人,应比照《国营企业实行劳动合同制暂行规定》和《国营企业招用工人暂行规定》执行,国家机关和事业单位为合同制工人的养老保险、待业保险基金提供资金支持。其中,《国营企业实行劳动合同制暂行规定》第十八条对合同制工资和福利保险待遇提出明确规定,合同制工人的福利保险待遇低于原固定工人的部分,可以采取工资性补贴的方式补偿,补贴幅度为标准工资的15%左右。1987年,为激励工人钻研业务,不断提高技术素质,国家出台《关于实行技师聘任制的暂行规定》。1988年,劳动人事部颁布《关于国家机关、事业单位劳动合同制工人工资性补贴问题的通知》,就《国营企业实行劳动合同制暂行规定》工资性补贴措施依据地方实际情况进行补充。1992年,劳动部、国务院生产办、国家体改委、人事部、全国总工会联合出台《关于深化企业劳动人事、工资分配、社会保险制度改革的意见》,该意见对工资制度和技能考核等方面进行改革,企业逐步实行岗位技能工资制,根据岗位的劳动责任、强度、条件、技能等要素确定劳动报酬,同时,把一部分福利补贴纳入工资,强化工资分配的激励作用。

二、规范技能鉴定标准阶段(1993—2001年)

1993年,社会主义市场经济体制正式确立,随着国企改革,一些企业因受到冲击大量裁员,工人再就业问题显著。为了满足工人的再就业需求,国家颁布了一系列政策。同年,劳动部根据《工人考核条例》制定并颁发了《职业技能鉴定规定》,完善职业技能鉴定的基础制度建设,促进职业技能开发,提高技能人才素质。1994年,《中华人民共和国劳动法》确立了职业资格证书制度的法律地位。为落实技能人才的能力考核工作,人力资源和社会保障部印发《中央国家机关工人技术等级考核实施办法》《机关、事业单位工人技术等级岗位考核暂行办法》及《专业技术资格评定试行办法》,有效推动技能人才发展,促进工人就业。随后,国家相继发布《关于颁发〈职业资格证书规定〉的通知》《职业资格证书规定》《关于印发〈职业资格证书制度暂行办法〉的通知》等文件,逐步完善职业资格证书制度。1996年,《中华人民共和国职业教育法》出台,国家采取措施,组织失业人员接受各种形式的职业教育,提高工人的就业竞争力。2001年,人力资源和社会保障部颁发《中华人民共和国工会法》,确定工会的权利和义务,发挥工会在工人队伍建设改革、维护工人合法权益等方面的作用。

三、提升人才社会地位阶段(2002—2009年)

2000年以来,我国制造业对劳动力的需求急剧增长,但这一时期大部分企业福利待遇不高、劳动强度大,导致技能人才的社会认可度和从业意愿都比较低,国家不断制定和完善相关政策,从而解决这一现实问题。《2002—2005年全国人才队伍建设规划纲要》对新时期人才队伍建设进行了总体规划,并要求建设三支强大的人才队伍,其中,专业技术人才队伍被列入其中,受到了党和政府的关注。[①]2003年,中共中央、国务院颁布《关于进一步加强人才工作的决定》,提出建立现代企业制度,逐步建立工人民主参与的企业薪酬制度,坚持按劳分配与按生产要素分配相结合、短期激励与中长期激励相结合、激励和约束相结合的原则。2005年,国务院颁布的《关于大力发展职业教育的决定》提出,逐步提高生产服务一线技能人才,特别是高技术技能人才的社会地位和经济收入,实行优秀技能人才特殊奖励政策和激励办法。同时强调宣传优秀技能人才和高素质劳动者在社会建设中的重要贡献,形成全社会关心、重视技能人才的良好氛围。2006年,《劳动和社会保障事业发展"十一五"规划纲要(2006年—2010年)》颁布,全面推行职业资格证书制度,扩大职业技能鉴定的覆盖面,进一步提高职业资格证书的社会认可程度。同年,国家颁布《关于进一步加强高技能人才工作的意见》,完善对高技术技能人才的激励办法,对优秀高技术技能人才实行特殊奖励政策,破除轻视技能劳动和技能劳动者的传统观念。2008年,《关于建立国家高技能人才培养示范基地的通知》发布,结合区域发展趋势,统筹规划高技术技能人才培养基地建设,对高技术技能人才培养制度、评价制度、激励机制等方

---

① 杨文杰.改革开放40年我国技术工人公共政策研究[D].西安:陕西师范大学,2019.

面做出明确规定。

四、贯通人才发展通道阶段(2010年至今)

2010年,我国深入贯彻落实科学发展观,全面建设小康社会,建设创新型国家,对提升劳动者素质和技能的需求日益迫切。2011年,《专业技术人才队伍建设中长期规划(2010—2020年)》提出,为实现技能人才队伍建设的战略目标,主要任务之一是通过建立培养机构来提升技能人才的能力素质。同年颁布的《高技能人才队伍建设中长期规划(2010—2020年)》提出,健全和完善以培养、评价、使用、激励为重点的高技能人才工作体系,营造尊重劳动、崇尚技能、鼓励创造的良好氛围,形成有利于高技能人才成长和发挥作用的制度环境和社会氛围,推动技能劳动者队伍的发展壮大和整体素质的提高。该规划还强调,通过加强高技能人才培训基地建设、制定完善支持高技能人才成长的政策措施,畅通技能人才队伍的发展通道。2014年,《关于加快发展现代职业教育的决定》要求企业依法履行职工教育培训和足额提取教育培训经费的责任,鼓励企业建立高技能人才技能职务津贴和特殊岗位津贴制度。2016年,人力资源和社会保障部印发的《技工教育"十三五"规划》明确提出,到"十三五"时期末,基本形成办学规模适合市场需求、专业结构适应产业发展、校企融合贯穿办学过程、教学改革实现工学结合、实习实训与工作岗位紧密衔接、技能人才培养层次规模与经济社会发展更加匹配、社会服务功能更加健全的现代技工教育体系。2016年,为贯彻落实《中国制造2025》,提高制造业技能人才队伍素质,人力资源和社会保障部等部门颁布《制造业人才发展规划指南》,强调在制造业领域全面推进学习型企业建设,完善企业工人培训制度,整体提升企业工人技能水平,创新混合式人才培训模式,引导工人使用新方法、钻研新技术。2017年,中共中央、国务院印发《新时期产业工人队伍建设改革方案》,明确提出重视产业工人队伍建设,围绕加强和改进产业工人队伍思想政治建设、构建产业工人技能形成体系、运用互联网促进产业工人队伍建设、创新产业工人发展制度、强化产业工人队伍建设支撑保障等25个改革举措,为推进产业工人队伍建设提供了重要保障。2018年颁布的《关于提高技术工人待遇的意见》提出,要以为国家做出突出贡献的高技能领军人才为重点支持对象,提高其政治待遇、经济待遇、社会待遇,激励技术工人提升技能水平,在全社会形成尊重劳动、崇尚技能的良好氛围。同年,《技能人才队伍建设实施方案(2018—2020年)》颁布,强调大规模开展职业技能培训,推行终身职业技能培训制度,全面推行企业新型学徒制,贯通技能人才发展体系。2019年,国务院发布《职业技能提升行动方案(2019—2021年)》,提出实施职业技能提升行动的具体政策措施,如对工人开展有针对性的职业技能培训,完善职业培训补贴政策等,强调把职业技能提升行动作为重要民生工程,大力营造技能成才的良好环境。2021年,《关于进一步加强高技能人才与专业技术人才职业发展贯通的实施意见》强调扩大贯通领域,完善评价标准,创新评价机制,打破职称评价界限。①同年,为推动企业建立健全符合技能人才特点的工资分配制度,人力资源和社会保障部办公厅发布《技能人才薪酬分配指引》,提出企业应建立多职级的技能人才职业发展通道,从横、纵两个方向划分技能的序列与层级,要求体现技能人才个人能力,同时反映岗位差别。2022年,中共中央办公厅、国务院办公厅印发《关于加强新时代高技能人才队伍建设的意见》,提出建立健全技能人才职业技能等级制度,拓宽技能人才发展通道。

第二节　我国技能人才激励制度变革

一、考工升级制度:八级工资制

(一)考工升级制度的确立和实施

新中国成立初期,国家经济亟待恢复,按劳取酬取代平均分配,有效激发了民众的劳动积极性,促进了劳动生产率的提高。我国主要通过工资改革完善工资等级和工人技术等级标准,实现常态化考工升级。1956年,《关于工资改革的决定》和《关于工资改革中若干具体问题的规定》提出改进技

---

① 罗尧成,冉玲.我国高技能人才政策沿革、问题及其应对[J].中国职业技术教育,2021(25):47-53.

术工人工资等级制度的方案,对熟练与不熟练、繁重与轻松的工作在工资标准上予以区别。各产业部门根据实际情况制定、修订并实施工人技术等级标准,严格按照技术等级标准进行考核和晋升,使得升级成为一种正常的制度,也使得工人的工资等级制度更加合理。一方面,工资改革将企业工人分为八个技术等级(少数工种为七个),并坚持"技术等级、工资等级和工作物等级三者一致"的原则,[①]这就是我们熟知的八级工资制,又称为"八级工"制度;另一方面,确立了企业工人考工升级制度,构建起技术工人技能成长通道各产业部门的企业积极筹备和展开考工升级工作。例如,一些机械修理厂针对实际情况采取多种学习方式,组织短期培训班和成立互助学习小组等,帮助工人提升业务能力,并严格按照技术等级标准编制试题,通过通俗易懂的试题考察工人的技术能力,记录存档考试过程和结果,以避免升级工作中的浪费。有的企业则通过解释工资改革的意义,组织工人学习对应工种的技术标准,鼓励工人升级,表示只要不断提升技术水平和提高工作效率,就能够逐步增加工资。总之,符合技术等级标准的工人不断升级并逐步实现各尽其能、按劳取酬,通过工资改革实现了升级工作的常态化。

为了更好地组织生产工作,充分提高工人的劳动效率,提高技术技能水平,我国在1963年进行了全国范围修订工人技术等级标准的工作。然而,工人升级不再仅仅依据技术等级标准进行评估,而是需要同时考虑多个维度,如生产工作的要求、业务技能水平、生产成绩以及劳动态度等,综合考虑不同维度的同时,还需要结合平时的生产情况和工人的技术等级对其业务技能水平进行准确评估,原有的技能评价制度遇到较大的挑战。

(二)考工升级制度的中断与恢复

"文革"结束后,社会主义建设陷入停滞,但随着工资制度的恢复和考工升级制度的复苏,工人逐渐恢复了信心,常态化考工制度得到恢复,相应的培训制度开始推行。1977年,国家开始恢复工资制度,逐步调整了部分职工的工资。1978年,第二次全国性工人技术等级标准修订,将工人技术等级标准与工人技术培训、业务能力考核相联系,明确提出工人技术等级标准是工

---

① 张俊峰.我国工人技术等级标准的历史沿革[J].中国劳动科学,1991(1):43.

人工资等级制度的重要组成部分,也是评价工人业务技能水平和开展有针对性技术培训的科学依据。同年,全国物价工资会议上明确提出,根据1978年底职工人数的40%确定升级面,干部和工人不能互占升级面,体现"各尽其能、按劳分配"的原则。考核标准包括劳动态度、技术水平和贡献大小三个条件,其中贡献大小是主要依据,通过考核和评比的工人才能升级。国家劳动总局副总局长于光汉表示,各地区和各部门都在试点推行职工升级工作,坚持对工人进行全面考核,三个条件都不能缺少。各单位要建立常规化的考工升级制度和培训制度,还要为工人建立个人技术档案,以此记录工人每次技术考核的成绩,并将个人技术档案作为今后培训工人、使用工人和升级工人的有效依据。[①]

二、职业资格制度:国家管理与机构实施的矛盾和冲突

(一)职业资格制度的建立和实施

1988年,第三次全国性工人技术等级标准修订,等级结构进一步简化,工人技术等级标准被修改为初、中、高三级制。1990年,技师和高级技师两个技术职务系列被确定下来,我国技能人才评价的"五级制"形成,其中包括初级技工、中级技工、高级技工、技师和高级技师。以1992年邓小平同志的重要讲话和党的十四大为标志,中国改革开放和现代化建设进入新的发展阶段,国家开始对职业资格制度进行宏观布局,强调"尊重知识,尊重人才,进一步创造让人充分发挥才能、施展才华的环境和条件……制定各类职业的资格标准和聘用标准,实行学历文凭和职业资格两证制度"。1993年发布的《关于建立社会主义市场经济体制时期劳动体制改革总体设想》提出,逐步建立适应市场经济要求的新型劳动制度,建立职业分类和职业技能标准体系,按照职业分类,逐步将现行的劳动者技术等级标准转化为职业技能标准,建立健全国家职业资格证书制度,建立覆盖全社会的职业技能鉴定网络。1994年,《中华人民共和国劳动法》规定,对规定的职业制定职业技能标准,实行职业资格证书制度,从法律层面界定了职业分类、职业技能标准与

---

① 于光汉.在全国工资处长座谈会上的总结发言[J].劳动工作,1980(2):13-20.

职业资格证书制度的关系,规范了职业资格制度。

1994—1999年,我国陆续出台了《职业资格证书条例》《职业资格证书制度暂行办法》及《关于启用〈职业资格证书〉有关问题的通知》,上述文件的发布,一方面明确了职业资格的内涵和范畴,将职业资格界定为:从事某一职业所必需的知识、技术和能力的基本要求,分为资格和资历,前者是指从事某一专业(工种)的知识、技术、能力的起点标准,与资格证书相对应;后者是指政府对某些责任较大、社会通用性强、具有公共利益的专业(工种)的准入控制,是独立执业或依法具备从事特定专业(工种)的知识、技术、能力的必要标准,与资格证书相对应。另一方面更新了职业资格证书的等级和颁发要求,将原技术等级证书和(高级)技师证书更名为职业资格证书,分为初级、中级、高级、技师、高级技师,分别对应国家职业资格1—5级,职业资格通过学历认定、资格考试、专家考核、职业技能鉴定等方式评定,对合格者颁发国家职业资格证书。

除此之外,国家还进一步完善了职业资格制度实施的支撑性工作:一是开展职业分类工作。我国借鉴发达国家职业分类的早期成果和经验,通过社会调查、职业分析和评价等方式,确定了职业的名称、定义和标准,并于1999年颁布了《中华人民共和国职业分类大典》,[1]随后进行了定期增删修订。二是构建国家职业标准。根据《中华人民共和国职业分类大典》制定、颁布和更新具体职业的国家职业标准,以及主要包括职业理论知识考试、技能操作考试要求和(高级)技师附加综合考核要求;职业道德、专业知识、安全知识、法律法规知识等;岗位职能、岗位内容、技能要求、相关知识等。三是普及社会化职业技能鉴定工作,并不断扩大职业技能鉴定工种范围和层次(逐步包括高级技师)。《中国劳动统计年鉴》统计,2005年我国共有职业技能鉴定所(站)7654个,参加职业技能鉴定的总人数达709.4万人,其中266.2万人取得初级职业资格证书,342.9万人取得中级职业资格证书。2015年,鉴定机构达到9521个,参加职业技能鉴定的总人数达1853.9万人,其中693.4万人取得初级职业资格证书,674.5万人取得中级职业资格证书,393.1

---

① 肖鹏程.我国职业资格证书制度演变对职业教育的影响研究[D].上海:上海师范大学,2015.

万人取得高级职业资格证书。[①]

(二)职业资格制度改革的深化

2016年开始,国家陆续出台了多项政策,力图推进职业资格制度改革。2019年,人力资源和社会保障部发布《关于改革完善技能人才评价制度的意见》,旨在建立科学合理的技能人才评价制度,满足政府、用人单位和社会组织等多元主体需求,主要目标是建立完善和健全的评价制度,包括职业资格评价、职业技能等级认定和专项职业能力考核等。同年12月,国务院常务会议决定,分步取消水平评价类技能人才职业资格,推进社会化职业技能等级认定。2020年,人力资源和社会保障部发布《关于做好水平评价类技能人员职业资格退出目录有关工作的通知》,提出分两批从国家职业资格目录中去除76项水平评价类技能人才职业资格。2021年,新版《国家职业资格目录》发布,水平评价类技能人才职业资格全面退出,转为职业技能等级认定,已发放的职业资格证书继续有效,最终在《国家职业资格目录》中仅保留技能人才的八项准入类职业资格,不再保留其水平评价类职业资格。

为进一步打通高技能人才与专业技术人才的职业发展通道,打破专业技术职称评审与职业技能评价的界限,解决技能人才职业发展中的"独木桥""天花板"问题,搭建两类人才成长的立交桥,促进两类人才融合发展,人力资源和社会保障部于2018年出台《关于在工程技术领域实现高技能人才与工程技术人才职业发展贯通的实施意见(试行)》,并于2020年印发《关于进一步加强高技能人才与专业技术人才职业发展贯通的实施意见》,这是关于促进人才两条职业道路融合的配套文件,强调加强创新性、应用性和技能型人才训练,提高技能人才的待遇和地位,激发技能人才的创新活力。2021年,人力资源和社会保障部发布通知,经省级及以上人社部门备案开展职业技能等级认定的企业可开展特级技师评聘试点工作,这意味着我国在初级工、中级工、高级工、技师、高级技师之上再设特级技师岗位等级。其间,在国家"放管服"改革的背景下,技能人才评价体系进行了一系列改革,包括取消部分职业资格,引导分类评价,打通高技能人才和工程技术人才的职业发

---

① 唐慧,王继平,刘锦.我国技能人才评价制度的历史演进、当下构建及逻辑发展[J].职业技术教育,2022,43(13):6-13.

展通道,启动并扩大职业技能等级认定试点,原来的职业技能鉴定逐步改为职业技能等级认定。至此,我国技能人才评价工作进入全面改革阶段,核心思想是将原有的以职业资格鉴定为主的评价体系转变为以职业技能等级认定为主,辅以职业资格和专项能力考核,全新的技能人才评价格局形成,原来由政府主导的评价管理体系也转变为用人单位和社会评价为主,政府监督为辅。

三、技能等级认定制度:新时代技能人才评价体系

在开展和扩大企业职业技能等级认定试点的基础上,2020年,人力资源和社会保障部发布《关于支持企业大力开展技能人才评价工作的通知》,支持企业自主开展技能人才评价。2021年,中央人才工作会议召开,标志着我国人才工作进入新时代,我国技能人才评价工作进入全面实施职业技能等级认定的阶段。2022年出台的《关于健全完善新时代技能人才职业技能等级制度的意见》,将职业技能等级由"五级"提高到"八级",增加了初级工前的学徒工及高级技师后的特级技师和首席技师,新制度与20世纪50年代的"八级工"制度相似,被称为"新八级工"制度。新旧制度的区别在于,一方面,新制度不与福利待遇硬性挂钩,而是鼓励用人单位将评价结果与岗位使用、人才培养、激励保障相结合。另一方面,新制度大大拓展了技能人才的发展空间,对于进一步调动技能人才的工作积极性,提升技能人才的社会荣誉感,具有明显的现实意义。

第七章　智能装备领域职业技能匹配策略

第一节　智能装备领域发展内涵分析

在《中国制造 2025》等强国战略中,智能装备作为重点发展领域成为高端装备制造业的核心及全球战略性新兴产业的重要组成部分。在《"十三五"国家战略性新兴产业发展规划》中,高端装备制造业主要分为轨道交通装备产业、智能装备产业、航空产业、海洋工程产业、卫星应用产业。作为高端装备制造业"两化融合"(信息化与工业化深度融合)的重点发展方向,智能装备是通过先进制造技术、信息技术和智能技术的集成,形成具有感知、分析、推理、决策、控制功能的各类制造装备的统称。智能装备涉及智能控制系统、自动化成套生产线、智能仪器仪表、高档数控机床、工业机器人等行业,如图 7-1 所示。

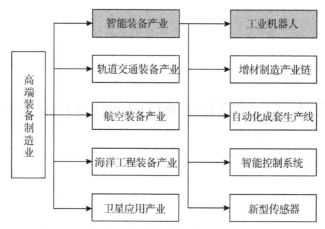

图7-1　高端装备制造业与智能制造的内部关联

以工业机器人为例,工业机器人作为最先进的自动化设备之一是智能装备产业的核心,机器人产业应用程度是衡量一个国家或地区科技创新、智能制造水平的重要标准。2016年,国家印发《机器人产业发展规划(2016—2020年)》,提出完善机器人产业体系、增强技术创新能力和国际竞争力的发展目标。目前,中国已成为工业机器人发展最快的国家之一,早在2011年,我国工业机器人市场增长率就高达51%,位居全球第一。2021年全年实现工业机器人产量36.6万台,同比增长44.9%。目前,浙江省涉及机器人相关产业,如机器人技术研发、机器人关键零部件制造、机器人配套产业等企业已经有150多家,形成了具有区域经济特色的产业链,如表7-1所示。

表7-1　浙江省机器人产业重点发展企业

产业发展领域	企业名称
机器人技术研发	浙江省智能机器人研究院
	宁波智能制造产业研究院
	史陶比尔(杭州)
机器人本体制造	嘉兴瑞宏机器人
	杭州凯尔达机器人

产业发展领域	企业名称
伺服电机、减速机	卧龙电气
	恒丰泰机密机械
	双环传动机械
控制器	万丰科技
	慈星股份
机器人产业配套领域	中控科技
	海康威视

机器人装备作为智能装备领域的重要代表之一,是一个国家制造业高端化、智能化的重要标志,机器人技术将推动我国制造业生产模式革新及转型升级。工业机器人行业的人才需求量逐年上涨,2013年,我国机器人相关职位需求就有1630个,到2015年全国机器人相关职业数量已经增长至5085个,其中工业机器人相关职位对大专及以下学历层次的人才需求同比增长227%,全国开设此专业的职业院校从五所快速增长为230所。到2017年,仅浙江省的中等职业学校就有近20所开设了工业机器人相关专业。2020年,全球新增工业机器人约38.4万台,同比增长0.5%,中国工业机器人新增数量位列全球第一,新增16.8万台,远超第二名的日本(3.9万台)。2021年,中国工业机器人产量达36.6万台,同比增长54.4%,销量为25.6万台,同比增长48.8%,连续八年成为全球最大的工业机器人消费国。因此笔者调查了工业机器人专业相关的职业院校和企业,通过调研反映当前工业机器人专业的职业技能匹配现状。

第二节 企业视角下职业技能基本要素的实证分析

笔者采用文献法和问卷调查法梳理了职业技能基本要素,以工业机器人相关企业为主,通过对企业专业负责人员进行问卷调查和访谈,梳理智能装备领域相关企业对职业技能的需求,找出职业技能基本要素,研究思路如图7-2所示。

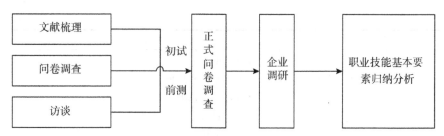

图7-2 企业视角下职业技能基本要素的实证研究思路

笔者通过梳理文献资料,对企业生产部门中技术人员和人力资源部门负责人进行访谈,了解职业院校的技能人才培养方案和课程设置,以及企业对职业技能的要求,确定职业技能基本要素整体框架,在此基础上编制职业技能指标问卷,小规模进行初试前测,根据企业人员的建议对问卷选项进行修正并形成正式问卷。笔者通过对企业人员进行正式问卷调查,了解智能装备领域职业技能的具体要求,通过数据分析确定职业技能基本要素,如表7-2所示。

表7-2 职业技能基本要素变量设计

变量	能力指标		题项
职业通用技能	基本技能	语言文字能力	1
		数字应用能力	2
		计算机应用能力	3
		逻辑与判断能力	4
	通用技能	通用技术知识	5
		通用操作技能	6
		仪器仪表使用能力	7
职业特定技能	专业技能知识	专业基础知识	8
		专业技术知识	9
		专业工具使用能力	10
	专业操作技能	专业制造技能	11
		专业装调技能	12

续表

变量	能力指标		题项
		专业检修技能	13
	组织管理能力		14
	团队协作能力		15
跨专业技能	专业复合技能		16
	专业复合知识		17
	创新能力		18
	环境适应能力		19
	自我管理能力		20
	职业规划能力		21
核心技能	知识迁移能力		22
		安全、服务意识	23
	职业道德素养	爱岗敬业	24
		质量保障	25

　　根据德雷福斯模型（Dreyfus model）中描述的技能进阶的五个阶段，即新手—高级新手—胜任者—精通者—专家，中等职业教育处在新手阶段，少数人能成为高级新手，高等职业教育处在高级新手向胜任者转变阶段，并且不同阶段相关专业有不同的技能标准，如中等职业学校数控技术专业的目标是培养国家职业标准数控车工中级，学生毕业后满足申报条件即可获得中级资格证书，但工业机器人相关专业处于起步阶段，缺乏国家职业标准，所以职业技能主要依据企业岗位技能进行分级量化。通过运用 SPSS 统计软件测验问卷中内部题目的一致性，得出职业技能的结构量表 Cronbach 的 α 的值为 0.921，内部一致性信度较高，并且也得到了企业专业人员的认可。此次调研共发放问卷 200 份，回收 169 份，其中有效卷 157 份，调查问卷的总体回收率为 84.5%，有效问卷占比为 78.5%，进而得到学生职业技能描述性统计表，构建了职业技能基本要素框架，如图 7-3 所示。

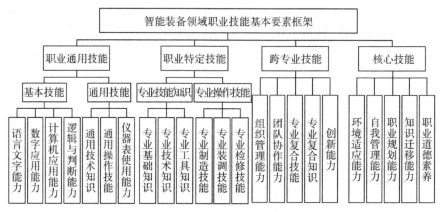

图7-3 智能装备领域职业技能基本要素框架

一、工业机器人领域技能匹配度现状调研

工业机器人作为智能装备领域的新兴技术代表,具有智能化、生态化、个性化等特点,研究工业机器人领域的技能培育现状,对智能装备领域职业技能匹配的内涵建设具有重要实践意义。调查对象分别是职业院校工业机器人专业和相关企业,调研目的是职业院校工业机器人专业在专业教育、职业技能和职业素养三方面是否与企业对技能人才的需求相匹配。问卷第一部分为基本信息,有助于了解被调查者的身份信息及工作背景。第二部分主要了解学生对本专业技能培养、校企共同培养职业技能、未来职业技能发展情况的看法,并了解企业的技能需求以及职业院校技能培养的不足之处。企业问卷中增加了第三部分,通过五级计分法,根据重要程度进行分数评测,明确工业机器人相关企业所需的具体职业技能基本要素。职业院校问卷共15道选择题,企业问卷共九道选择题,25道评分题。职业院校问卷主要针对P校工业机器人应用与维修专业和W校工业机器人安装与维修专业毕业班学生,共发放问卷200份,以纸质问卷为主,去除掉无效问卷,有效问卷189份,有效回收率为94.5%。企业问卷主要针对工业机器人相关企业A企业和H企业,共发放问卷200份,以问卷软件进行线上调研为主,去除掉无效问卷,有效问卷157份,有效回收率为78.5%。

工业机器人相关企业员工的具体工作岗位如图7-4所示,研发岗位主要为机器人设计、机器人控制系统集成和项目经理等,企业对学历的要求均为本科及以上,职业院校毕业生的工作岗位主要分布于生产岗位、安装服务岗位,占比分别为21.7%和48.1%。所以,工业机器人相关岗位对人才的核心技术要求有较大差异,也就是说,即使是高端制造领域,也并非所有岗位都要求人才具有较高水平的技能,并非所有智能车间岗位人才都需要接受过高等职业教育。

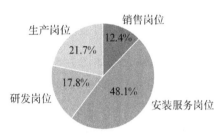

图7-4　企业员工工作岗位分布

对职业院校和相关企业的职业技能问卷调查,有助于了解职业技能培养状况,企业对职业技能供给的满意度,从而间接反映职业技能供给和企业技能需求的匹配度。图7-5中,从在校学生和企业员工视角对职业技能是否满足岗位技能需求进行了整体统计,41.3%的学生认为自身的职业技能不能完全满足企业岗位技能需求,35.7%的企业员工认为学生职业技能不能完全满足其所在岗位的技能需求,33.9%的学生和31.2%的企业员工认为职业技能完全不能满足企业的岗位需求。数据分析发现,绝大部分被调查者认为职业技能不能满足企业岗位技能需求,这反映出职业技能供给与企业岗位技能需求不匹配,但仍有近1/4企业员工认为职业技能供给基本满足岗位技能需求,通过接下来的问卷分析我们可以找到原因。

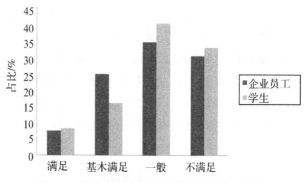

图7-5　职业技能供给与企业岗位技能匹配度

　　职业院校学生专业技能短缺之处如图7-6所示,学生和企业员工都认为基础知识技能、专业知识技能和跨专业技能的短缺度均超过15%,并且专业知识技能和跨专业技能短缺比例高达30%以上。上述数据反映出,职业院校在工业机器人专业的技能输出与企业技能需求不匹配,超过10%的企业员工和学生认为其他技能也不足,更多针对学生的职业素养方面。图7-7是企业视角下工业机器人专业技能短缺情况的数据统计,工业机器人专业的特色是将机械设计制造、电气自动化、电子技术和传感技术等多专业技能进行交叉融合,使专业设置符合新兴技术的发展需要,所以主要通过机械和电气领域对技能进行划分。工业机器人识图技能主要涉及机械零件图、装配图和电路图,企业员工认为学生对工业机器人的机械零件图识读能力低于电路图,说明职业院校实训课程更多培养学生对零部件的掌握,而学生对机器设备的整体装配理解不足。工业机器人安装与调试技能的短缺比例都超过25%,侧面说明机械设计制造和电气自动化知识技能在专业设置与课程体系方面的融合度较差,导致学生实践阶段的技能融合应用水平欠缺。38.9%和32.5%的企业员工认为,职业院校学生的工业机器人维修技能不足,说明职业院校在职业技能培养过程中更多注重知识原理和局部技能教学,忽视了整体装配、调试和维修等技能。

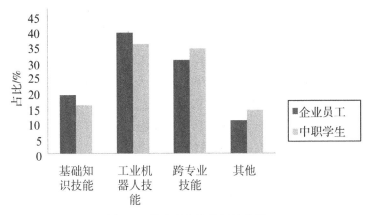

图7-6 学生职业技能短缺情况

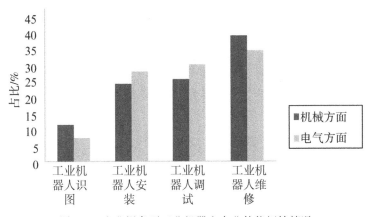

图7-7 企业视角下工业机器人专业技能短缺情况

图7-8问卷调查结果中,对于企业视角下学生职业素养的欠缺部分,除诚实守信外,自主学习能力、自我管理能力、团队合作能力、爱岗敬业和服务意识等欠缺程度较高。企业不仅要求学生有高技能要求,更看重职业素养,所以职业院校在提升技能水平的同时,应加强职业素养的培育。企业作为技能培育的重要主体,在技能发展中的作用非常关键,图7-9显示,针对四种不同的职业技能提升途径,40.7%的被调查者认为进入企业实习有助于提升职业技能,仅11.1%的被调查者认为基础理论学习有助于职业技能提升。可见,职业院校学生对于去企业实习有较高的认同度,对于理论学习的认同度和兴趣不高,所以19.1%的企业员工认为职业院校学生的专业理论

基础较差。对于"企业实习是否有助于提升职业技能"问题,超过90%的学生认为进入企业实习对其自身的实践操作能力有较大影响,并且可以对企业的工作流程有更全面清晰的认识。结果显示,学生对企业实习有较高的认同感,而图7-10基于学生视角,描述了企业实习对其职业技能提升影响的具体维度,超过40%的被调查者认为通过企业实习,工业机器人安装与调试、维修、制造、安全生产意识和工具使用技能得到提升,这说明企业实习有助于在整体上提升工业机器人领域的综合技能。

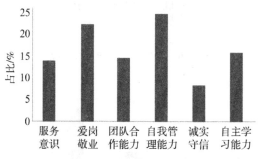

图7-8 职业素养短缺的描述性统计

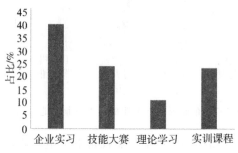

图7-9 提升职业技能的途径

即使企业实习的评价较高,但通过对企业实习过程中存在的问题进行统计发现,77.8%的学生认为实习工作的技术含量较低,所以,在企业实习过程中即使有超过90%的被调查者认为实践操作能力有所提升,但仍有79.9%的被调查者认为职业技能的提升效果不明显(见图7-10)。侧面说明了学生进入企业实习后,工作任务多为机械重复性工作,技术含量较低,部分企业对实习生缺乏严格合理的管理组织,这可以解释为什么部分企业员工认为学生的职业技能基本满足岗位技能需求。并且通过职业素养相关数据也可以看出,虽然大部分企业非常重视企业员工的个人职业素养,但在校企协同培养过程中,企业对于职业素养养成的重视程度却远远不够(见图7-11)。

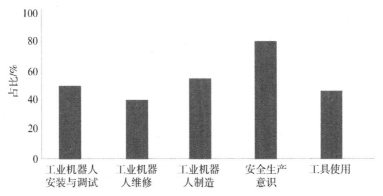

图7-10 企业实习对职业技能提升影响的具体维度

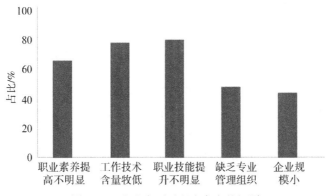

图7-11 企业实习过程中存在的问题

二、工业机器人领域技能供需问题分析

基于整体调研统计结果,各方面数据表明职业院校技能供给与企业需求存在不匹配的现象,涉及的因素是多方面的。从职业院校技能培养输出的角度看,以工业机器人领域为例,其属于交叉复合专业,学生的多技能融合程度不足,工业机器人智能化生产模式对技能迁移能力要求较高,然而职

业院校缺乏对工业机器人本体装配技能的培育,企业对学生实习缺少专业有效的管理组织和技能提升计划。同时,学校和企业双方在职业技能培育过程中,对技术技能的重视程度远高于职业素养。

（一）工业机器人专业领域职业技能融合应用不足

工业机器人专业是在原有机电类专业基础上将多专业技能交叉融合,因此,职业技能不匹配的原因之一,就在于多专业交叉融合程度不够。在工业机器人安装与调试、维修等阶段,机械和电气领域的技能融合度较差。工业机器人相关企业的智能化生产模式,对职业院校技能输出的要求不再是简单零部件加工和重复性机械操作,而是对生产线的监测、管理和故障诊断,以及工业机器人本体装配和控制柜线路的安装与调试。工业机器人专业仍处在起步阶段,缺乏国家职业标准和行业指导标准,大部分职业院校的工业机器人专业主要是在机电类专业基础上升级改造而来,没有完全按照智能化生产模式和工业机器人岗位技能要求设置相关课程和实训环节,导致专业技能训练的维度比较单一,多学科融合的程度较差,学生复合型能力的培养不足。

（二）职业院校忽视专业基础和跨专业技能的培养

智能制造背景下,机器人装备制造技术快速迭代,职业岗位快速变迁,再加上工业机器人种类繁多,毕业生进入工作岗位后,所掌握的职业技能是远远不够的。教育本身具有一定的延迟性,不同种类的工业机器人、制造工艺流程和电气控制系统均不同,但其所依据的机械制造和电气控制原理是相通的,所以扎实的专业理论知识和基础技能非常关键,这就需要提升学生的跨专业技能,培养技能迁移能力,而不是仅仅将实操技能放在第一位。

（三）职业院校缺乏对工业机器人本体装配技能的培养

职业院校的技能提升依然更多聚焦人的工具属性,延续工业化时代的流水线作业对技能工种的要求,缺乏系统化、整体性的技能架构,工业机器人领域也是如此。例如,某学校高二上学期开设工业机器人机械零部件结构和工业机器人电气控制原理训练课程,教学计划是先安排学生学习专业理论课程,随后进入实训基地进行机械臂和机械手等零部件装配、电气控制接线、故障监测与维修的实践操作。通过零散的职业技能训练,学生强化了安装各机器零部件的技能,却对工业机器人本体的装配制造缺乏认识,导致学生面对新的设备时,在安装、调试和维修等方面茫然无措。另外,工业机器人维修技能要求对机器整体运行原理、装配工艺等有较全面的经验性理解,这是衡量专业技能整体掌握程度的重要依据。从调研数据来看,近40%学生的工业机器人维修技能存在严重不足。

（四）企业缺乏有效的职业技能提升管理方案

企业在技能提升方面存在的问题,除考虑自身利益无法对技能培养完全投入外,主要原因是实习过程缺乏有效的组织管理方案和技能提升计划。一般情况下,职业院校学生进入相关企业要先进行上岗培训,然后分组跟随专门的技术师傅学习。由于技术师傅的精力有限,外加经验水平的参差不齐,65.6%的学生认为职业技能提升效果不明显。另外,由于工业机器人相关企业的技能要求较高,学生的职业技能与岗位需求不匹配,实习流于表面,学生多从事技术含量较低的流程性工作,如仪器仪表使用等。

（五）学生职业素养缺失

调查发现企业认为学生进入工作岗位后,在自主学习能力、自我管理能力、团队合作能力、爱岗敬业和服务意识方面均有缺失,学校技能提升环节仍以操作技能训练为主,对职业素养没有足够的重视。然而,企业非常重视自身的企业文化,员工的职业素养是企业重要的用人标准之一,所以校企双方在职业技能提升过程中,不仅要重视技术技能,更应该重视职业素养。

三、工业机器人领域职业技能匹配举措与案例分析

在走访调研中发现,P校对接当地区域经济发展办学,根据产业变化及时调整,改造升级优势专业,依托数控加工技术和电气运行与控制技术两个专业增设"工业机器人技术应用"专业方向,与当地机器人企业协同合作,依据不同职业技能设置专业课程,并将典型工作任务案例作为课程内容主干,培养工业机器人技能人才。

(一)专业技能人才培养标准

P校工业机器人应用专业技能人才培养目标通过分析工作岗位技能要求确定,表7-3显示,P校将工业机器人领域人才结构分为高级、中级、初级三个层次,分别根据机电设备制造企业、机电一体化设备企业从事工业机器人设备的维修与装调、工业机器人本体和电气控制柜安装与调试、自动化生产线的管理与维护、销售推广与售后的技术支持等工作岗位进行分类。

表7-3　P校工业机器人应用专业人才培养标准

	工作岗位	工作任务	知识	技能
初级	工业机器人日常操作维护	进行工业机器人操作控制、编程定位、示教编程、日常维护	具有常用电子元器件、集成器件、单片机传感器的应用知识	读懂设备相关标牌及仪表使用
中级	工业机器人机构和控制系统的安装与调试	工业机器人机械机构装配、工业机器人电气控制安装与调试、工业机器人离线编程、工业机器人机构或系统故障检修	具有应用机械传动、液压与气动系统的基础知识 具有PLC、变频器、触摸屏、组态软件控制技术的应用知识 具有机域系统绘力与设计的知识 具有工业机器人原理、操作、编程与调试的知识	能读懂机器人设备的结构和电气原理图 能够测绘设备的电气原理图、接线图、电气元件明细表 能够绘测简单机械部件零件图和装配图 能够应用操作机、控制器、伺服驱动系统和监测传感装置,编制运行程序
高级	工业机器人本体安装与调试	工业机器人本体和控制柜吊装与固定、工业机器人本体和电气控制柜安装与调试、电源线和气源接口的安装、机器人本体故障检修	具有检修工业机器人系统、自动化生产线系统故障的相关知识 具有自动化生产管理和质量管理的基础知识	能够构建较简单的PLC可控制系统 能够维护、保养设备,排除电气及机械故障 具有创新能力,能进行革新和改造

(二)工业机器人应用专业课程体系

课程体系是人才培养模式实施的有效载体,P校以原有的数控加工技术和电气运行与控制技术为基础,构建了专业双向融合的创新创业课程体系,如图7-12所示。第一,课程建设分层化。通过通识课程、大类主干课程、专业主干课程和专业拓展课程四个课程模块,从强调专业操作技能转向注重人的综合、可持续发展能力。优化顶层设计结构,设置通识课程,加强基础文化底蕴,注重职业生涯规划与发展,将德育与教学相结合,开设创新创业课程,在专业知识与技能的培养上,激发学生创新意识,提升创新能力,培养学生适应相关岗位的复合技能。第二,突出课堂教学创新。针对多样化的生源特点进行模块化教学,打造丰富的教学资源平台,学生在课外自主选择适合的课程学习,利用教学资源平台将抽象知识具象化,利用仿真软件强化技能的运用,突出以学生为主体的教学模式,激发学生学习的积极性和主动性。第三,在创新创业方面,构建创新创业课程体系,将创新创业教育融入传统的通识教育、专业教育,实现创新创业教育与专业教育的双向融合。

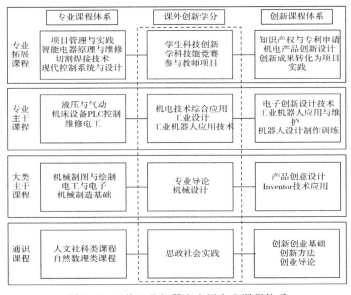

图7-12 P校工业机器人应用专业课程体系

(三)搭建教学资源平台

1.搭建"第一课堂""第二课堂"教学资源平台

P校以"设计、制造、装调"三大核心能力为主线构建第一课堂教学资源平台,针对多样化生源结构加强个性化、移动化学习资源建设,重点开发了线上专业课程、虚拟仿真教学资源库、微课程。第二课堂以培养跨专业的创新能力为主,在培养方案中植入创新能力提升模块,开辟课外技能创新、技能竞赛、学生科技创新、教师科研项目四大创新型职业技能提升通道,解决智能装备领域创新技能不足问题,如图7-13所示。

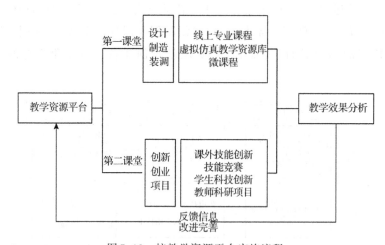

图7-13　校教学资源平台实施流程

第一课堂作为基础技术学习平台,通过夯实专业基础为第二平台的创新创业项目提供知识保障。在第一课堂,学生主要进行通识课程、专业基础课程的学习,进行多元技能训练。第二课堂通过课外技能创新、学生科技创新、教师科研项目、技能竞赛等多种途径,加强学生对抽象知识的理解与应用,提升学生创新能力和学习的自主性。前者提供基础支撑,后者提供技能拓展平台,通过两大课堂的有机结合,吸引学生积极参与科研项目,了解创新魅力,激发创造热情。

2.建设工业机器人实训基地

W校紧跟行业发展趋势,引进先进技术与装备,依据"产教融合、工学结合、服务应用、引领发展"的思路,集训研创于一体,与企业共建训研创一体化的"物联网+工业机器人"实训基地,完善训研创一体化实践教学体系,推动专业教育与实践教育相融合,打造教学与服务相结合的师资队伍,开放智能电气工程应用技术研究中心,强化专业社会服务。

如图7-14所示,以产教融合、服务企业技术需求引领实训基地建设。W校在原有自动化实训基地、科技创新服务平台的基础上,以智能装备技术支撑为重点,联合ABB(中国)有限公司、三菱电机自动化(中国)有限公司,共建"物联网+工业机器人技术"示范实训基地,支持产学研创。改建或扩建"物联网+工业机器人"实训基地的自动化生产线与物联网技术实训室,升级PLC应用技术实训室,新建焊接机器人实训室、抛光机器人实训室、铣削机器人实训室、虚拟仿真实训室等智能装备关键技术实训室,重点支持工业物联网、工业机器人等新技术的技能人才培养,从而完善以实训为基础、以研发为动力、以创新创业为导向的实践教学体系,推进专业教育与创新教育相融合。将企业各生产部门集成为一体化实训基地,建设具有真实工作情境的实训基地。主动为学生开放实训基地,让学生真正了解企业工作环境,明确企业的技术革新与技能要求,有助于学校对学生职业技能的培养与学校能力的提升,并且将实训基地转为创新服务平台,提升平台的利用率,增强学校的社会服务意识。

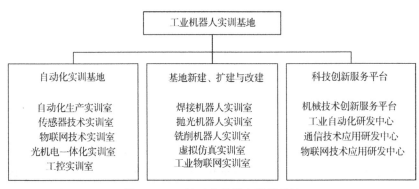

图7-14 W校工业机器人实训基地

（四）技能考核与评价

结合工业机器人领域的技能特点,围绕职业技能构成要素,校企导师协同建立了职业技能评价标准和成果认定标准,学校教师和企业导师分别按照专业技能要求、企业岗位技能要求设定有效的考核标准,并在此基础上建立学业评价体系,对学生的知识与技能进行审核,评判学业成绩。学校教师通过学业考试了解学生专业基本知识的掌握情况,并通过标准评价对实训项目完成情况对学生进行考核。企业导师根据企业设立的技能人才考核标准,结合实习岗位任务完成情况、技能掌握情况和工作总结予以业绩认定,实习期间的工作业绩都列入评价范围,如图7-15所示。学业考核相当于企业的绩效考核,企业导师根据企业技能考核标准,对照实习目标和技能要求,考查学生的工作完成情况、工作职责履行程度,以及实习期间的态度表现。在考核中对职业素养给予加权,最后结合校企双方的评价进行有效的技能反馈。

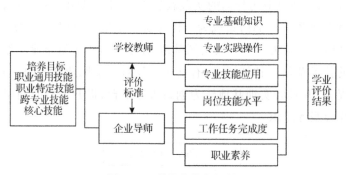

图7-15 技能考核与评价

笔者通过文献法、访谈法、问卷调查法、案例法等,深入了解智能装备领域相关企业的技能人才需求,走访相关职业院校,以职业技能为突破口,提供技能匹配与发展路径,得出以下结论:在缺乏国家职业标准和行业指导标准的情况下,职业院校依托传统专业开设智能装备领域新专业,立足区域产业需求,将岗位技能要素逐层分解量化,进而将企业真实的工作过程转化为教学过程,实现技能人才与产业需求的有效匹配。课程体系的构建并非相关专业课程单一形式的整合,而是以职业技能为教学目标,使相关专业课程在最大限度上交叉融合。职业院校为提升技能的匹配度,根据企业技能需求建立信息化平台,开发丰富的学习资源,并将传统实训基地升级为智能化实训基地。

第三节　智能装备(工业机器人)领域技能匹配路径

一、智能装备领域职业技能匹配目标规划

职业教育是实现劳动力生产和再生产的重要手段,智能装备领域发展对职业教育提出了新要求。在产业转型升级背景下,职业技能高度集成化、综合化,低技术岗位逐渐消亡,高新技术岗位大量涌现,岗位技术要求也越来越高,技术的迭代加速,对技能的可迁移性、综合性要求不断提升。智能装备领域企业对劳动者的要求已不再是掌握操作技能和单一技术。随着时代发展,劳动者的观念意识不断改变,除了掌握一技之长外,他们更多希望得到国家、社会和组织的认可。对智能装备领域职业技能匹配内涵的梳理,可提升职业可持续发展的能力,应对技术的更新迭代。职业院校学生正处于人生发展的重要阶段,视域由外向内转换,开始不断进行自我审视,基于马斯洛需要层次理论,这个阶段的技能提升在满足日常生活需求的基础上,开始向获得尊重和自我实现的需要转变。因此,智能装备领域的职业技能匹配内涵分析对提升职业可持续发展能力和技能迁移能力尤为重要。

(一)智能装备领域职业技能匹配的目标

1.促进智能装备领域职业教育的可持续发展

以创新为核心的智能制造对技术技能人才的规模和质量提出了新需求,要求职业教育既能培养出适应市场动态需求,又能满足学生自身发展需求的技能人才。因此,职业教育要与企业精准协同合作,搭建数字化技能提升平台,对接企业的真实需求,实现技能人才有效供给的同时,促进职业教育在智能装备领域的可持续发展。职业教育要从技术革新趋势等宏观要素

出发,及时动态调整人才培养目标和专业方向,以区域经济产业链等中观要素作为优化专业设置、课程体系和师资力量的标准,建立校企共同体双向互通机制,实现专业群与企业岗位群的有效对接,再以学生自身成长发展需求的微观层面与专业培养方案、课程实施与评价相融合。

2.明确政府和企业权责

针对智能装备领域的发展,我国的相关政策重心应不断由"内"向"外"转移,政府对职业教育的发展始终高度重视,各级地方政府陆续出台了相关政策。例如,浙江省重点实施职业教育"三名工程",建设50所省级职业名校,推行现代学徒制改革试点等,旨在强化职业教育内涵,提升技能型人才培养规格,但职业教育存在文本繁杂与实践领域消沉并存、政策供给过剩与资源供给不足并存、职业技能与企业需求不匹配等一系列外部问题,[①]外部问题无法解决,再有利的内部政策也难以落实。鉴于此,应加强职业教育的外部联系,明确政府、企业和学校的职能,教育行政部门牵头推进政策法规制定、经济转型与职业教育体制机制改革,提供外部保障;落实政府、行业、企业等各级各类主体的责任,完善职业教育发展政策,发挥政府职能,引导社会树立正确的工匠价值观。

3.设定智能装备领域相关课程的教学范围

我国职业教育的专业设置和课程体系构建主要依据国家职业标准,然而,智能装备领域新兴的大量产业,并未在国家职业标准或行业标准中出现,这对专业设置造成一定障碍。大量职业院校在智能制造领域求新、求变,但由于缺乏配套课程和师资等,盲目跟风现象严重,大量经费购置的先进设备沦为摆设,所以,为提升企业和学校的技能匹配度,根据智能装备领域技能目标,需要将职业技能量化为职业通用技能、职业特定技能、跨专业技能和核心技能,深入分析智能装备领域企业岗位的工作流程,明确岗位技能、职业素养要求,进而按照行业企业发展趋势,在内容、方法等层面整合课程内容,提高技能匹配度。

---

① 查吉德.治理现代化视角下的职业教育政策供给分析[J].河北师范大学学报,2017(1):67-73.

（二）智能装备领域职业技能匹配主体

智能装备领域技能匹配的主体是政府、企业和学校,政府协同各部门,在职业技能匹配中起指导、统筹和协同作用。各地政府在主导经济发展过程中,致力打造示范企业,通过示范企业形成集聚效应,将形成集聚效应的产业群向整个产业推广辐射,最大限度规避企业风险,确保经济效益增加。职业院校技能供给依托于以政府为中心的劳动力市场服务平台,可有效强化新兴技术企业岗位与学校技能培养的联系。企业与学校不再是面与面的对接,而是以技能为节点进行点对点匹配,采用劳动合同或协议强化松散组织对接,[①]如图7-16所示。

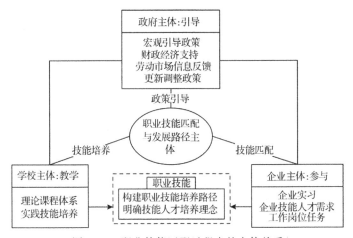

图7-16 职业技能匹配过程中的主体关系

校企联合提升职业技能需要发挥多主体协同作用,学校的主要任务是夯实学生的专业知识,学生在具备基础技能的前提下进入企业可提升实践能力,从而提升学校就业率,改善生源质量,吸引优质师资。技能人才培养方案应以区域经济为导向进行精准定位,校企合作过程中应凸显专业特色,企业应在技能引进、技能管理、技能评价等方面建立有效的工作流程,参照技能人才培养标准制定合理的培养方案,使实习技能具备规划性、阶段性、

---

① 许晓东,吴昌林.产学关系的形成、障碍与合作模式[J].高等工程教育研究,2008(3):15-20.

针对性。

二、智能装备领域职业技能匹配路径分析

智能装备领域的技能匹配要素涉及技能人才培养规格、专业设置、课程体系、教学资源平台、评价机制等,如图7-17所示,以职业技能为导向构建专业目标,明确技能人才培养规格,构建专业课程交叉融合的模块化课程体系,对应真实工作任务开展项目化技能实训,完善职业技能进阶通道,搭建与技能目标相匹配的数字化资源平台和智能化实训基地,建立多元技能评价体系规范化进行劳动技能和职业素养的考核评价。

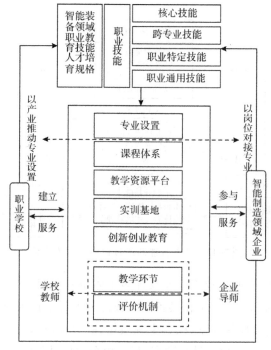

图7-17 智能装备领域职业技能匹配与发展路径

(一)技能人才培养规格

由于智能装备领域的新兴专业缺乏国家职业标准,经走访调研相关专

业(如工业机器人专业)的培养计划发现,职业院校的技能发展目标以企业工作岗位要求为主,进而分解工作任务,将技能人才分为高级、中级、初级三级,注重综合技能和可持续发展能力,如表7-4所示。

表7-4　工业机器人专业职业技能基本要素

职业技能基本要素		职业技能
职业通用技能	通用基础知识	机械制图、机械制造技术、电工电子技术、液压与气动、单片机应用、PLC控制系统、数控加工编程、传感器技术
职业通用技能	通用基础技能	典型机电设备安装与调试能力、PLC控制系统选择、编程及调适能力、基本文件搜集整理能力、计算机应用能力、计算能力、电子线路识读和绘制能力、机械零部件认知和拆装能力、液压气动元件选择与装配调试能力、常用仪表使用能力
职业特定技能	工业机器人特定知识	工业机器人工作原理、工业机器人机械部件结构、工业机器人电气元件、工业机器人电气工作原理、数控设备典型电气控制原理、机器人电路图及控制电气控制原理
	工业机器人特定技能	工业机器人操作能力,工业机器人系统离线编程能力,工业机器人系统调试与维护能力,工业机器人机械结构安装调试能力,RV减速器、谐波减速器、末端执行器安装、螺旋齿轮安装与调试,工业机器人手臂平衡机构安装与调试,工业机器人电气控制部分安装调试能力,工业机器人示教编程能力,工业机器人本体安装与调试,工业机器人电气控制柜安装,工业机器人故障检修,工业机器人日常维护保养
跨专业技能		焊接能力、切割打磨能力、包装能力、销售能力、管理经营能力、创新能力
核心技能		环境适应能力、自我管理能力、职业规划能力、知识迁移能力、职业素养

　　职业通用技能涵盖扎实的专业基础理论,为职业特定技能和跨专业技能夯实基础,包括机械制造技术、电工电气技术、液压控制技术、基本数字控制技术,以及相关领域的调试、控制、计算、结构分析等。职业特定技能建立在职业通用技能基础上,进一步涵盖特定专业领域的技能体系,包括机械部件结构、电器元件、典型电气控制系统、系统调试安装与维护等领域。跨专业技能是为了适应传统制造企业向智能制造企业转型所需的技术迁移能力,如汽车、3C、塑料橡胶、化工、纺织、物流、航空行业等行业企业转型中的生产、管理、销售、创新等能力。核心技能是在上述三项能力基础上的核心

素养内化。

(二)职业技能导向下的工业机器人专业课程模块化体系

职业技能导向下的工业机器人专业课程模块化体系是基于工作岗位分析,按照岗位技能需求划分职业技能基本要素,将岗位技能转化为职业技能,将工作过程转化为教学过程,以职业技能基本要素为主线进行课程模块化整合,相关技能交叉融合,理论体系与实践体系动态对接,使专业课程从单一性向多元化拓展,每种岗位类型的工作内容都由不同的职业技能组成,每项职业技能则需要多个技能模块支撑,每个技能模块由若干课程或教学环节串联而成,如图7-18所示。

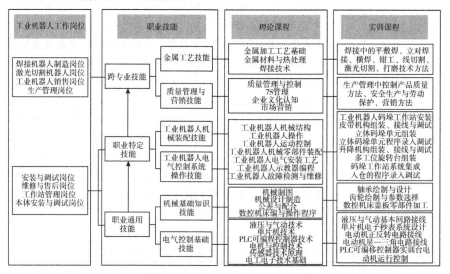

图7-18 以职业技能为导向的工业机器人专业课程模块化体系

调研发现,工业机器人专业大多从传统机械电气类专业改造升级而来,不同专业课程之间仅仅是形式上整合,导致职业技能分化,所以工业机器人专业课程模块化体系中,将技能体系划分为不同的层次,在同一层次将机械制造和电气控制课程进行交叉融合,从而提升技能融合应用能力。职业特定技能中包含机械装配技能和电气控制系统操作技能,在实际工作情境中,工业机器人本体需要机械和电气部件共同安装调试,例如,实训环节中工业机器人码垛工作站安装项目,要按照工序流程分别对皮带机构、码垛单元、升降机等进行组装与接线调试,所以在技能训练中要将工业机器人机械结构、操作与运动控制相结合,机械零部件装配与电气安装工艺相结合,按照实际工作过程开展技能训练。

以职业技能为导向的工业机器人专业课程模块化体系中,每一部分的理论体系都有与之相对应的实训模块,保证学生的专业知识体系始终与具体的专业实践相对应,在理论学习过程中提升实践技能,实践技能训练使抽象的理论概念具象化,学生在学习专业内容的同时体验真实的工作情境,产生感性认识,从而获得与岗位技能和工作过程相关的实际技能,[①]有利于专业技能的内化。例如,电气控制基础技能训练过程中,学生在理论环节学习液压与气动技术、单片机技术、PLC可编程控制器技术、电机与控制技术的同时,要进入实训基地参与液压与气动基本回路接线、单片机电子秒表系统设计、电动机正反转与星—三角电路接线以及PLC可编程控制器实训台电动机运行控制等对应的实训环节,理实结合有助于技能的快速内化。

(三)开设与工作任务相对应的进阶式职业技能实训项目

每个职业技能实践课程都对应真实的工作岗位任务,在实训课程设计过程中,按照工作任务,从基础到综合的职业技能实训项目如图7-19所示。

工业机器人安装与调试基于工作岗位分为安装机器人设备、对机器人设备进行调试、排查检测机器人设备故障、对机器人故障进行维修。根据工作岗位技能的重要性及工作分析流程开设工业机器人安装与调控实训,其划分为四个不同项目,包括安全操作项目、工业机器人机械零部件装配项目、工业机器人电气安装与调试项目、工业机器人本体现场安装项目、工业机器人故障检修项目,每个项目都包括实践环节,按照从简单到复杂的步骤进行,形成整体的工作任务链。实训课程的实施要在不同的实训平台基地进行,学生之后进入企业的真实工作情境,在企业导师指导下进入更深入的内化阶段,完成实训课程后,学生对工业机器人安装工序及工艺、调试方法都有了深层次理解,有助于其安装、调试、维修等技能的强化。与传统课程体系相比,按照工作过程进行实训技能项目化,以技能输出为导向,可以使

---

① 赵志群.职业教育与培训学习新概念[M].北京:科学出版社,2003.

课程的设置更灵活,有利于专业技能的掌握与运用。职业技能导向下的工业机器人专业课程模块化体系,一种职业技能由多个模块组成,一个模块可以由一门或多门课程组成,模块中既包含理论课程,又有对应的实践环节,将不同教学内容整合的同时,又具有连贯递进性。

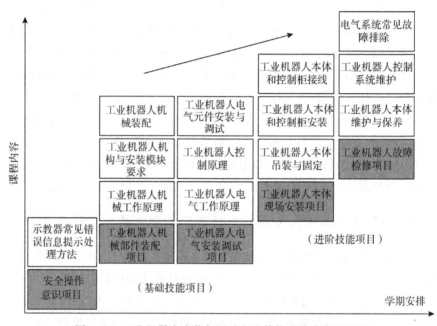

图7-19　工业机器人安装与调试职业技能进阶式实训项目

(四)数字化教学资源平台与实训基地建设

1.数字化教学资源平台搭建

在工业机器人专业教学过程中,学校应该打造线上和线下立体的数字化教学资源平台,如图7-20所示。

数字化教学资源平台具有多个功能。首先,教学资源平台是一个共享开发的平台,线上开设知识学习平台和职业技能仿真平台。教师可以把大量基础知识、辅助教学的视频和音频放进云课堂中,并且增加专业概论课程资料,学生在专业课学习之前通过专业概论课程可对所学专业有概括性的认知,增强学习自主性。其次,教学资源平台是融合式学习空间,学生可以进入线上职业技能仿真平台,对于抽象化概念进行仿真操作,对抽象化概念进行具象化理解。在进行专业实践时,可以根据不同课程选择不同的仿真平台进行仿真操作。线下教学资源平台可以作为教学活动设计和教学评价的反馈系统,根据反馈信息调整课程内容和教学环节。教学资源平台的开放强化了不同技能间的联系,学生可以探索多种教学资源,合理安排学习时间,完成个性化学习。

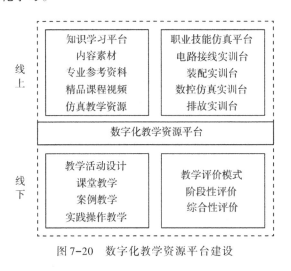

图7-20　数字化教学资源平台建设

2.智能化实训基地建设

工业机器人实训基地建设应以职业技能为导向,与课程教学环节相结合,充分体现实践教学功能、平台服务功能、科技创新功能。首先,需要分析智能装备领域企业岗位的工作过程,提炼并分解典型工作任务,逐层构建职业技能体系,该部分需要行业企业和专家协助进行。其次,完成岗位工作过程向职业技能教学过程的转化,按职业技能基本要素划分技能培养规格,将分解好的工作任务及工序步骤转化为课程内容,构建智能信息化的专业平台,根据工业机器人技术发展趋势,全面综合论证实训基地建设方案。再次,从基础教学到项目实践,将实训基地的应用对接每个教学环节,实训基地建设遵循高低搭配、虚实结合的原则,所谓高低搭配指的是,实训基地要保持前沿技术的适应性,就要不断购置新设备,但真实的机器设备价格过于昂贵,需要教学用仪器设备进行补充;虚实结合指的是,在操作真实企业设备的同时,运用数字孪生等技术开展虚拟仿真教学。最后,实训基地建设中要秉持现实性、实用性、通用开放性原则。工作情境的体验力求真实,立足于工业机器人岗位群而非单一岗位对技能的要求开展实践操作和综合素质训练。

3.创新创业平台建设

创新创业教育从普及、分层筛选到分类培养,需要建立创新创业支撑服务平台,该平台可以由创新实验室和校企实训基地(创新实践基地)组成。首先,创新实践基地定位要高于专业教学层次,为学生技能竞赛和课外创新实践活动提供硬件支持。其次,建设创业模拟实验室,对有意愿创业的群体进行有针对性的创业意识培养,提高创新技能。最后,建立完善的创新成果转化机制。依托科技创新实践、技能竞赛、科研项目和科技创新项目孵化,基于不同的项目路径进行创新创业能力训练。

(五)职业技能评价体系

校企技能匹配过程中,校企双方共同对学生的表现进行打分评价,体现评价的客观性和全面性,这对于学校教师和企业导师的教学环节有着重要的导向作用。评价主体分为校内评价主体(教师)、学生评价主体和第三方评价主体(企业导师),如图7-21所示。教师主要对学生在校期间的学业成果进行考核,学生进行自评或同专业、同实习部门互评,企业导师依据实习情况打分。评价方式多元性。评价过程要做到理实平衡,既不能过于侧重专业理论测评,也不能偏向实践技能水平考核,以过程评价为主,结果评价为辅。重点考查学生阶段性技能项目学习成果以及相关理论的掌握情况,并且要更加重视对职业素养的评价。要在不同的学习场所进行打分统计,这样的评价机制构建有一定难度,但随着信息化质量评价系统的发展,也可以采用信息化手段,建立工作出勤率、工作任务完成度、技能操作精准度等数据采集平台,指导者根据实际情况上传数据,基于职业技能要求对平台数据进行分析,了解职业技能掌握的程度,也可以结合工作报告材料检查、工作过程沟通交流等方式建立有效的评价机制。

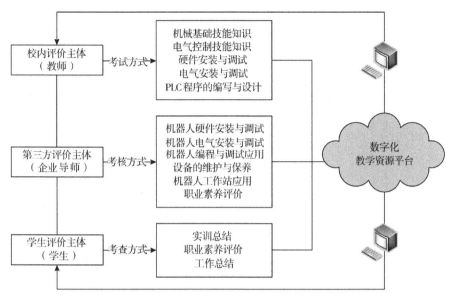

图 7-21　多元化技能评价体系

第八章　行业标准下智能制造领域现代学徒制技能匹配策略

第一节　西方学徒制下的技能发展体系

学徒制在不同国家有不同的形态。根据欧洲学徒制的特点,学徒制分为"需求引导型"(demand-led)和"供给引导型"(supply-led)两大类。需求引导型学徒制中,雇主具有极高的责任感与使命感,行业企业具有极强的培训意识,学徒制教育与全日制教育分开进行,如德国和瑞士。供给型学徒制与需求型学徒制相反,雇主的责任心较差,企业培训力量薄弱,学徒制主要依托全日制教育,如英国和法国。虽然国外没有明确表明现代学徒制的构建需要对接行业标准,但行业标准是现代学徒制有效开展的重要因素。

一、德国——行业协会制度

德国的"双元制"在世界范围内是技能人才产出的典范。德国"双元制"的特点是行业为企业和职业教育搭建沟通桥梁,行业导向性强,在行业协会的统筹下,行业标准贯穿技能人才培育全过程,保证人才评价体系与行业标准的匹配度。德国"双元制"管理体系分为联邦层面、州层面、地区层面和培训场所层面,各机构的职责如图8-1所示。

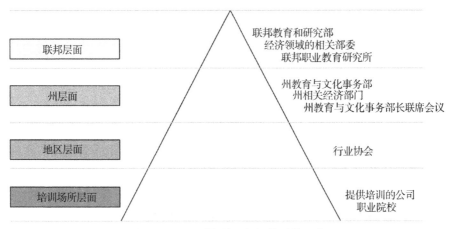

图8-1 "双元制"的组织机构及其职责

德国承袭了行会在学徒制中占据主导地位的传统,行会成立职业培训委员会,由雇主、雇员代表、职业学校教师组成,行会的职责包含发布相关规范(如考试章程);向培训师和学徒提出参考意见,如对学徒岗位变动等提供建议;根据学徒在学习期间的表现给予学分等。学徒学习以相应的行业标准为依据,学习内容以工作岗位标准为导向,尤其注重可持续发展能力培养。德国学徒制与职业资格的关联度较高。德国对行会有统一规范的评估程序,保证了将行业标准贯穿于技能提升的全过程。

二、英国——行业技能委员会制度

英国20世纪90年代进行了现代学徒制改革,1955年至1960年,英国工业产量的年均增长率仅2.5%,同一时期德、日、意、法等国的年均增长率分别为6.4%、9%、5.4%、4.8%。[1]1964年3月,英国颁布《产业培训法》,其对学徒制的发展具有里程碑意义。《产业培训法》规定各行业成立产业培训委员会,以确保校企合作机制畅通,由产业培训委员会推出该行业的"标准培训计划",通过各种方式对学徒的技能提升提出要求。英国学徒制官方网站显示,学徒制覆盖以下范围:(1)农业、动物养护及园艺;(2)艺术、媒体与出版;(3)商业、行政与法律;(4)建筑、规划与环境;(5)教育与培训;(6)工程与制

---

① 翟海魂. 发达国家职业技术教育历史演进[M]. 上海:上海教育出版社,2008.

造技术;(7)护理、公共服务与保健;(8)信息与通信技术;(9)旅游、观光与休闲;(10)商业与零售。英国现代学徒制的管理体制非常复杂,最大特点是各行业企业代表成立行业技能委员会,整个英国共有17个,覆盖80%的行业。行业技能委员会负责开发国家职业标准、学徒制框架及技能等级证书。[①]学徒制框架由四个维度构成:能力要求(职业资格)维度、知识要求(技术资格)维度、可迁移技能(英语/数学/信息技术)维度及就业责任维度。与德国不同,英国现代学徒制体现了目标导向的管理战略,使学徒制与行业发展实现无缝对接,[②]值得我国借鉴。

三、澳大利亚——国家行业技能委员会制度

澳大利亚的学徒制采用"政府+行业"的双重规范模式,2006年澳大利亚成立了国家行业技能委员会,其主要职责是向职业技术教育部部长委员会提供职业教育与培训相关的咨询建议、制定职业培训计划、确立企业与政府的合作方式等。国家行业技能委员会可以及时了解行业需求并调整政策,确保产教之间形成信息通路。澳大利亚集中具有不同行业背景的专家设立了11个行业技能委员会,对各行业岗位技能进行需求分析,行业技能委员会负责全方位搜集就业信息,将有关行业技能和培训需求提供给政府并不断丰富培训包。

第二节　基于行业标准的智能制造领域现代学徒制内涵

2017年,我国最新修订的《国民经济行业分类》中对"行业"的定义如下:"行业(或产业)是指从事相同性质的经济活动的所有单位的集合。"我国自古有"三百六十行,行行出状元"的说法,这里的"行"也指"行业"。国际行业分类标准框架下,各国制定了各自的行业标准,我国的行业分类较为复杂,

---

① 郑新悦.中国古代艺徒制与英国现代学徒制的比较研究[D].长沙:湖南师范大学,2012.

② 关晶.职业教育现代学徒制的比较与借鉴[M].长沙:湖南师范大学出版社,2016.

共有农、林、牧、渔业，采矿业，制造业，电力、热力、燃气及水的生产和供应业、建筑业，交通运输、信息传输等20个门类、97个大类、473个中类、1380个小类。

随着"机器换人"的出现，制造业去技能化的趋势越发明显，技能短缺现象日趋严重，智能制造系统会导致中低端技能型人才需求减少，更多中高技能岗位出现。随之而来的问题是，当前时代背景下我国智能制造领域究竟需要什么样的技能型人才？丹尼尔在《后工业社会的来临：对社会预测的一项探索》中认为：在以科学为基础的工业化扩展的过程中，社会需要的是更多的工程师、化学家和数学家。然而，目前越来越多的学者认为，新工业社会迫切需要的，既不是掌握传统手工技能的人才，也不是纯粹精通科技的人才，而是具备深厚的专业知识储备、在行业内能够可持续发展的人才。现代学徒制在培养与企业岗位相适应的员工的同时，更注重对其可持续发展能力的培养。通过革新课程体系，改良教学设计，培养学生反思创新的能力，可促进学生可持续发展。因此，根据上述分析，本书从以下维度解析基于行业标准的现代学徒制内涵。[①]

一、行业标准

《现代汉语词典》把"标准"解释为：对事物衡量的标准。《中华人民共和国标准化法实施条例》规定行业标准由国务院有关行政主管部门编制计划，组织草拟，同意审批、编号、发布，并报国务院标准化行政主管部门备案。行业标准是行业对重复性事物和概念做的统一规定，根据科学、技能和实践经验总结的综合结果，得到上级部门的认可，成为行业内必须遵守的统一规则。

二、现代学徒制

要准确领会现代学徒制的内涵，可以基于对"现代"和"学徒制"两个词语语义的理解。首先，"现代"是一个时间状态的概念。谢中立将"现代"分

---

① 周琳，梁宁森.现代学徒制建构的实践症结及对策探析[J].中国高教研究，2016（1）：103-106.

为泛指与特指两种含义：泛指层面上，它是用来作为目前和此刻的代名词，指的是此刻的时间状态，目前的经验；特指层面上，它指的是人类历史演进过程中的某一特殊阶段，它对应于"古代"[①]。关于学徒制，《新哥伦比亚百科全书》写道："学习一种技能或行业的基本准则，并为他们的学习付出一定年限的劳动。"关晶、石伟平认为，对"现代"的理解不能仅从时间概念上出发，它应该代表一种特殊的种类或性质，在本质上，体现现代学徒制与传统任何学徒制之间存在的特殊差异。[②]刘家枢、王向东认为现代学徒制是以当代经济、社会和教育制度为基础，建立的一种新型教育体制，其传承了传统学徒制的基本模式，即在劳动现场进行生产性职业教育。[③]笔者将"现代学徒制"界定为：在当前快速发展的智能制造领域，技能型人才的培养目标确定，通过职业院校与企业的深度合作，基于真实的工作环境，采用"传统学徒制+职业教育"的教学方法，培养符合行业标准的、满足行业技能要求的一种职业教育新模式。

三、行业本位的现代学徒制

现代学徒制要求职业院校和企业共同承担技能型人才培育的责任，但基于行业标准的现代学徒制却体现了行业本位的特点，体现在两方面：首先，现代学徒制强调职业能力的发展，职业能力标准建立在行业标准基础上，企业遵守的行业标准是建立职业能力标准的主要依据，企业职业能力标准以行业标准为基础。其次，行业才是现代学徒制开展的主要场所，基于行业标准的现代学徒制立足于整个行业需求，对学徒的训练并不局限于单个企业或具体岗位标准，因此，在智能制造领域的现代学徒制中，学徒应掌握基本理论和通用技能，并具备可在同行业中多个岗位转换的可持续发展能力。

---

① 谢中立."现代性"及其相关概念词义辨析[J].北京大学学报（哲学社会科学版），2001(5):25.

② 关晶，石伟平.现代学徒制之"现代性"辨析[J].教育研究，2014(10):97-102.

③ 刘家枢，王向东.现代学徒制度变革本质特点与建立路径研究[J].职教论坛，2016(10):5-12.

四、标准化的现代学徒制

现代学徒制是以行业标准和校企合作为基础的技能型人才培养模式，即行业订立标准、校企共同培养。现代学徒制规定的职业能力标准由行业制定，具有需求导向的特点，体现了员工的综合素质要求、技能要求和职业要求等。从中世纪行会制度开始，学徒制便与特定的从业资格标准联系在一起，师傅传授的技能要符合整个行业标准。

智能制造对技能型人才的规格和质量都提出了新的要求，劳动者不能以某个企业的单一岗位的能力为出发点，而要具备行业通用的可持续发展能力。基于行业标准的现代学徒制指政府、行业协会、企业、学校共同参与技能人才培养的全过程，各参与主体根据行业标准和市场需求共同制定现代学徒制技能目标，涵盖专业知识、操作技能、职业道德及职业素养等维度。通过构建专业教学体系、素质教育体系和技能实训体系，学校教师和企业导师在一定时期交叉开展训练，学徒在培训期满接受知识、技能和素养三个维度的考核评价。知识包括文化基础知识和相关专业理论，技能包括知识技能、操作技能、转岗技能，素养包括人文素养、职业素养，如"工匠精神"等，考核合格获得学校颁发的学历证书及职业资格证书。对于文化基础知识要求不高，其包括一些必修课程，如英语、计算机、政治和数学等，技能方面要求学生能够独立完成相关岗位的技能操作，熟悉相关岗位的技术操作流程，具有一定的岗位适应性和转岗迁移能力。素养方面要求学生形成正确的世界观、人生观、价值观，遵守行业道德和职业法规，爱岗敬业，积极学习，工作热情，努力进取。技能实训以结构化的方式进行，第一学年学校开设专业基础和职业体验相关的课程，第二学年重点培养学生的专业核心能力，第三学年学生要在企业完成为期两个月的顶岗实习，校企之间会举行隆重的拜师仪式，理论知识学习主要在学校完成，实践采用企业现场教学或个别化教学的方式进行，实践课时应占总课时的1/2以上，这样才能确保学生有充足的时间在企业进行系统学习。

第三节　基于行业标准的智能制造领域现代学徒制调研

学徒制是技能人才发展的初始形态,源于早期文明中孩子模仿父母等方式学习基本生活技能的劳动教育,其后来演变为师傅带领学徒共同参与实践生产活动,学徒在师傅的指导下获得知识和技能。在生产力落后的手工业时代,家庭传承成为技能传承的主要方式,以血缘为纽带传递手工技艺。随着生产力的发展,社会组织形态发生很大变化,社会由手工业时代向农业经济时代转变,最初以家庭血缘关系为基础的学徒制,因自身限制无法满足社会生产分工的需要,逐步退出历史舞台,传统学徒制也自然走出家族传承体系,演变为一种广泛的技术技能传承方式,开启了技能传承的新发展阶段。

一、研究思路与调研方法

本研究对基于行业标准的现代学徒制技能衔接模式进行内涵界定,在分析历史脉络基础上进行现状调查,找出专业技能和专业素养提升过程中存在的问题,继而对智能制造领域现代学徒制典型案例进行分析归纳,构建基于行业标准的现代学徒制体系,提出智能制造领域基于现代学徒制的技能匹配策略与建议。

本研究涉及以下研究方法:(1)文献研究法,以智能制造为背景,围绕行业标准和现代学徒制两个核心概念,探究基于行业标准的现代学徒制技能生成机制,搜集、整理、解读有代表性的权威文献,从理论、逻辑、历史以及比较视角对文献进行分析,解构智能制造领域技能匹配的原理。(2)问卷调查法,基于行业标准对现代学徒制开展问卷调查,调查对象包括智能制造领域相关人员(学徒、职业院校领导、企业领导等),直接获取与本研究相关的一手资料。(3)案例研究法,对 X 校、Y 校、F 校、H 校的现代学徒制现状开展实地调研,对合作企业的相关领导、行业协会专家、企业导师、学校领导以及专业部长进行了访谈调查,深入了解行业、企业的人才需求标准。通过与 F

校、H校主要领导的访谈,笔者了解了智能制造领域技能提升的典型案例,并对案例进行了深入剖析,形成了智能制造领域技能提升的普适性策略。

二、智能制造领域现代学徒制现状调查

职业资格证书的获得率是学生专业能力是否达标的重要依据,技术工人只有持有相应的资格证书才能正式上岗,职业资格证书的考试内容主要来源于行业标准,因此,可以从获得职业资格证书的情况考察学校在专业培养过程中对行业标准贯彻的程度。国家职业标准对劳动者的专业能力做出了明确规定,如学历专业、职业能力、职业经验等方面,还规定了取得该行业职业资格证书所要达到的标准。笔者调查了2016年智能制造领域相关专业学生获得职业资格证书的情况,其反映了劳动者专业技能与行业标准的对接程度。

如表8-1数据所示,智能制造领域相关专业学生获得职业资格证书的比例集中在20%—30%,仅加工与制造类、计算机技术类有超过50%的学生获得职业资格证书,这说明职业院校在专业技能培育方面无法满足行业要求。从表8-2数据可知,近年来,全国获得职业资格证书的学生比例低于80%,2016年跌至68%。

表8-1　2016年智能制造领域各专业毕业生获得职业资格证书情况

专业	获得劳动部职业资格证书		获得其他职业资格证书		未获得职业资格证书	
	人数/人	占比/%	人数/人	占比/%	人数/人	占比/%
加工与制造类	1846	48.70	386	4.49	2050	57.40
机械设计与自动化类	2168	35.60	679	10.80	3336	45.30
电气自动化类	2350	32.40	766	9.80	3166	47.90
人工智能类	655	58.40	378	20.70	489	33.70
计算机技术类	6106	54.05	3658	27.46	2890	36.90
信息与通信技术类	4186	34.75	2309	20.57	5790	51.60
交通运输类	3476	29.76	2506	26.54	4885	43.00
能源与新能源类	1287	19.90	894	13.50	4107	53.70

表8-2　职业院校毕业生获得职业资格证书比例

单位：%

年份	获得劳动部职业资格证书	获得其他职业资格证书	未获得职业资格证书
2014	71.88	78.68	68.81
2015	14.77	14.50	15.06
2016	13.35	6.82	16.14

（一）调查问卷设计

调查问卷包括两部分：教师问卷（共11题）和学生问卷（共15题）。调查对象为浙江省开展现代学徒制试点的两所学校的两个专业——X校机械机电技术应用专业、Y校数控机床加工专业的学生。共发放教师问卷75份，学生问卷327份。教师问卷回收70份，有效问卷70份，有效回收率93.3%。学生问卷回收310份，有效问卷300份，有效回收率96.7%。调研对象中女生189人，占55.5%，男生111人，占44.5%，具有一定的均衡性。机械机电技术应用专业和数控机床加工专业均属于智能制造领域相关专业，调查内容为现代学徒制的专业教育、专业实践能力培养与职业素养培养三方面。

（二）调查结果

专业技能体系规划方面，有47%的调查对象认为自己掌握的专业技能并不能完全满足现代学徒制岗位技能需求，说明学校的技能生成体系无法与行业需求有效匹配，技能供需之间还有较大差距（见图8-2）。

实践操作技能是指根据理论指导完成职业活动所必须具备的实践能力，调查中，43%的学生认为相对于岗位需求自己的实践操作技能不足，50%的学生认为专业知识不足，3%的学生认为理论基础不足。

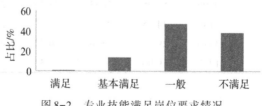

图8-2　专业技能满足岗位要求情况

　　如图8-3调查结果显示,56.8%的教师仍然采用传统的讲授法,26.6%的教师以示范为主,与普通教育的教学方法没有差别。"用粉笔修汽车,在教室里搞研究"的现象较为普遍,在教师讲授的过程中学生昏昏欲睡是普遍存在的现象。39.4%的教师认为学校的课程设置没有依据行业需求,甚至落后于行业需求,48.7%的教师认为理论课程过多,9.2%的教师认为课程结构不合理,学校的课程体系与行业的需求脱节是学生就业难和企业招工难的主要原因。

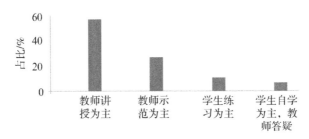

图8-3　技能生成体系的主要训练方法

　　91%的教师认为校内实践技能培养远远不能满足整个行业对技能人才的需求,归结于学校没有基于行业标准开展教学实践。此外,57%的学生基本了解各岗位的行业操作标准,20%的学生完全不了解(见图8-4)。从以上调查数据可知,职业院校课程体系与行业需求脱节,课程偏重理论,技能训练内容过于强调学科体系,导致学生无法胜任岗位,从而造成就业困难。

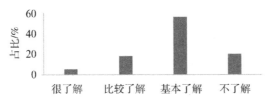

图8-4　学生对各岗位行业操作标准的了解情况

　　职业素养无法用语言和符号表达,这种隐性技能的获取取决于教师及企业导师潜移默化的影响。调查发现,一些学生的职业理想非常模糊,缺乏团队合作精神、吃苦耐劳品质、自主学习能力等。仅有18%的学生理解职业素养的内涵,16.7%的学生了解职业素养的作用,超过50%的学生认为自己不具备职业素养,甚至没有养成职业素养的意识。大多数教师也认为当前的学生缺乏行业所需的职业素养,学校和家庭都应继续加强对这方面的培养。仅有13.1%的教师认为学生具备岗位所需的职业素养,86.9%的教师认为学生不具备职业素养。

通过教师问卷,对当前技能习得者职业素养方面的调查结果显示,100%的教师认为技能习得者的职业素养欠缺,如图8-5所示,团队合作精神的缺失率为27.5%,职业道德修养的缺失率为31.8%,吃苦耐劳品质的缺失率为26%,自主学习能力的缺失率为24.6%,专业技能方面的缺失率为4.3%。

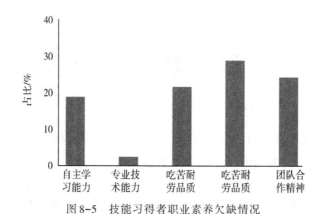

图8-5 技能习得者职业素养欠缺情况

综上,参与调查的技能习得者近300名,54%的群体对工作节奏不适应,将近一半的群体需要一个月才能适应工作岗位。其中,45%认为自己的操作能力不能够满足岗位需求,30%认为自己的团队合作能力较差,缺乏解决问题的能力。从企业方面看,技能习得者素质差异较大,缺乏职业素养和实践操作能力。因此,技能训练过程中应加强对实践操作能力的培养,应注重与行业接轨,了解行业的需求动态,充分把握行业标准,做到理实结合。

第四节 智能制造领域现代学徒制技能提升案例分析

走访调查浙江省开展现代学徒制的职业院校发现,F校现代学徒制的开展模式与行业技能需求的匹配度较高。F校的汽车检测与维修专业是智能制造领域的典型专业,无人驾驶技术、新能源汽车等智能化技术的出现,使整个行业对汽修人才的需求规格有很大提升,那么汽修行业技能人才的培养方式应怎样改变才能适应时代的需求? F校的"企业学区"模式和H校的"三元众筹"技能提升模式,为智能制造领域的技能提升提供了好的思路。

一、F校"企业学区"模式

F校与部分汽车维修企业以"企业学区"为基础开展基于行业标准的现代学徒制。企业在为学徒提供实训场地、实训设备等硬件的同时,还提供导师、住宿等条件,在实训过程中,导师全程进行技能指导。第一学年学校开设相关基础专业课程和职业认知课程,基础专业课程包括汽车维修、汽车零部件维修、汽车钣金与涂装、汽车美容与装潢等。第二学年针对专业能力,学校开设汽车电工电子基础、汽车构造与拆装等课程,提升学生的专业能力。第三学年是现代学徒制的深入开展阶段,学生在"企业学区"进行两个月的实习,实现"交替式"人才培养。从传统燃油车到电动汽车、新能源汽车以及无人驾驶技术,都为汽修行业的技能提升提出新要求。F校在"企业学区"中开展的现代学徒制围绕汽修行业的通用标准,企业导师对学徒的指导严格遵循行业标准,如举升器、安装工具的使用标准;一旦违规将受到企业的严格处罚。此外,采用"多岗轮训""项目教学""工学交替"三种手段,使学徒适应不同岗位的转换。

学徒会在学校教师、企业导师、行业协会专家三方监督下顶岗实习。在教师面前凸显学徒身份,顶岗实习的空闲时间要在教师的指导下完成文化基础知识的学习。在企业导师面前凸显学徒与准员工的双重身份,接受企业导师的基础技能教学以及项目化教学,参与工作任务,同时,在与企业导师的接触中潜移默化习得工匠精神,这种隐性知识的习得在工作中尤为关键。学徒不仅以技能习得为目的,企业同样看重职业素养的发展。因此,由学校教师、企业导师、行业协会专家共同评价学徒的整体素养。对学徒的考察主要集中在专业知识、专业技能和实践水平等方面。在现代学徒制中不遵守职业规范、不执行工作流程、不听从指挥的学徒,可以判定为不合格,实习学分为零,需要重新选择导师学习,或直接中止实训送返学校。

二、H校"三元众筹"技能提升模式

H校机械设计专业开展的现代学徒制是学校、行业协会、企业协同的"三元众筹"技能提升模式。H市作为制造业转型升级试点示范城市,重点发展信息技术、高端装备、生物医药等新兴产业,同时依托机械产业的优势,提升装备智能化水平,建设智能机械制造基地。基地有数百家企业,企业群对技能人才的需求量大,但单个企业的人才需求却有限,这决定了中小企业不可能像规模企业那样招聘大批人才,学校也很难为该类企业的个别需求进行人才定制。由于单一企业的生产业务范围的局限性,依托单一企业培养的学徒必然难以成为行业通用人才。当前校企合作开展的现代学徒制,企业的要求和提供的资源均基于自身的个性化需求,很少考虑跨企业的行业共性技能需求。为有效解决通用性问题,H校机械设计专业通过与部分企业、行业协会合作开展了基于"学校+行业协会+企业"三方协同的"三元众筹"技能提升模式,引入真实的行业项目和行业标准,实现"学生到准学徒、准学徒到学徒、学徒到员工"的转变。H校机械设计专业的"三元众筹"技能提升模式,由学校、行业协会、企业三方组成利益共同体,各方职责明确,学校是学徒培养的发起方和协调者,行业协会成立行业学徒中心全程参与学徒的培养,企业负责学徒的具体培养(见图8-6)。

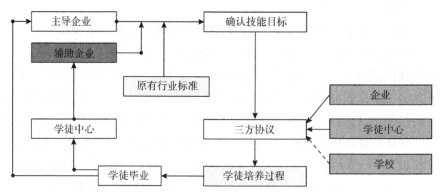

图8-6 以行业协会为中心的"三元众筹"技能提升模式

学徒毕业后,H校与企业直接签订三方协议,严格明确三方责权。学徒与企业签订学徒协议以获得学徒资格,拥有"学生+学徒"的双重身份。企业给予学徒应有的基本权利,学徒享受学徒津贴与岗位津贴待遇。为保证企业的利益,学徒培养采用合同制,明确学徒的服务期。学校、企业、行业协会三方按照"学校定目标、企业定岗位、行业定标准"的原则进行分工合作,建立三方沟通机制。H校成立现代学徒制工作小组,工作小组由系主任、骨干教师、辅导员组成,负责对接项目理事会、协调各委员会的工作;行业协会成立学徒中心,协调对接工作;企业内资深导师成立导师组,制定学徒训练计划,如图8-7所示。

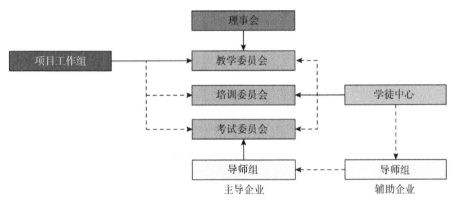

图8-7　现代学徒制三方协同沟通机制

"三元众筹"技能提升模式采用任务式和项目式等工作过程导向的技能训练方式,以四个阶段为一个工作循环进行技能提升方案设计。

（一）培养场地的交替

在技能生成过程中,学习者将在学校、企业、学徒中心三个场所接受实训,学习场所发生变化使得学习者的身份也随之改变。在学校凸显的是学生身份;学习者在学徒中心具有双重身份,即学生和准员工,从事基本技能和模拟项目学习,直接参与项目运作;在企业凸显学徒身份,学习者在企业导师指导下作为项目成员参与企业实际生产项目,在真实工作环境中学习和实践,所有项目均是真实的企业项目,学习者要将每个项目分解成若干工序,然后基于真实工作情境完成项目开发。

(二)任务式课程开发

"三元众筹"技术提升模式中颇具特色的是学徒培养课程,学徒培养课程分为学校课程和企业任务课程,课程均由学校教师、企业导师和行业协会专家根据最新行业标准与行业需求开发,学校课程和企业课程交叉融合,以学期为单位逐渐增加企业课程的比例。学校课程要求学徒掌握机械制造领域的基础理论,企业课程则通过真实工作情境培养学徒的实践技能。学校课程与企业课程均为任务式课程,任务分为基础任务、行业共性任务、企业个性化任务三部分,分为非生产性任务和生产性任务两种,如图8-8所示。

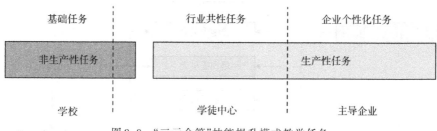

图8-8 "三元众筹"技能提升模式教学任务

(三)分段式教学组织

"三元众筹"技能提升模式中教学组织实行工学交替,如表8-3所示,三方联合培养,学校教师和企业导师共同带徒实训,学习场地定期交换。第一学期以学校教师为主体,理论学习和操作实践交替进行,每周校企课程的比例为4:1,即四天理论学习和一天企业实践,教学场地设在学校或学徒中心;第二学期以学徒中心培训为主,每周校企课程的比例为2:3,即两天岗位项目实践和三天一体化学习训练,教学场地设在学徒中心;第三学期分为岗位项目实践和专业理论教学,两者比例为4:1,根据项目需求进行教学场地安排,可设在学徒中心或企业加工现场;第四学期的重点放在企业,企业导师负责岗位实训,学校教师负责理论指导,学徒每周五天在企业进行岗位项目实践。

表8-3 分段式学徒培养教学组织模式

学期	教学组织	
第一学期	教学做一体化学习	岗位认识
第二学期	教学做一体化学习	岗位项目实践(跟岗)
第三学期	项目集中	岗位项目实践(跟岗+顶岗)
第四学期	岗位项目实践(顶岗+独岗)	

（四）考核组织与实施

学校、学徒中心和企业组成测评委员会,分阶段考核学徒是否达到阶段性目标。第一阶段重点考核职业素养,涵盖职业意愿、职业形象、精神面貌三个测评类别;第二阶段重点考核职业能力,包括学习能力、技术手段、项目标准三个测评类别;第三阶段重点考核学徒岗位胜任能力,涵盖简历呈现、技术项目完成、职业规划、工作常识等职业经验和岗位技能测评点。

第五节 智能制造领域现代学徒制技能发展路径

一、基于行业标准的现代学徒制技能提升体系构建

（一）满足行业新需求的专业设置

基于行业标准的现代学徒制的专业设置要遵循教育发展的内部规律,又要符合经济发展的外部规律,分为五个步骤。

一是建立获取有效信息的渠道。二是开展行业调查,了解真实需求,包括行业经济、科技和社会发展情况,以及学徒的职业倾向性等。三是进行职业分析,根据行业标准,对岗位的职业能力进行解构,包括确定职业范围、制作职业能力项目表、审核能力项目表。四是论证是否具有可行性,并基于专业的视角提出解决方案。五是根据前面四步进行专业教学开发,制定计划。具体步骤如表8-4所示。基于行业标准的现代学徒制的专业设置必须进行行业需求分析、人力资源和教学对象分析。

表8-4　基于行业标准的现代学徒制专业设置

序号	基本步骤	主要内容	使用方法	产出文本
1	建立信息渠道,获取需求信息	借助行业规划、人才市场的供求变化、人才需求调查、招聘信息、网络媒体等获取人才需求信息	举行信息交流大会,邀请行业内相关专家、学生代表等参加;通过教育部门和行业部门的信息咨询服务,紧跟政府宏观调控的方向	人才需求调查
2	开展行业调查,了解真实需求	1.了解区域经济情况,如行业种类、主要产业等 2.了解地区行业发展的需求情况,如某行业内职业群就业人数及需求人数,具体专业毕业生就业情况 3.了解学生的岗位意愿,开设的专业是否与学生兴趣和意愿一致,学生的兴趣和意愿是否与劳动力市场需求一致	采用访谈、问卷调查、广告分析等方式	人才需求调查
3	进行职业分析,确定职业能为	1.确定职业分析范围,分析职业特征、该专业的就业可行性 2.制作职业能力项目表,业内人士审查并修改 3.审核职业能力项目表	借鉴德国的职业分析开发方案,对一线技术人员进行调查	职业能力分析报告
4	进行可行性分析,提出专业建设方案	根据调查提出专业设置方案,一般分为归纳调查数据—分析调查结果—表达分析结果—撰写调查报告—提交有关部门五个步骤		专业设置方案
5	完成开发,制定教学计划	制定教学计划和大纲,实施教学计划		专业教学方案及教学计划

(二)"工学做"融合的技能提升形式

智能制造背景下的现代学徒制技能提升,要紧紧围绕市场需求与行业标准,学徒可以在企业进行真实的顶岗学习,通过多岗轮训、项目教学、工学交替,让学徒在参与技能训练项目的过程中,适应各个岗位,在知岗、懂岗、熟岗、精岗的过程中,找到适合自己的岗位。同时,围绕"核心技能、职业素养、岗位认知、顶岗实习、职后培养"五个环节,学徒可以巩固各项技能,如图8-9所示。

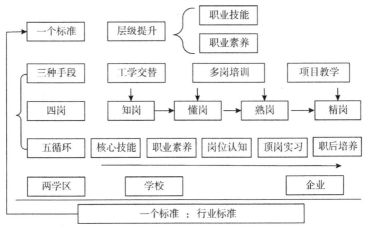

图8-9 基于行业标准的现代学徒制培养形式

(三)职业能力本位的课程构建

基于行业标准,对行业所需的职业能力进行解构;通过分析岗位工作过程和岗位群任务,建立工作过程导向的行动领域工作任务,并将工作任务整合成工作系统;再根据学习情境来设计单元课程进行课程开发,在开发课程的同时,还要考虑学生的未来工作任务,具体内容如图8-10所示。

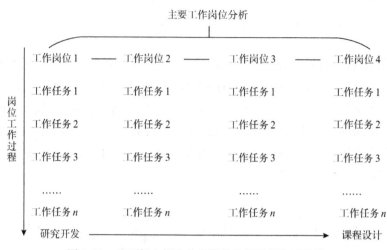

图8-10 基于行业标准的现代学徒制课程构建路径

在课程结构方面,现代学徒制的课程结构应该包括两个维度:不同种类的教学内容、不同教学内容在企业与学校的教授比例。基于行业标准的课程结构如图8-11所示。教学内容包括普通文化素养、行业通用能力和岗位特定技能三个层面。其中行业通用能力所占比例相对较大。学校和企业的分工比重在三个层面各不相同:普通文化素养以学校培养为主;岗位特定技能以企业培养为主;行业通用能力的培养校企比重相当,但学校侧重理论,企业侧重实践。

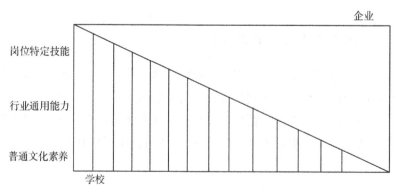

图8-11 基于行业标准的现代学徒制课程结构

在课程开发方面,我国现代学徒制的课程开发模式归纳起来可以分为以下三种:第一种是以企业为主的开发模式。特别是企业岗位课程,其通常建立在企业原有内部培训体系上,学校配套进行学校课程开发。第二种是校企共同开发模式。基于职业能力分析,学校与企业联合组成课程开发团队,共同设计课程体系,开发教学资源。第三种是以学校为主的开发模式。这种模式通常以组建课程开发团队的形式呈现,但企业人员在课程开发团队中仅担任顾问,课程体系和教学资源开发的主体仍是学校教师。三种模式都有合理性,但是在智能制造时代,课程的开发要基于对行业标准的深度调研,人才培养必须由企业、政府等权威机构来推动。

(四)基于工作场景的基地建设

现代学徒制实训平台分为三类:(1)校内实训平台。实训平台建设的核心思想就是建构主义思想,以学徒为中心,在实训中通过相互协作等方式充分发挥学徒的积极性、主动性及创新精神。现代学徒制的校内实训平台,是由企业负责生产组织,学校负责管理,生产与教学双管齐下。教学内容以企业生产任务为中心,学徒在企业真实的生产环境中进行体验,按照企业的生产订单进行实际生产,这种基于真实工作岗位的实训方法,有利于培养学徒的技术技能、职业素养、责任意识等。(2)校外实训平台。通过改变传统的课堂教学方式,将课堂迁移到校外实训平台,教师化身为"技术员",通过实际动手操作来给学生上课,学生一边学习一边实践,按照真实的生产要求生产企业产品。开办"厂中校",在真实的企业中建立学生学习的平台。此外,根据行业标准和企业要求,对产品质量标准、效益评价标准、培训标准等进行多角度考核。(3)校企综合实训平台。与规模大、实力强的企业建立合作关系,通过合作关系的建立,学徒能够进入企业接触到企业真实的、先进的生产设备,了解发展动向,快速适应外部就业环境。在开展平台实训的同时,行业协会也要参与到该平台中。对实训平台进行监督,时刻围绕行业的发展动向及行业标准为实训平台提供建议,提高学徒综合素质。

第九章　面向中小企业集群的数控领域职业技能匹配策略

　　随着加快振兴装备制造业和实施科教兴国战略、人才强国战略,在新一轮产业结构调整中,长三角地区主要城市把现代制造业作为支柱产业。以中小企业集群经济比较发达的宁波舟山地区为例,在国际市场的变动下,以汽车零部件、食品机械、药机、纺织机械、船舶制造、风机标准件、泵浦加工等企业为主的机械制造业同样面临着产业调整、产品升级和技术换代的沉重压力。因此,该地区机械类相关行业对数控技术人才的需求在结构上发生了根本性改变。"十三五"期间,舟山地区重点发展螺杆、汽车零部件、食品机械等先进制造业项目,突出发展船舶、风电、石化、大飞机、港口等重型装备项目,积极发展自动化、精密仪器、超高压电缆等高技术装备;同时,舟山地区传统产业的生产设备正面临着半自动与自动化技术改造或生产线使用机器人等先进装备的新变化。由此,一些机器人、机械手等装备逐渐落户经济开发区。产业结构调整、产品升级、技术升级的发展趋势,对数控技术人才提出了新的要求。根据2018年浙江省经济信息中心数据,人才供需结构性矛盾突出,归根到底就是缺乏技能人才,而且50%的企业存在这样的问题,这反映了两点:一是部分企业不愿意接收新人,特别是没有工作经验的应届毕业生,导致就业难问题凸显;二是应届毕业生进入企业需进行轮岗实习,企业出于安全与效益的考虑,先让毕业生跟着师傅学,可部分毕业生眼高手低,认为没有得到企业重视,无法学到真本领,于是心态发生变化,离职现象频繁出现。这就是学生难就业、企业难留人的真正原因。

第一节　面向中小企业集群的数控领域调查

一、校企技能人才双向调查分析

为准确了解数控技术人才的供需情况,笔者开展了人才需求调查,目的是了解数控技术应用专业及相关产业的发展现状,了解数控领域的典型工作任务和对职业能力的要求,以进一步掌握相关企业的岗位及人才需求,提出提高数控技术人才技能水平的策略。笔者对 X 市 10 家机械制造企业进行了实地调查,问卷调查了数控领域毕业生 200 余人,并通过查询权威机构公开的数据,分析了数控领域的服务面向、专业定位、职业岗位等问题。

通过对 X 市数控领域的企业、毕业生进行问卷调查,组织企业领导深度访谈等形式采集相关数据,通过统计软件来进行数据分析,客观反映人才培养与学校教育现状。调查主要通过问卷调查、座谈、个别访谈等多种形式展开。问卷调查依据不同对象将问卷分为两类。

第一类是毕业生问卷。数控技术应用专业教师根据调查的总数、班级数随机抽取毕业生,共发放问卷 243 份,回收 208 份,其中有效问卷 208 份,有效回收率达到 85.60%,符合统计学规范和要求,具有统计意义。16% 是女性,84% 是男性;20 岁以下占 11%,20—25 岁占 76%,25 岁及以上占 13%;工作 1 年的占 32%,2 年的占 34%,3 年的占 34%。整体来看,调查对象广泛,信息采集全面,针对性较强,信息反馈准确。

第二类是用人单位问卷。笔者走访了数控领域相关企业,抽样包括开展校企合作的企业、专业对口的已毕业学生所在的或联系的企业。问卷发放给企业负责人、人力资源部经理以及从事数控工作的岗位负责人、员工等。

此外,组织 X 市部分机械制造企业座谈会并开展个别访谈,广大企业负责人积极参与,充分表达了个人观点,座谈会、访谈效果良好,反馈信息充分。

二、调查结果与分析

(一)技能人才需求分析

通过对 X 市 10 家机械制造企业的走访调查,得到以下结论:仅有 6% 的数控操作人员是普通高校毕业,58% 是中职毕业,29% 是高职毕业,7% 来源于其他。若干企业负责人强调学校要培养高技术技能人才。从走访企业发现,中高职毕业生是目前企业主要的选择群体。目前,职业院校更多关注实践能力提升,加上职业院校培训周期较短,因此企业的人力成本相对较低,但是这种优势会随着 X 市相关产业的转型升级而逐渐消失。

通过对相关企业的访谈和调查发现,其每年会稳定招聘数控技术应用人才。这说明数控技术应用人才对 X 市相关企业有非常大的吸引力,数控专业毕业生也能够胜任相关工作,所以企业对数控技术应用人才有较稳定的需求。

调查发现,X 市机械制造行业对数控应用技术人才的需求已经发生结构性变化,不再仅停留在对一线操作工的需求上,技术岗位与管理岗位的人才需求均出现了新变化,技术员与车间管理员的需求比分别达到 26.9% 和 6.1%,也就是说掌握现代技术的复合型数控技术应用人才越来越受企业重视。

通过对企业领导的访谈发现,企业比较重视劳动者的专业实践能力,也就是强调数控应用技术专业毕业生的实战能力。因此,学生要借助以企业产品为主的数控实训项目积累一定的实战经验及培养良好的职业素养,打破学校和企业之间的屏障,实现无缝对接。企业特别重视学生实际问题的解决能力,这种问题解决能力表现在,其可以根据实际工种和岗位的要求解决不同类型的问题。此外,企业还比较重视团队合作能力和沟通能力,团队合作精神非常重要。

(二)企业对核心技能的要求分析

对于"您认为数控技术应用专业学生应具备的专业核心技能有哪些?"

问题,企业管理人员的回答主要有:机械加工技术、计算机技术、数控编程与加工技术、CAD/CAM技术、设备维护保养技术、数控机械加工技术、零部件检测技术等。对于"您认为数控技术应用专业学生应具备的专业核心技能有哪些?"问题,毕业生认为重要的专业技能包括计算机技术、一般机械技术、机械加工技术、零部件检测技术等,如图9-1所示。

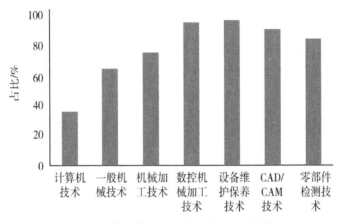

图9-1　数控技术应用专业学生核心技能

在选择核心技能时,调查对象中选择计算机技术的共74人,占比35.6%;一般机械技术103人,占比51.9%;机械加工技术共156人,占比75%;数控机械加工技术共198人,占比95.2%;设备维护保养技术共202人,占比97.1%;CAD/CAM技术共189人,占比90.9%;零部件检测技术共175人,占比84.1%。无论是企业管理人员、企业员工还是刚参加工作的毕业生,都一致认为员工应具备以"数控技能"为主的一系列核心技能。调查发现,在以数控技能为主的一系列核心技能中,根据重要程度划分,这一系列核心技能可以划分成六个层次。第一层次是机械制造基础技能,包括机械识图、二维CAD、机械基础常识等;第二层次是普通机械加工技术,包括钳工技术、普通车床加工技术、铣床加工技术等;第三层次是数控机床维护技术,包括数控机床日常保养、判别数控机床的常见故障等;第四层次是数控编程与加工技术,包括工量刃具的选用、数控车(铣)床加工的工艺分析等;第五层次是CAD/CAM技术,包括CAD/CAM软件的使用方法等;第六层次是零部件检测与质量控制技术,包括企业生产组织和质量管理等。

对于"在招聘数控技术应用专业毕业生时,对其具有相关职业资格证书是否有要求?"问题,82%的企业管理人员要求毕业生获得相关职业资格证书,并且60%要求毕业生必须具备数控或者机械制造行业相关的职业资格证书。数据显示,企业用人的重要依据是相关职业资格证书。从学生的角度出发,对于"结合工作需要,您对以下证书的态度"问题的回答,学生认为,普通铣工(初级)、数控车工(中级)、数控铣工(中级)、钳工(中级)、CAD制图员、UG操作员、计算机等级等证书对自己有很大帮助或对自己有一定帮助。由此可见,无论是从用人单位角度还是从学生自身角度出发,职业院校"双证"教育在现阶段是一个不可扭转的趋势。

(三)岗位群分析

当前数控技术应用人才所面向岗位群的分布与核心技能的分类是相匹配的。在调查"您能否完全胜任现任工作?"时,208名毕业生中的149名毕业生认为自己完全能够胜任,26名毕业生认为能够基本胜任,21名毕业生认为能一般胜任,12名毕业生认为不能胜任。毕业生基本可以成为机械设备维护工、质检员、装配工、数控铣工、数控车工等。工作一段时间之后可以成为班组管理人员、生产主管人员、数控技术员等,这和企业所需要的核心技能基本上是匹配的,绝大部分毕业生能够胜任所从事的工作。毕业生和企业管理人员处于不同的位置,在对数控技术应用专业相关岗位群的认识上存在较大差别。但调查发现,两者的认识存在着较大的趋同性特征,这种认识上的趋同性特征与以数控技能为主的核心技能群不谋而合,可以为数控技术应用专业确定核心技能培养方案提供有力支持。

从调查的X市10家机械制造企业的5537名从业人员来看,直接从事机械制造技术相关工作的人员共3603人,对从业人员的岗位及学历情况进行详细统计的结果如表9-1所示。按岗位类型划分,数控技术应用专业毕业生在机械制造企业中的岗位主要包括技能类(机械操作与装配占61%)、技术类(机电维修与数控编程占21%)、管理类(生产管理与品质管理占16.2%)、营销类(产品营销占1.8%)四大类。按从业人员的学历划分,初中及以下学历、中专占绝大多数,分别为38.3%与46.7%,而大专与本科及以上从业人员比例分别为 10.8% 与 4.2%。另外,在 2197 个技能类岗位中,初中及以下学历占 48.7%,中专占 45.2%,大专与本科及以上学历占 6.1%,这说明技能岗位以中专及以下学历为主;在 758 个技术类岗位中,初中及以下学历占 19.9%,中专占 52.1%,大专与本科及以上学历占 28%,呈现出以中专为主力,大专与本科及以上学历引领的局面;在 584 个管理类岗位中,初中及以下学历占 27.2%,中专占 46.9%,大专与本科及以上学历占 25.9%。而营销类岗位则主要集中在中专及以上学历,梯队比较均衡,说明企业对营销类人才的综合素质有较高要求。

表 9-1　从业人员岗位与学历

单位:人

工作岗位	学历					合计
	研究生及以上	本科	大专	中专	初中及以下	
机械操作岗位	0	1	71	673	750	1495
机械装配岗位	0	17	45	319	321	702
机电维修岗位	0	38	97	271	141	547
数控编程岗位	0	18	59	124	10	211
产品营销岗位	3	21	20	20	0	61
生产管理岗位	0	33	60	60	38	191
品质管理岗位	2	21	37	214	121	393
小计	5	148	388	1681	1381	3603

(四)数控领域技能人才分析

X 市的机械制造业正处于产品升级、技术提升的关键时期。机械制造技术正在普通加工技术与初级数控加工技术基础上,向着以高端数控技术应用为代表的现代制造技术转型。对 X 市 10 家机械制造企业的人才需求调查表明,机械制造业的专业人才不再仅仅局限于某工种,而是要满足岗位群、多层次且兼顾职业成长的需要。岗位群就是要使学校培养的人才掌握多工种加工技能,提高对不同技能岗位的适应性。此外,要按照专业人才成长规律,满足专业人才的成长需求,也为企业提供人才储备力量。

数控技术应用人才的从业岗位主要包括技能、技术、管理、营销四大类。

其中,从技能与技术角度看,一方面,数控技术的基础是通用技术,一旦通用技术基础打扎实,数控技术学习就比较容易;另一方面,在当前产品需求多样化、小批量生产的发展趋势下,数控技术应用人才应有较强的岗位群适应能力。另外,要注意员工的可持续发展能力培养,许多基层管理人员都是从生产一线逐步成长起来的,他们需要掌握必要的机械制造工艺及生产管理技术。因此,技术人才的培养上应注重基础教育,在此基础上进一步教授数控加工技术,并适度传授机械制造工艺及生产管理基础知识,这样培养出来的人既能适应岗位群,又有较大的成长空间。

第二节　基于数控数字化智慧互动实训室的技能发展路径

对于数控机床的操作过程,教师在示范教学时,由于机床设备较大,工位旁的空间非常狭窄,只能容纳少数学生围观,学习效率较低。学生在观看教师示范教学时,由于距离的限制和现场数控机床产生的噪声等因素,看不清楚教师在控制面板上的操作过程、刀具安装到刀架上的细节及模具切割过程中的细微调整等。教师重复示范教学,但实训课后学生难以回顾教师上课的要点和重点,持续性学习效果不佳。因此,数控技术应用专业可对实训室进行信息化与互联网化改造升级,打造理实虚一体化的互动智能实训室,助力职业院校完善技能提升体系,深化产教融合、校企合作。主要实现以下实训教学目标:(1)板书、课件、视频、作业融合;(2)刀具和面板同步高清呈现;(3)实训教学资源随堂生成和有效共享,APP随时学,随时看;(4)课程资源形成标准化、体系化。

基于当前数控实训室部署互动智能实训系统,整套系统由教师示范教学系统、互动显示系统、互动实训授课软件及声音系统等四大子系统组成。教师示范教学系统包含互动实训主机、互动实训软件和实训摄像机,实现教师示范同步高清显示到互动显示屏。互动显示系统包含86寸互动触摸一体机和同步显示60寸电视机,用于实训操作的同步显示。互动实训授课软件支持教师通过触摸屏进行示范教学、教学回看、资源管理等操作。声音系统包括数字音频处理器、音箱、麦克风等,实现实训室的声音输入和输出,保障教学的声音效果。教师示范区分为两个部分,各使用一个特写摄像机拍摄。互动触摸一体机放在教师教学的后方,用于教师理论的讲解和软件的操作,教师讲解面板和刀具时,面板和刀具可同时显示。教师操作完后,学生可以回看操作视频和重点讲解,加深学生对知识点的印象。学生也可将视频发送到手机上,自行观摩学习。实训教学视频可轻松上传到云平台,形成核心教学资源。示范教学可通过面板快速切换,实时高清呈现在互动触摸一体机和电视机上,学生可直观学习,解决围观教学的问题。同时,教师可以根据教学需要切换镜头,资源快速沉淀。

一、实训团队的职能开发

组织学员到企业进行生产实训,是培养高素质技能人才的重要途径,但由于学员在企业一般是一线操作工,角色的变换、环境的差异、心理预期与现实的差距等都是在实习中可能出现的问题,要解决这些问题,就要完善实习制度,加强实习管理。产学结合需要学校和企业相互合作,生产性校内实训基地搭建了合作和交流的平台,只有职业院校教师与企业导师合作才能更好推进。此时,共建技能大师工作室和创新工作室是一条有效的创新路径。依托技能大师工作室,以省市技术能手等为基础,邀请企业的技能大师、技术能手,创建全方位多层次的团队。依托数控技术应用专业技能团队,组建技能开发和技术组织管理团队,训练过程实行一体化操作。创建适合数控中级工、高级工、技师的培养,以企业产品为基础的实训项目库,推进实训流程改革,形成新的数控人才培养方案。

职业院校指导教师要有实践经验,有较强的管理能力和协调能力,责任心强,勤学肯干;学生顶岗实习过程中,教师必须及时了解学生实习的动态,了解其遇到的问题并予以解决,了解企业对学生的要求和满意度,及时对学生进行教育,帮助学生及时改正工作中的不足。教师要从学生外出实习第1周开始进行实习跟踪,每周的实习跟踪都要制定跟踪计划并将其输入生产实训管理系统。实习跟踪计划通常按企业制定,并且尽量合理规划,将实习单位接近的学生放在一起跟踪,提高实习跟踪的效率。实习跟踪实行全员跟踪的模式,所有的学生都要跟踪1—2次,注意分散和集中相结合,实习企业分散的学生可以用电话、QQ、微信等方式进行跟踪,实习企业比较集中的,可以每两周去企业进行跟踪,力争跟踪到每一名学生。

教师到达实习企业后,要和企业管理人员沟通,了解学生工作情况,重点了解学生存在的问题,并调查企业对学生的满意度和对学校的建议。还要与学生交谈,了解工作中存在的问题,做好心理疏导工作,部分问题不能立即解决的要做好记录,返回后向其班主任反馈,由班主任再做深入的教育。教师还要做好学生与企业间沟通的桥梁,反馈企业管理人员的意见,好的要大力表扬,不足的要批评教育,并做好记录。要帮助学生解决生活上的困难,部分生活必备条件不足的,要帮他们及时与企业沟通解决。对于实习跟踪过程中遇到的优质企业,要有意识地对校企深度合作进行探讨,如可否提供校外实训基地,提供奖学金等,这样才能更好地拓宽校企合作的空间。与此同时,教师要做好学生生产实训的考核评价。

二、技能人才动态管理机制的开发

生产性实训是技能提升的重要一环,做实、做好生产性实训工作是技能人才发展的重要内容,生产性实训按照岗位职业标准全面实施"产学结合、项目引领"的技能人才培养模式。为了加强校企合作,确保生产性实训的质量和效果,技能人才管理机制的开发就显得尤为重要。生产性实训采用"1+2+1"生产性实训计划,实行"1周见习""2月生产性实训""1年顶岗实习"的校内外相结合的生产性实训实践教学模式。实训工作由系部领导具体负责实施,系部要成立生产性实训领导小组,具体管理、组织、指导各专业生产性实训工作。生产性实训由学校、企业、学生三方共同参与完成。学校在三方中处于主导地位,是一切活动的组织者,在整个运作过程中起着重要的作用。企业是三方中关键的一方,因此,要充分调动企业的积极性。学生在生产性实训期间是准员工身份,要接受学校与企业的双重管理。选择有实践经验,有较强的管理能力和协调能力,责任心强,勤学肯干的教师和企业人员担任专业导师与职业导师,其负责参加生产性实训学生的技能辅导和日常管理。专业导师主要负责生产性实训的技能辅导,职业导师负责日常管理。生产性实训的指导方式可以根据专业性质和实习方式的不同,采取全程式指导或巡回式指导方式,全程式指导原则上要安排专业导师进行实地指导;巡回式指导可通过电话、短信、QQ、微信、现场对接等方式来指导,要求每周联络不少于一次。各种方式都应对指导过程、指导内容及存在问题及时进行书面记录,每月向系部汇报。实习过程中,系部要派管理人员到实习企业进行巡查,与企业导师了解实习情况,填好"校外教学活动定期巡查表"。

生产性实训期间实行学校和企业共同管理,以企业为主体,校企双方共同制定考核标准,建立生产性实训考核评价体系,校企共同对实习情况进行考核。生产性实训的最终成绩比重和要求如下。实习考核分两部分:一是企业导师考核占考核总成绩的60%;二是职业院校对学员的周记评价占20%,实习总结报告占20%,如图9-2所示。企业导师对照生产性实训目标和职业素养的评定标准,按照学生平时在岗情况、日常态度表现进行考核,填写好"实习鉴定表",签字并盖实习单位的印章。在学生回校后第一次实训课中,通过数控实训项目来检验其专业技能操作,并对实习表现进行考核。此外,学生要填写工作岗位专业技能应用报告,学校给出评价等级。考核分为优、良、合格和不合格四个等级,根据各个等级赋予相应学分。参加生产性实训的学生,违反厂规厂纪被实习企业退回、中途擅自离开实习单位的,按照学籍管理规定处理。

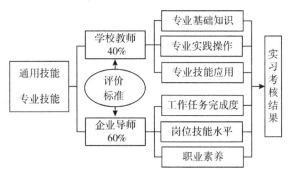

图9-2 生产性实训考核评价

第十章　基于创客教育的增材制造
领域职业技能匹配策略

　　创客教育本质上是高新科技、信息技术与教育深度融合的产物,其基于大数据、物联网等信息技术,融合了体验教育(experiential education)、项目学习法(project-based learning)、创新教育、DIY理念等教育理念。创客教育作为一种新的教育形态,以创客素养的培养及创客文化的培育为导向,融合3D打印技术、大数据、物联网、云计算等信息技术,并汲取项目学习法、STEAM教育、体验教育、大成智慧、快乐教育、DIY理念等前沿教育理念,围绕创意、设计、实现、团队、开放、兴趣,通过资源与工具的使用,让学生基于创造学习,从而培养学生的创新思维与创新技能,进而实现全人发展。[①]不同教育阶段和教育类型的创客教育表现为不同的模式特征,在基础教育中,创客教育注重创客素养的培养,相应的模式表现为启发、参与和体验,重点激发创新意识;高等教育则更加注重创新能力的输出,如今一度成为培养卓越创新人才的重要载体,模式相对成熟;职业教育作为一种类型教育,由于基础理论教学强调以"必需""够用"为度,创造知识的"土壤"缺失,技术创新能力不足,创客教育的工具属性明显,多以项目式、集训式的方式开展技能操练,内容简单,结构松散,按照目前的发展思路,难以形成系统化的教育模式。因而,需要在现有较为科学有效的模式基础上,加以重构或改进,以构建出适合职业院校,尤其是中等职业学校这一群体,以培养职业学校学生创新能力、动手实践能力,以及系统性思维,促进学生创造出实用、具有价值的

　　[①] 祝智庭,雒亮. 从创客运动到创客教育:培植众创文化[J]. 电化教育研究,2015(7):5-13.

产品的创客教育模式。

第一节　增材制造领域技能现状调查

增材制造俗称3D打印技术,经常作为创新型人才培育的有效载体。在技能人才发展领域较为常见的是创客教育,为全面了解创客教育的困境,探索更符合创客教育的发展模式,提升技能人才的创新意识、创新思维、创新能力及系统思维能力,笔者对科技服务企业人员进行了半结构化访谈。

一、企业视角的技能发展现状调查

调查选取的企业主要为3D打印机生产公司、科技教育公司及教学资源开发公司。访谈对象如表10-1所示,在3D打印机生产公司中主要选择为国家级、世界级技能大赛提供比赛设备的企业,科技教育公司及教学资源开发公司选择为全国教育单位提供创客教育方案、教育资源的企业。调查目的是通过对科技服务企业的调查找出目前创客教育的困境,了解企业的技术提升方案,这对更好开展创客教育有重要借鉴意义。

表10-1　访谈对象情况

访谈对象	企业类型	访谈对象岗位
J	3D打印机生产公司	技术总监
K	科技教育公司	研发主管
L	教学资源开发公司	研发主管
M	创客教育机构	研发主管

调查内容主要分为企业概况、企业发展方向、校企合作情况、企业视角下开展创客教育的困境与诉求、企业产品对创客教育的贡献情况。通过与企业技术总监、研发主管面对面沟通交流,了解校企合作情况和合作方案、校企合作过程中企业的需求及创客教育发展难点,并通过实地考察企业产品研发、生产等部门,参观产品展,了解企业科技产品的研发与生产情况,以

及战略计划方案，同时，借助电话访谈、微信及各类网络平台对校企合作开展创客教育的情况进行调研。通过对一系列科技服务企业进行调查发现，创客教育的主要问题集中在创客空间、创客指导者、创客技能训练体系等方面。

（一）创客空间

创客空间是创新人才的培育区及创新创业项目实验基地，为创新人才交流、协作、分享、创业等提供全方位服务。创客教育必然要依托创客空间，创客空间配备了传统的手工和机械制造工具，以及先进的3D打印机、数控机床、激光切割机等数字化设备，并购置了开源智能硬件和三维建模软件等设施。然而，调查发现，许多创客空间处于闲置状态。研发主管M称："创客教育在第一阶段，普遍采取建立创客空间、人工智能实验室等措施，但各种设备得不到有效利用。由于创客师资数量少且能力不足，创客空间真正运营很困难，成了摆设，很多设备的包装都没有拆过，随后创客教育就到了第二阶段。第一阶段主要是采购设备并建设创客空间，第二阶段则亟须采购服务，一般为技能服务和创客空间运营服务。"技术总监J指出："从校企合作来看，创客空间建设大多放在设备和工具的投入上，缺乏文化氛围，三四线城市的创客空间更是简单，就是一个教室外加一些3D打印机。"

创客空间难运营的主要原因有以下几点：一是创客教育已经从第一阶段发展到第二阶段，即从大量采购设备转为采购服务，即技术服务与创客空间运营服务。二是创客教育与区域行业发展联系不紧密，创客空间主题感不强，对学习者吸引力不足。三是创客教育协同机制还未建立，高校、科研机构、创客机构、企业、社区利益关系复杂，尚未形成有效的优势互补机制。

（二）创客指导者

创客教育正从"以指导者为中心"向"以学习者为中心"转变，指导角色逐渐转变为技能提升过程中的精灵（创意者）、魔法师（设计者）和剑客（实施者），对指导者素养和专业技能的要求有所提高。创客的创造性活动综合性强、难度高且复杂，需要获得全方位专业的指导，包括技术工具的使用、学科知识的应用,以及学习者思维的训练,甚至灵感激发。创客指导者的能力会影响合作质量。专业化的创客指导需要系统的规划设计。2016年,国家级"创客师资培训基地"在深圳落户。2011年建立的"全国创新教育师训基地"每年会举办全国中小学创新师资培训暨创新教育论坛,截至2017年,已为全国多个地区培养科技创新教师2000多名,近年来培养师资人数仍在不断增加。总体来看,创客师资培养措施仍然不够系统化。研发主管L指出:"目前企业和发明协会及电子信息专委会合作建立创客师资培养认证系统的尝试是好的,目的是培养优质的创客教师,但目前该计划无法继续推进,原因有很多,一方面,有基础的创客教师较少;另一方面,创客机构也不愿意培养竞争者。"

(三)创客技能训练体系

创客技能训练体系作为创客教育系统工程的核心要素,是实施创客教育的重要载体,制约着创客系统的设计、组织及评价方式。与传统训练体系相比,创客技能训练体系兼具融合性、实践性与协同性,创客教育秉承STEM教育理念,注重跨学科融合,项目化的创客体系设计与实施依赖开放、共享的环境及多方的资源支持。但是,目前大部分训练体系以学科进行规划,学科分离的特性无法满足创客技能训练体系的融合性需求。同时,创客教师队伍的数量与质量不足,因而,创客技能训练体系开发更多依赖于企业,但企业开发的内容缺乏关联性,往往以建模技术应用与开源编程为主导,多被称作简单的"说明书"。随着创客教育的发展,企业的立足点已不再是数字化技术工具的使用,而是激发学生发现问题与善于借助已有工具解决问题的意识,创客课程的内容更具开放性。

二、职业院校视角的技能发展现状调查

2015年,自李克强总理提出"大众创业,万众创新"以来,各学校大力响应号召,积极开展创客教育相关活动,职业院校也积极响应,经过近几年的发展,职业院校已经取得了一定的进步。为了进一步了解创客教育情况,笔者选取部分浙江省职业院校师生,通过访谈与问卷调查的形式,全面了解职

业院校创客教育的发展情况。

(一)调查对象与问卷设计

创客教育作为倡导实践与共享的教育模式,顺应了信息技术的发展趋势,对职业院校学生创新能力、系统性思维能力的培养等都有重要的作用。笔者以开设创客教育的职业院校为调查样本,以职业院校的师生为调查对象。教师问卷包括两大部分:第一部分为教师基本资料,这有助于了解调查对象的工作背景、身份信息。第二部分是选择题,从教师角度了解创客空间建设、创客教育师资、创客教育教学、教师对创客教育的评价等方面的现状,教师问卷共30道选择题。学生问卷包括两大部分:第一部分为基本资料,分别为性别、年级、专业、参加创客教育的时间,第二部分是选择题,从学生角度了解创客教育的开展情况、学生学习情况以及其对创客教育的评价,学生问卷共30道选择题。为了进一步了解创客教育的情况,对参与创客教育的教师进行访谈,访谈采取面谈和电话访谈方式,访谈内容主要涉及校企合作开展创客教育的情况、师资培训情况、创客课程建设情况,以及创客教育存在的问题。访谈教师基本情况如表10-2所示。

表10-2 访谈教师基本情况

教师	教龄/年	职务
A	12	机电部部长
B	8	创客教育指导教师
C	5	创客教育指导教师
D	10	教研组组长

问卷以线上、线下相结合的方式发放与回收。学生问卷共发放200份,除去无效问卷,有效问卷为188份,有效回收率为94%。教师问卷共发放20份,有效问卷为20份,有效回收率为100%。

研究利用统计分析软件SPSS对调查问卷回收数据的克隆巴赫系数(Crobach's alpha)进行信度分析检验。克隆巴赫系数作为信度分析的方法,在社会科学研究领域应用非常广泛,包括意见式问卷(量表),以及态度的信度分析。信度系数越大,表明测量的可信度越大。Crobach's alpha>

0.7时,量表信度较高。教师和学生调查问卷的Crobach's alpha系数分别为0.88和0.964,均大于0.8,表明教师及学生的调查问卷信度较好。

(二)问卷调查及访谈结果分析

利用SPSS24.0软件进行统计分析,数据结果如表10-3所示。基于回收的问卷数据,分别对调查对象的性别、年龄,以及从事创客教育时间的分布和组成结构进行分析。从数据统计可知,男教师有14人,占总人数的70%,女教师有6人,占总人数的30%;在35岁以下的有16人,占总人数的80%;年龄在35岁及以上的有4人,占总人数的20%。这表明创客教师队伍比较年轻。从事创客教育的时间在两年以下的有11人,占总人数的55%;从事创客教育的时间在两年及以上的9人,占总人数的45%,表明教师从事创客教育的时间较短。

表10-3 调查对象基本情况(教师)

	项	频数	占比/%
性别	男	14	70
	女	6	30
年龄	25岁以下	2	10
	25—30岁	3	15
	30—35岁	11	55
	35岁及以上	4	20
从事创客教育时间	半年	7	35
	一年	3	15
	一年半	1	5
	两年及以上	9	45

从表10-4可知,男生有175人,占总人数的93%,女生有13人,占总人数的7%;一年级有131人,占总人数的69.7%;二年级有28人,占总人数的14.9%;三年级有29人,占总人数的15.4%。参加创客教育两年以下的137人,占总人数的72.9%;参加创客教育两年及以上的51人,占总人数的27.1%,表明学校重视对一年级学生创新能力的培养。

表10-4　调查对象基本情况（学生）

项	频数	占比/%
性别　男	175	93
女	13	7
年级　一年级	131	69.7
二年级	28	14.9
三年级	29	15.4
参加创客教育时间　半年	102	54.3
一年	28	14.9
一年半	7	3.7
两年及以上	51	27.1

1.创客教育开展情况

创客教育在职业院校已经普遍开展，形式涉及社团活动、选修课、必修课、创客学堂、创业孵化器及竞赛辅导。创客教育的可持续发展依赖于创客空间，创客空间的可持续发展与正常运营离不开外部资源的支持，更离不开国家政策与学校支持，创客空间的外部支持情况如表10-5所示。

表10-5　创客空间建设外部支持情况

单位:%

创客空间建设现状调查	题项	非常相符	相符	一般相符	不相符	非常不相符
管理者的重视程度(教师)	6.贵校领导重视创客教育	20	30	45	5	0
资金投入(教师)	7.贵校在建设创客空间所需要的教学设备方面有足够的资金	10	20	60	10	0
学校支持(教师)	8.贵校开展创客教育得到学校的支持	15	30	35	10	10
校企合作(教师)	9.贵校与企业合作开展创客教育	5	35	45	10	5

在管理者对创客教育的重视程度方面，半数的教师认为学校对创客教育的支持度一般，说明职业院校对创客教育的重视程度不够。在资金投入

方面,超过2/3的教师认为学校对创客教育的投入不足。在学校支持和校企合作方面,超过1/2的教师认为学校对创客教育支持力度不够,超过1/2的教师认为学校和企业合作力度不够。

创客空间是为创客教育提供场所和服务的物理空间,为技能学徒进行创意设计与产品生产提供相关操作工具、设备与信息资源。表10-6为创客空间布局及技术工具使用情况调查结果。在创客空间区域划分合理程度方面,超过1/2的教师及学生认为创客空间区域划分不合理;超过2/3的学生认为技术工具不够完备,不利于互动交流;超过1/2的教师认为,技术工具对资源获取的影响很大。在创客空间使用率方面,超过2/3的教师认为设备使用率不高。在设备资源的完备方面,超过2/3的学生认为设备资源欠缺,作品的实现程度受限。

表10-6　创客空间布局及技术工具使用情况调查结果

单位:%

创客空间布局及技术工具使用情况调查	题项	非常相符	相符	一般相符	不相符	非常不相符
区域划分合理程度（教师、学生）	26.创客空间的区域划分很合理	12.3	26.6	23.9	27.7	9.6
资源获取(教师、学生)	24.在使用技术工具时,资源获取对您影响较大	15	45	30	10	0
	27.技术工具完备,方便学习者之间的互动交流	18.6	13.8	28.2	28.7	10.7
创客空间使用率(教师)	25.创客教育设备使用率很高,几乎没有空置	0	25	55	20	0
设备资源(学生)	25.设备能够实现创作产品的需求	19.7	22.3	26.1	20.7	11.2

2.学生学习情况

技能学习情境的创设以及真实感将影响技能习得者的认知效果。研究表明,在特定环境中所获得的技能与一般技能相比更加有力、更有用。根据问卷结果,将学习情境对技能习得者的想象力、创新能力、思维能力提升的影响进行汇总发现,创客教育过程中的学习情境创设对技能习得者想象力、创新能力、思维能力的影响都很显著。学习情境是在典型项目基础上由教师根据项目任务完成过程的要素特性进行的设计,是支撑技能习得目标和习得内容的主题单元。学习情境通过技术再现真实情境,能充分激发学生的技能学习兴趣。65%以上的学生认为,在参与创客教育过程中,学习情境对其想象力、创新能力、思维能力的提升有很大帮助。

创客教育遵循"探究体验、动手实践、开放创新"的思想,崇尚在创作中学习。调查问卷发现,如图10-1所示,参加过创客教育的技能学习者中,59.6%的群体表现出参加创新创业项目的需求,60.6%的群体有参加技能大赛的意识,66.5%的群体很享受产品的创作过程,65.4%的群体认为创客教育对其动手能力提升有很大帮助,创客教育对技能习得者的影响是长远的,66.5%的群体喜欢拆装家里的物品,希望成为创客。

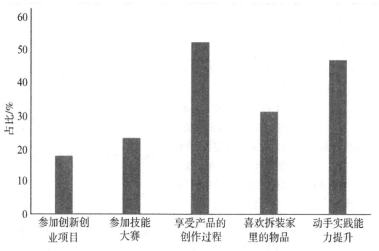

图 10-1　创客教育对创新技能及学习动机的影响情况

第二节　增材制造领域基于创客教育的
技能人才发展路径

一、创客教育的技能提升模式

创客教育目标是创客教育过程中在学习者身上产生何种效用，以及产生效用的程度的预估，是评价培养的人才应达到的标准。对于创客教育目标，中西方学者的侧重点有所差异。西方学者注重对善于利用技术资源创作产品来解决问题的创客的培养，而国内学者则更倾向于将创客教育等同于创新教育。[①]西方学者马丁尼兹、斯塔哲等认为创客教育的主要目的是开发学习者的创造力，以及提升学习者利用技术工具资源以解决问题并创作出产品的能力。国内学者则认为创客教育是为了培养学生的创新意识、创新思维，以及创新能力。特别是对于中小学阶段，学生创新意识、创新思维的培养尤为重要。对于面向就业的大学生，更侧重于通过创客教育引导学生创新创业。职业院校学生的认知发展水平已由感性思维阶段向逻辑抽象思维阶段转变，学生的知识水平也正从经验型水平转变为理论型水平，学生的特点表现为主动性与意向性，在此阶段进行创客教育有利于职业院校学生创新意识、创新思维的培养。对职业院校学生的培养既倡导一技之长又注重一专多能，学生处在专业知识积累与实践技能提升的过程中，具有一定的创意能量，创客教育有利于其将理论与实践相融合，亦提供学科知识交叉融合的应用实践场景，有利于其实践智慧的培养。[②]职业院校学生的培养是以"就业"为导向的，对学生的职业能力、综合能力的培养的最终目标是使学生能够适应未来职业发展，其所创作的产品兼具实用性与价值性。创客教育促进了学生系统性思维的培养，学生基于项目或生活实际问题，设计产品，分析产品的材料、工艺、制造等将产品从无到有创作出来的过程，对学生

---

① 何克抗. 论创客教育与创新教育[J]. 教育研究，2016(4)：12-24.

② 郑燕林. 培育实践智慧：创客教育的本质目标与实施策略探析[J]. 电化教育研究，2017，38(2)：26-33.

系统性思维的培养与综合能力的提高有强大的支撑作用。创客教育采取项目化教学的方式驱动产品创作任务,推动学生主动探究、解决实际问题,培养学生创新能力以及系统性思维。

(一)创客教育技能提升的内涵分析

创新意识反映了学习者胸怀为人类的文明与进步做出积极贡献的伟大理想、为科技进步而投身于发明创造的热切愿望以及勇于献身于科学事业的无畏精神。创新思维也叫作创造性思维,创新思维是个体创造力的体现,创新思维是可以产生创新成果的思维。创新能力是将创新的价值理念、理论方法、产品设计转化为有价值的、前所未有的精神、物质产品的能力。其中创新思维(创造性思维)是核心,创新意识及创新能力既以创新思维为基础,又是创新思维的基础与前提条件。

与创造性思维和形象思维相区别,系统性思维是指人们在思考问题时,把思维对象作为系统加以考察的思维过程,是以系统论为基础的思维形态。由于它既承认思维的多维性,又强调思维的整体性,所以称为全方位综合思维。教学目标是教学活动设计和实施的出发点与落脚点。本书以常见的三维教学目标——知识与技能,过程与方法,情感、态度、价值观等为基础,并结合我国创客教育的开展现状以及相关文献,确定创客教育教学活动的目标,如图10-2所示。

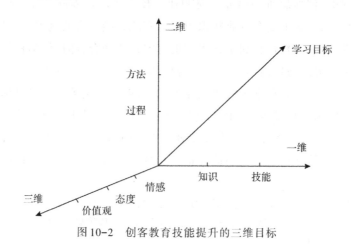

图10-2　创客教育技能提升的三维目标

1.知识与技能

学生能够将理论应用于实践,获取实践知识,提高相关技能,包括(1)掌握理论知识,如概念、原理等知识,能够适时适场景科学合理地运用新知识,并在实践中获得工程经验,使知识的掌握呈双螺旋式递增。(2)掌握并熟悉课程所涉及的基本技能,并能够在创客活动中灵活运用新技能。

2.过程与方法

学生能够了解科学探究的方法,了解问题解决的流程和探究实施的步骤,以及产品的工程设计、工艺流程,并能够融会贯通应用多学科知识、善于利用工具解决问题,完成项目任务,包括(1)问题解决能力,能预见潜在的问题或已经存在的问题,能够合理地将新知识应用于问题解决的过程中,能够判断设计方案的合理性与可行性,通过动手实践解决问题,形成现实产品。(2)形成系统性思维,能够系统地把握产品创作流程,在项目合理选择、时间有序安排、资源有效利用等方面制定可行的计划,具备善于、合理利用工具或技术的能力。(3)合作与分享,能够合理分工,将项目小组成员贡献最大化,按时完成项目任务,能够及时交流、反馈问题,分享、交换想法与建议。(4)反思与创新,在理论与实践过程中,不断地反思与自我评价,能够不断优化方案与流程,通过迭代升级提高产品实用性、价值性。

3.情感、态度、价值观

能够培养跨学科、系统性思维,激发学生对创客教育的兴趣,并有信心创作作品,在创客领域取得成功,包括(1)自我调节,自觉调控学生认知活动及构成因素,提高自我效能感,对问题解决方案、汇报及作品的实用性与价值性有信心,对自我有较高的评价,相信自己在创客领域能取得成功。(2)创客教育认同感,认为创客教育项目任务有意义,能够在创客教育学习之余成为生活中的创客,拆装、组装、改进家庭用品。(3)职业生涯,学生对所处行业的认知上有所提高,学生更有信心在所处行业做出更多的尝试与实践。

(二)基于创客教育的技能学习情境设计

本书通过对创客——STEM 教学模型及 SCS 教学方法进行改进与整合,并在设计型学习理论的指导下,设计了适于创客教育的教学模式。在创客教育教学模式中,学生作为创作者居于主体地位,自主探究与获取知识,教师作为引导者适时为学生提供相应的指导与引导，促进学生有效学习，为学生创作出实用性、价值性兼具的作品奠定基础。从图10-3中可以看出，创客教育教学模式共包含情境引入、主题确定、团队组建、创作项目确定、评估分析、项目方案设计、项目方案实施、项目成果展示与分享、项目成果评价等九个环节。为了提高所创作的产品的实用性与价值性，在成果展示与分享环节后加上设计循环环节，评估分析原产品的缺陷，并制定新的项目改进方案以优化产品。教师活动包括学情分析、情境创设、教师讲演、个性化指导、评价总结等五个阶段。在不同的学习阶段，教师对学生的帮助有所不同。学情分析必不可少，只有充分了解学生特点，才能实现真正的因材施教，使学生创造力、学习动机得到充分的激发。对于情境创设，应尽量营造真实的工作情境或生活环境，最大限度地使学生产生"身临其境"的感觉，以达到学生在完成任务的过程中轻松掌握工作过程知识、系统了解产品生产流程、综合能力得到有效培养的目标。此时，教师可借助学习材料、视频、虚拟现实等创设模拟情境。

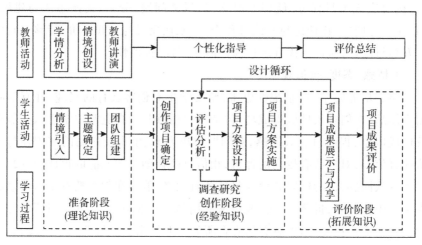

图10-3 创客教育教学模式

（三）创客教育技能提升的三个阶段

1.准备阶段

情境引入。情境创设的目的是让学生最大限度地有身临其境的感觉，学生能够在所营造的氛围中有代入感，保持注意力集中，身心放松，这有利于激发学生的兴趣与创新灵感，也可以增进学习效果。情境的创设不仅包括客观情境的创设，还包括心理情境的创设，针对学生的心理发展情况而进行情境创设更为重要。在此之前，教师应当进行学情分析，并适当地穿插理论知识的讲解，知识是科学研究的基石。学情分析可以通过问卷调查、日常观察，甚至是通过学生所提交的作品来实现，学情分析内容包括学生的学习风格、学习能力、年龄特点，以及知识经验等方面。教师在课前对其进行充分的特征分析，有助于了解学生的现有水平，创建符合其能力水平与认知特点的问题情境，提供更合适的规划服务。情境的创设可促进师生角色的定位，真正地体现"学生为主体，教师为主导"，学生是建构意义的促进者、思想的探究者，教师是统合知识、工具、学生的桥梁，教师可适时引导学生应用工具、方法，协作参与完成任务。

主题确定。理虚实一体化创客教育教学模式强调以问题解决为中心，即学生通过问题解决的过程来主动构建问题背后相联系的知识，从而形成解决问题的能力。主题可从现实世界中进行选择，可以是生活实际的真实问题，应先由教师依据学情圈定主题范围，再由学生投票选择感兴趣的问题。主题要来源于真实世界，如果脱离学生的生活实际，学生感受不到问题的真实性，就不能够全身心地解决问题。基于现实世界的真实问题能够突破单一学科框架的束缚，实现多学科、多类型知识的整合协同，有利于学生开阔视野，使学生能够从科学、社会、技术、文化等视角看待事物，培养学生的创新思维能力。

团队组建。团队是指两个或两个以上的个体，为了完成特定目标、特定任务而基于既定规则结合形成的组织。[1]团队分为四种：职能型团队、轻量

---

[1] Sheridan K M, Halverson E R, Litts B, et al. Learning in the making: A comparative case study of three makerspaces[J]. Harvard Educational Review, 2014 (4): 505−531.

级团队、重量级团队、自治团队。成员之间相互配合、分享、交流、鼓励、学习，共同完成团队目标。[①]学生根据项目自行组队，教师根据学情合理调整人员组合。良好的团队组建在学生的创客学习过程中起到积极的作用，将有效提升学生的团队协作能力、创新能力、动手实践能力。

2.创作阶段

创作项目确定。主题的确定已经圈定创作项目的范围，通过学生投票选择或头脑风暴的形式完善确定候选创作项目，教师对候选的创作项目按难易程度加以排序，并根据各团队的能力水平及学情特点（所属专业、基础知识能力）等对团队进行可行性分析，并最终确定每个团队的创作项目，以达到创客教育的教学目标。创作项目与生成项目有所区别，学生自主确定的创作项目，注重创新素养的培养、知识的灵活运用、能力的提升；而在知识学习中所生成的项目，强调知识、技能学习。

评估分析。该环节实际上在成果展示与分享之后，用于有缺陷产品或有待于优化产品，体现为产品的迭代升级的设计循环。成果展示与分享后，学生对产品的实用性、价值性已有所预期，此时，学生可选择将产品纳入设计循环环节，评估产品的缺陷、优化的可行性，发现新的问题，找出潜在的约束条件，通过调查研究活动获得他们需要的知识与技术，进而设计项目方案，实施项目方案。该环节是产品迭代循环设计的重要环节，该环节整合了多学科知识，学生合作交流，并进行实践操作、反馈与分享、展示与反思，逐步提高对学科知识概念的理解，即对理论知识的学习，理论知识在实践中得以及时运用，实现经验知识的获取与积累，使得学生真正掌握实践技能。

项目方案设计和项目方案实施。通过项目实践，学生与真实世界发生了互动，学生的视野、思维被最大限度地打开，有利于自己的兴趣取向与背景文化、社区生活等相关联，学生能够真正基于现实标准评价自我成长。学生可以以科学家的视角思考问题，依据所选项目设计方案，通过小组讨论、教师引导等方式改善方案，并全面考察与分析方案的可行性、实施难度、绩效等因素以确定最终方案。在这过程中，独立的设计程序有助于学生逻辑

---

① Wheelwright S C, Clark K B. Revolutionizing Product Development: Quantum Leaps in Speed, Efficiency, and Quality[M]. New York: The Free Press, 1992.

思维、发散思维、直觉思维的培养,团队间的沟通交流与协商有利于学生横纵思维、辩证思维的提升。此环节侧重点在于帮助学生利用技术以解决实际问题,提升动手实践能力,使学生能够综合利用信息技术及开源硬件将创意想法转变为实实在在的物化产品。3D建模使用形象思维将抽象的物理设计转换为形象的实体作品,训练学生的空间想象能力。程序的编写有利于锻炼学生将思维计算及数学知识应用于对大小、速度、距离等程序参数的预测,以训练学生的逻辑思维、纵向思维。程序测试通过局部迭代循环检验、修正程序编写与模型组建,对学生创新能力的提升有很大的帮助。该环节是学生在做中学习项目经验知识的重要环节,项目经验知识的积累通常伴随着系统性思维能力的提升,其可为学生未来职业应用所需的工程思维能力打下基础。

3.评价阶段

评价阶段由项目成果展示与分享、项目成果评价两部分构成。

项目成果展示与分享。雷斯尼克教授是美国MIT终身幼儿园研究小组主任,他所提出的创意思考螺旋(creative thinking spiral)主要包括不断迭代发展的五个阶段:想象、创造、玩耍、分享、反思、再想象。交流分享创作成果和深刻反思学习过程是作品创作过程中的重要环节,是灵感与创意的源泉。创新是分享的基础,分享是创新的动力。在创新、分享的循环中,学生能充分享受到创客教育所带来的无穷乐趣。

项目成果评价。在学生充分展示、分享作品的基础上,通过多元主体参与的客观性评价对学生进行评价,客观性评价由教师评价与组内评价两部分构成。组内评价是由自我评价、同伴互评两部分构成的,并依据创新能力评价指标体系,[①]从创新能力、工程性思维等方面进行,对动手实践能力的评价注重作品的完成程度、难度。组内评价包含对小组作品的实用性、功能性及新颖性的评价;教师评价主要注重对成员的参与情况、分享表现及小组作品的创新性等方面的评价。对于实用性、功能性及新颖性突出的作品,可邀请专家进行进一步评选,优异作品可选送参加创业大赛,具有商业价值的可

---

① 申静洁. 创客教育课程中学生创新能力评价研究[J]. 现代教育技术,2018,28(10):120-126.

支持孵化为创业项目。项目成果评价的合理实施,可提高学生的学习主动性、积极性,不断实现对知识的更新、重组与创造。

二、创客教育的技能提升要素分析

(一)学习环境

创客教育正常实施需要学习环境的有效支撑,创客空间是学生资源与知识共享、创意实现的开放实验室,本部分内容以创客空间2.0教学环境为基础,如图10-4所示。基于O2O的创客空间由线上虚拟空间和线下实体空间两个部分构成,线上虚拟空间作为线下实体空间的有效补充,打破了时空限制,扩充了创客活动的施展空间。将虚拟现实、增强现实等前沿技术应用于创客空间可帮助职业院校利用信息化的教育手段推动创客教育发展。应用虚拟现实、增强现实的创客空间有利于营造真实情景,使学生的身心得以放松,快速投入真实问题的解决过程。线上虚拟空间包含丰富的学习资源,学生可通过微信群、微信公众号、网络课程进行线上学习,了解项目背景知识,领取教师布置的任务,或者自己创建任务,组建团队,分配任务,发起异步讨论,分享交流。对于难以解答的难题,学生可参考线上先期项目案例,或者向各领域专家、教师等寻求答案。教师可借助线上创客空间为学生布置各项任务,制定学习计划,随时了解学生进度。线下实体空间是主体,学生通过线下实体空间将项目任务付诸实践,可邀请专家或教师予以指导,在组间、组内开展面对面的交流。通过线下虚拟空间,教师也可随时随地了解学生的进度,发现学生的困难,及时提供相应的指导。创客空间2.0更注重以学生为学习主体,线上线下空间的有机结合,更快速有效地将学生的作品展现出来,帮助学生的知识与技能同步提升。

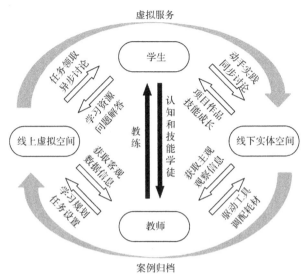

图 10-4　创客空间 2.0 功能模型

（二）管理者

管理者是学校创客教育有序开展与正常运营的重要保障,既要提供线下实体空间,也要提供线上虚拟空间。创客空间是创客教育的主要学习环境。创客教育的实体环境主要包括支持创客教育开展的材料加工和手工制造、开源硬件设计与开发、3D打印的工具,计算机、摄像机、照相机,以及校外安全的活动场所等资源条件。当然,由于基础设施有所不同,学校与学校之间会有所差别。虚拟环境是实体环境在虚拟空间上的扩充,是"互联网+"技术的应用,包括虚拟现实、增强现实等技术的应用,也包括基本的网络学习环境。职业院校创客教育模式,即"理虚实一体化"创客教育模式,"理虚实一体化"的线上线下空间建设遵循科学的理论。创客教育理虚实的结合使得理论知识更好服务实践,更好被实践还原,更加容易被学生所掌握吸收,有别于传统的单纯的只有抽象的理论知识的学习,也有别于理论和实践完全分离开的模式。这种模式更有利于激发学生的学习热情,使其更乐于设计、制造、改进升级,最终在创作作品的过程中,提升学生的创新能力、系统性思维。

（三）教师

创客教育实现了教育重心从传统"以教师为中心"向"以学生为中心"的转变。创客的创造性活动兼具综合性强、难度高且复杂等特点，不仅对教师的职能与角色提出了新的挑战，而且使学生在创客学习的过程中遭遇诸多困难，需要在多学科知识运用、技术工具使用、灵感启发等多方面获得专业的支持与引导。创客教师应当能够熟练掌握并操作各种技术、工具等；对新事物的接受度高且快，并能够融会贯通，创新应用；具有诱导、启发的教学能力，善于发现学生的闪光点并加以指点。创客教育需要教师具备一些专业技能，包括多元化的专业知识结构，能够进行创客课程开发，对创客空间建设提出设计方案，能够利用创客技术进行创客教育教学。

（四）学生

传统"以教师为中心"的教学中，学生是知识的接收机，缺乏知识的重组与构建过程，这种灌输式的教学忽略了对学生创造性思维的培养。创客教育是以"学生为中心"的新的教学方式，以学生的兴趣为出发点，使学生转变成知识的创造者，不断推进教学活动的开展。

（五）技能评价

创客教育的技能评价具有学习诊断、反馈调节、激励、学习导向等功能特点。包括自评、小组互评及教师评价的多元主体参与评价，以及过程性评价有利于教师了解学生对技术能力的掌握程度，分析对学习有利的因素，进而确定下一步的学习对策与措施。技能评价过程呈现的信息，有利于通过及时反馈对各个环节（包括技能目标）进行有效调节和控制，也有利于学生了解自身的优势和不足，不断反思学习方法，提高学习效率。

三、创客教育的技能提升模式构建路径

本章以建构主义学习理论、创新教育理念、项目化学习理念及设计型学

习理念等为理论依据,对创客—STEM 教学模型及双循环探究模型[①]进行改进与完善,构建如图 10-5 所示的"理虚实一体化"创客教育模式。该模式以创客空间 2.0 为基础,并借助于虚拟现实、增强现实等信息化技术手段营造虚拟化空间,以培养创新能力、系统性思维及动手实践能力为核心,根据项目式学习和体验式学习流程将训练过程模块化,为开展创客课程实训提供有效的教学实践模式。

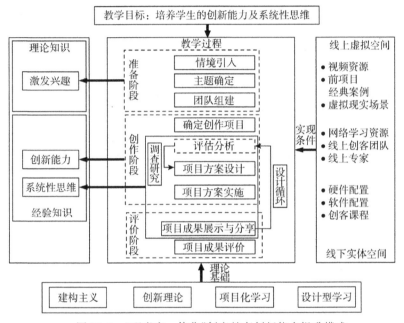

图 10-5　"理虚实一体化"创客教育创新能力提升模式

　　"理虚实一体化"创客教育模式旨在培养学生的创新意识、创新思维、创新技能、系统性思维,推动学生在创新实践过程中提升动手实践能力,并创作出具有实用性与价值性的产品。"理虚实一体化"是传统的"理实一体化"的升级,"理虚实一体化"既包括传统意义上的理论与实践的相结合,在实践中将理论知识转化为实践知识,同时进行了升级。"理虚实"有双重含义,既有知识转化的含义,又有学习环境多重融合的意义。知识分为理论知识与

---

① Kolodner J L. Facilitating the learning of design practices: Lessons learned from an inquiry into science education[J]. Journal of Industrial Teacher Education, 2002 (39): 9-40.

经验知识,理论知识的学习贯穿整个项目,经验知识是实践的产物,也是理论知识通过实践转化的产物。空间既包括线上虚拟空间,又包括线下实体空间,以及虚拟现实、增强现实等信息技术营造的扩充空间,它们共同促进创客教育的有效开展。知识与学习环境在时间和空间突破了限制,更有利于职业院校学生的学习。"理虚实一体化"主要包括理论基础、教学目标、教学程序、实现条件、教学评价五个部分。教学过程主要包括准备阶段、创作阶段、评价阶段,以及贯穿于创作阶段与评价阶段的设计循环阶段,学生的学习过程分为情境引入、主题确定、团队组建、创作项目确定、评估分析、项目方案设计、项目方案实施、项目成果展示与分享、项目成果评价等九个环节。其中,在准备阶段的情境引入与主题确定环节,教师可以融入相应的基础理论知识,弥补学生基础薄弱的劣势,帮助学生树立创作自信心,提升自我效能感,激发出更大的创作潜力。创作阶段,学生可依据线上虚拟空间,以及线下实体空间的学习资源、工具、配套的软硬件设施,将创意想法变为实际产品。通过产品的设计和完善、材料选择、工序确定等促进学生系统掌握工业设计与制造流程,培养系统性思维,并将理论知识转化为经验知识。评价阶段,学生的作品得以展示与分享,作品欠佳的学生可在分享的过程中发现产品缺陷,激发其优化设计的灵感,由此主动进行设计循环,迭代升级作品。在设计循环环节,学生对新问题有了更多的思考,激发了学生主动探究问题的热情。通过对产品缺陷评估与优化设计的分析,在现实条件的支撑下,学生将有效地借助线上虚拟空间的学习资源开展调查研究、讨论交流等,以获取解决方法,制定产品优化升级方案并实施。教师评价、同伴互评、学生自评等包含多元参与对象的评价方式,以及专家、创客团队的阶段性参与,保证了学习活动评价的全面性与科学性,同伴及教师的赞扬与肯定,有利于学生保持继续学习的动力与方向,增强学生学习的主动性和积极性。

第十一章　高端制造领域技能人才工匠精神培育策略

"工匠精神"一词最早由我国知名企业家、教育家聂圣哲提出,他认为工匠精神是职业能力、道德、品质的综合体现,能够反映从业人员的行为表现及职业价值取向,一个敬业出色的木匠比一个平庸的博士对社会贡献更大。聂圣哲在谈到振兴中国制造时表示,重振制造业的关键是靠一流的产品质量,我国要用数十年的时间变成精造强国,品质和工艺是精造的关键,否则中国制造永远无法摆脱核心技术和精密零部件依赖进口的被动局面,也就是说,中国制造业的发展需要工匠精神。

第一节　工匠精神是高端制造领域的内核

中华 5000 年文明史就是一部工匠精神的演变史,蔡伦的造纸术、李春的赵州桥、鲁班的木匠工艺等,都是我国古代对工匠精神的阐释。青铜器、陶瓷、丝绸、剪纸、刺绣、皮影、油纸伞、中国结等都是历史留存的物质文化遗产,体现着我国工匠从古至今技艺的精进,对行业的坚守,都是对工匠精神的具体阐释。工匠精神的历史演变可以分为出现、没落和回归三个阶段,每个阶段都和当时的经济状况、社会环境和文化传统相契合,也就是说工匠精神是具体时代的产物。2016 年,工匠精神首次被写入政府工作报告,报告指出要"鼓励企业开展个性化定制、柔性化生产,培育精益求精的工匠精神,增品种、提品质、创品牌",要促进制造业升级,深入推进"中国制造+互联网"。

实现制造强国战略的前提是不断创新并有效提升产品质量,这些都需要精益求精的工匠精神。党的十九大报告再次强调弘扬工匠精神,营造精益求精的敬业风气,可见我国对工匠精神的高度重视。

第二节 高端制造领域技能人才工匠精神调研

高端制造业的发展离不开高技术技能人才,研究发现,工匠精神是高端制造领域技能人才的灵魂内核,因此,学者多围绕技能人才应该具备怎样的工匠精神及如何培育工匠精神展开研究。根据埃里克森的人格发展八阶段理论,第五个阶段青年期(即弗洛伊德人格发展阶段中的两性期)为12—18岁,这个阶段的主要任务是建立自我同一性,这个阶段的个体通过外界对自己的反馈以及自我评价与反思,明确自己这一生要成为什么样的人、要从事什么样的工作、要用什么样的方式度过这一生。也就是说,社会与个人的统一,主观自我与客观自我的统一,以及个体历史性任务的认识与其主观意愿的统一,这些价值观的确立都源于自我同一性,它的建立关系到个体一生的发展方向。根据埃里克森的自我发展理论,工匠精神这一价值信仰在12—15岁中学阶段培养较好,对于技能人才来说,这个阶段对应的是中等职业教育期。因此,为探究高端制造领域该阶段群体对工匠精神的认识,并提出培育路径,笔者选取40位中职阶段教师、220位学生以及相关企业群体开展调研,力求掌握工匠精神的培育规律。

一、调研方法

首先,笔者采用文献法,查阅了与国内外高端制造领域技能人才培养以及工匠精神相关的文献,对高端制造领域工匠精神培育现状进行分析,归纳了工匠精神的内涵及培育路径,发现目前世界范围内对工匠精神内涵的研究分析缺乏系统性,针对特定行业特别是高端制造领域的少之又少,提出的工匠精神培育路径难以落地,更缺少具体实践模式。其次,对300余名高端制造领域相关企业的管理技术人员、职业院校师生进行访谈,并结合调查问卷厘清了高端制造领域工匠精神的内涵特质,以及工匠精神培育相关策略。高端制造领域工匠精神内涵分为"技能"和"思想"两个层面,技能方面需要达到一定的熟练度、精确度并具备创造力,能够满足高端制造领域技术发展要求;思想方面需要遵守一定的行为规范。分别从国家、企业、学校、个人四个层面设计了培育路径。最后,提出在职业生涯训练中培育工匠精神的操作模式,涵盖训练期、提升期、反思期、创造期、合作期五个培育阶段,并设置了不同阶段的培育目标及实施路径。

二、高端制造领域工匠精神文献调研

通过文献分析,利用CNKI等数据库,以"工匠精神"和"职业教育"为关键词进行检索,截至2018年12月31日,共检索相关文献397篇,其中普通期刊论文317篇,核心期刊及CSSCI论文60篇,硕士学位论文4篇,会议论文16篇。数据整理和筛选过程遵循以下原则:一是删除活动类、报道类文献;二是删除相关度不高的文献;三是删除重复发表的文献。最终筛选出有效文献366篇,其中普通期刊论文295篇,核心期刊及CSSCI论文54篇,硕士学位论文3篇,会议论文14篇(含1篇国际会议论文),如图11-1所示,论文发表时间主要集中在2016年至2018年。

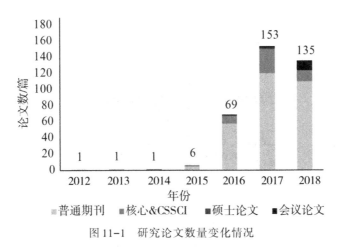

图11-1　研究论文数量变化情况

（一）国内"工匠精神"培育现状

通过对366篇论文进行关键词统计发现,关键词主要集中在"职业教育""工匠精神""现代学徒制""人才培养""培育路径""校企合作"等,如图11-2所示。为了明确近年来工匠精神研究主题间的关系结构,通过CiteSpace软件进行计量可视化分析,如图11-3所示。可见,工匠精神相关研究主题相对分散,除了"职业教育"与"工匠精神"主题高度聚合,研究内容偏向意识层面,缺乏细致深入的实证性研究。

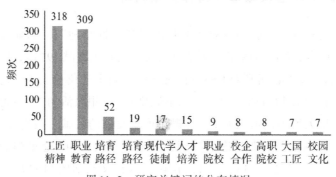

图11-2 研究关键词的分布情况

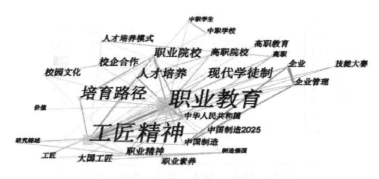

图11-3 工匠精神相关研究主题的结构

由于关键词过于笼统,因而基于关键词共现网络图,继续进行文献分析发现,研究内容主要集中在工匠精神的内涵(164篇)、工匠精神的历史演变

（14篇）、工匠精神的价值意义（108篇）、工匠精神的培育困境（46篇）以及工匠精神的培育路径（317篇）五个方面。工匠精神的培育路径研究颇多，进一步分析发现，研究集中在通过工匠精神促进职业教育的发展。通过对366篇论文进行分析发现，职业教育培育工匠精神的路径如图11-4所示，论文中同时提出两种及以上路径的归为两类及以上。

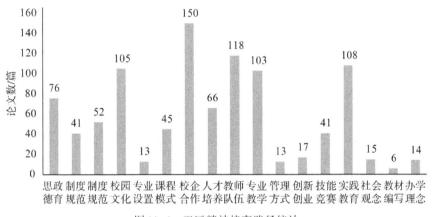

图11-4　工匠精神培育路径统计

如何培育工匠精神，国家层面主要是制定相关政策，保障工匠权益，完善制度保障，建立激励和惩罚机制，创造适合工匠精神培育的大环境；社会层面要形成特定的社会文化氛围，转变"学而优则仕""万般皆下品，唯有读书高"等传统社会文化观念；学校企业层面要创设有利于工匠精神培育的校企文化环境，制定完善相关制度，对校企合作过程、利益主体、监督评价等做出规范以提升校企合作成效；教学层面要进行教师队伍建设，创新人才培养模式，重视思政德育、竞赛训练、实践教学等培育方式。

（二）国外"工匠精神"培育现状

德国和日本的工业品都曾一度是劣质商品的代名词，但两国能在短短数十年发生根本变化是因为其崇尚工匠精神的社会环境和制度基础。日本工匠精神经过长期的历史演变，蕴含着爱业情怀、崇尚极致、专业精神、追求"美"、心怀顾客、安分淡然等丰富内涵，受地理环境、历史背景、文化传统、经济社会制度及企业制度等多方面影响。"职人"是"工匠"在日文中的表述，

"工匠精神"对应的日语为"职人气质"。在日本,"职人"通常指在特定行业经过多年训练而具备娴熟技艺,能仅靠个人技艺完美呈现产品的手工艺者。在日本,从学徒成长为职人需要几年至十几年时间,特殊行业甚至需要20年以上。德国工匠精神受到宗教伦理、民族性格、企业文化及工程师文化的影响,两次世界大战的战败经历以及长时间严格的法律制度规范,使德国人养成了勤奋、节俭、准时、严谨及做事一丝不苟等性格,其在产品制造中将质量作为第一标准,不断追求极致与完美。此外,德国的制度体系、社会市场经济模式及整个社会对工匠精神的尊敬与重视都为工匠的培育创造了良好的氛围并奠定了坚实的基础。而职业教育则是德国工匠主要的培育渠道。在德国,年轻人大多参加了各类职业教育,且职业教育基本涉及所有职业,专业设置全面。这一高度发达的职业教育体系为德国制造业的发展供给了强大的人才队伍,"双元制"职业教育模式更是其职业教育的精髓,是培育工匠精神的主要途径。

三、高端制造领域工匠精神现状调研

为进一步研究工匠精神培育的困境及影响因素,提出面向高端制造领域的工匠精神培育策略,笔者对多家机电技术企业的研发主管、技术总监、销售总监及数位职业院校机电专业师生进行了访谈和问卷调查。教师问卷以纸质问卷形式发放和回收,共发放问卷40份,去除无效问卷3份,有效问卷37份,有效回收率为92.5%。学生问卷以线上问卷为主,共发放问卷220份,去除无效问卷16份,有效问卷204份,有效回收率为92.7%。

（一）工匠精神内涵调研

参与问卷调查的37位教师中共有22位曾带学生参加技能大赛,其中9位教师指导的学生获得过国家级技能大赛奖项。问卷第9题、第10题分别询问教师工匠精神在技能、思想层面上的内涵。经选择、排序和统计分析得到每项特质的平均综合得分[选项平均综合得分=（Σ 频数×权值)/本题填写人次]。教师认为工匠精神在技能层面的内涵主要包括"高熟练度""操作严谨"及"有创造力",部分教师还提出工匠精神要求具备一定的职业素养,

工匠精神思想层面的内涵主要包括"耐心""专注""有责任心""注重规范性"（见图11-5、图11-6）。

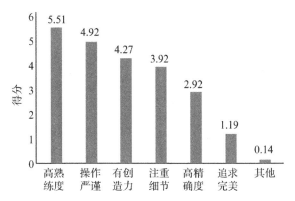

图11-5　教师对工匠精神技能层面内涵的看法

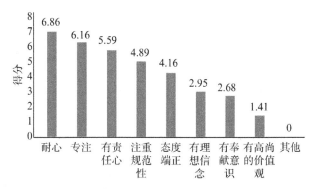

图11-6　教师对工匠精神思想层面内涵的看法

学生认为工匠精神在技能层面的内涵主要包括"高熟练度""操作严谨""注重细节"，工匠精神思想层面的内涵主要包括"耐心""注重规范性""专注""态度端正"，如图11-7、图11-8所示。

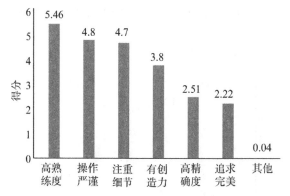

图 11-7　学生对工匠精神技能层面内涵的看法

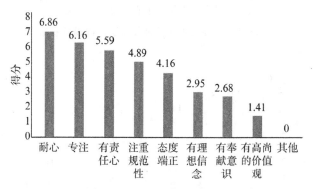

图 11-8　学生对工匠精神思想层面内涵的看法

通过对技能大赛奖项进行统计发现,技能大赛国家级奖项1项,省级奖项2项,市级奖项6项,校级奖项32项。不同等级的获奖者选择结果呈现显著差异,最明显的是第12题:"在操作过程中,你是否曾有过独特的想法并付诸实践",选择结果呈显著性差异。

在选择操作过程中不曾有过独特想法选项的学生里,未获得过技能大赛奖项的学生占比28.22%,获得技能大赛奖项的学生占比仅6.25%,远低于未获得过技能大赛奖项的学生比例,获得国家级、省级、市级技能大赛奖项的学生比例为0。虽然样本有限,但经过卡方检验依然得到$p=0.039<0.05$的显著性差异指标。另外,对题7及题12进行皮尔逊相关分析得到表11-1,两者明显呈负相关关系,因为题12第一个选项是"是",第二个选项是"否",

因此可见"学生所获技能大赛奖项等级"与"其是否曾有过独特的想法并付诸实践"存在显著相关性,学生所获技能大赛的奖项等级越高,其自身的创造力就越强,说明创造性是工匠精神不可或缺的特质之一。

表11-1　题7与题12间的皮尔逊相关分析结果

		7.你获得的最高等级技能大赛奖项是什么?
12.在操作过程中,你是否曾有过自己独特的想法并将其运用于实践过程中	相关系数	−0.222**
	p 值	0.001

注:*$p<0.05$,**$p<0.01$。

(二)工匠精神培育策略调研

对教师的调研中发现,学校、国家政府、社会发展、校企、学生个人特质四个层面对工匠精神培育都有一定的影响,其中影响最大的是校企和学生个人特质两个层面,其中,校企层面的教师队伍、校园文化、专业教学及课程模式对工匠精神培育的影响最大,如图11-9所示。

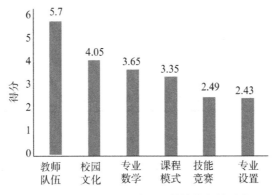

图11-9　学校层面影响工匠精神培育的因素

目前工匠精神的培育困境,主要是缺乏相关政策支持、优秀的工匠型教师及具体可行的课程模式,如图11-10所示。

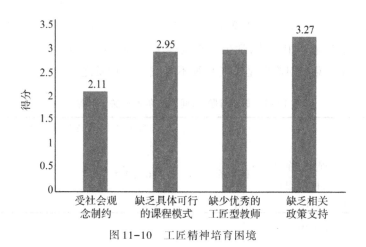

图11-10　工匠精神培育困境

学生问卷发现,学生所获技能大赛奖项等级与其自身的兴趣爱好、遇到操作困难时的做法、每周花在技能学习及训练的时间均呈显著正相关。表11-2显示学生所获最高等级技能大赛奖项与多次操作失败后的做法之间呈显著正相关,选项依次为"直接放弃""咨询他人,若仍不成功则放弃""咨询他人,再次尝试至操作成功""独立思考并继续尝试至操作成功"。学生所获技能大赛奖项越高,选择"直接放弃"选项的概率越小,选择"独立思考并继续尝试至操作成功"的概率越高,可见学生所获技能大赛奖项越高,越可能具备独立思考的能力,遇到困难更不会退缩,或者反过来,该能力本身促使其获得技能大赛奖项。

表11-2　题7与题16间的皮尔逊相关分析结果

		7.你获得的最高等级技能大赛奖项是什么?
16.如果多次操作失败,你一般会怎么做?	相关系数	0.143**
	p值	0.041

注:*$p<0.05$,**$p<0.01$。

表11-3表示学生所获技能大赛奖项等级与其对技能操作的看法呈显著正相关,选项依次为"很讨厌,不得不学""无所谓,学就学吧""比较感兴趣""特别感兴趣"。学生所获技能大赛奖项越高,对技能操作的兴趣越大;而选择"很讨厌,不得不学"的学生集中在未获得技能大赛奖项的学生群体中,可见兴趣能提高学习主动性并有助于技能的提升。

表11-3　题7与题18间的皮尔逊相关分析结果

		7.你获得的最高等级技能大赛奖项是什么？
18.对于技能操作，你有什么看法？	相关系数	0.196**
	p值	0.005

注：$*p<0.05$，$**p<0.01$。

表11-4表示学生所获技能大赛奖项等级与其平均每周花在技能学习及训练上的时间呈显著正相关，选项依次为"3小时以下""3—6小时""6—9小时""9—12小时""12小时及以上"。学生所获技能大赛奖项越高，其平均每周花在技能学习及训练上的时间越多。由此可见，学生要想在技能大赛中获得更好的成绩，就需要通过更多的技能训练来提高自身技能水平。同样，工匠精神也与技能学习的时间呈显著正相关。

表11-4　题7与题20间的皮尔逊相关分析结果

		7.你获得的最高等级技能大赛奖项是什么？
20.你平均每周花在技能学习及训练上的时间有多少？	相关系数	0.345**
	p值	0.000

注：$*p<0.05$，$**p<0.01$。

通过对学生的问卷调查发现，技能方面，创造力及技能训练时间至关重要，并且技能操作的熟练度是前提，其次是操作精确度，最后才是创新创造、追求完美。思想方面，注重原则、规范性是前提，其次是耐心专注，最后才是高尚的价值观与理想信念。

四、工匠精神培育的困境

工匠精神培育的困境有以下几个方面：受社会观念制约、缺乏相关政策制度支持、缺少优秀的"工匠型"教师及缺乏具体可行的课程模式。手工业时期，民匠或官匠均依托不成文的规矩或成文的行规提供制度保障。据记载，西周时期便有了针对工匠较为完善的管理制度，《唐律疏议》《秦律杂抄》等都记载了"物勒工名"等质量责任及保证制度，明代更是设置了较为完善的匠籍制度。但直到今天我国并没有完善的工匠制度，工匠精神培育更是缺乏足够的政策支持。首先,国家缺乏顶层设计,缺乏有效的政策文本;其次,社会对工匠精神缺乏理解和认同感;再次,缺乏"工匠型人才"任用条件及准入资格、培育及晋升制度、管理及职称制度、考核制度等。

影响工匠精神培育的因素主要有国家政府层面、社会发展层面、校企层面及学生个人特质层面四大因素,如图11-11所示。

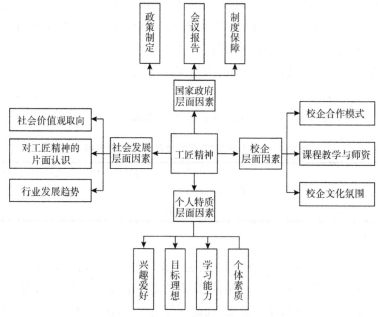

图11-11　工匠精神培育影响因素分析

(一)国家政府层面因素分析

国家政府决策是社会发展的风向标,会对工匠精神培育产生较大影响,这体现在以下几个方面。一是重大会议报告提及"工匠精神"促进相关研究。例如,2016年政府工作报告中提到"工匠精神",引发社会热议,可见在一些重大会议报告中提及工匠精神会在很大程度上决定其发展方向。二是相关政策制定与执行推动"工匠精神"培育。我国并没有完善的工匠制度,但有关技能人才培养的政策制定都促进对工匠精神的培育。例如,《关于提高技术工人待遇的意见》等政策虽然没有直接提到工匠精神的培育,但突出了对技能人才的重视,影响着职业院校工匠精神培育的力度、方向与策略等。三是各项制度为工匠精神培育提供保障。是否有成熟完善的国家资格框架体系,相关部门对行业岗位从业资格的管理是否严格及其他相关的保障制度都是对学生学习过程或未来就业的保障,会影响学生的学习积极性,影响工匠精神培育。

(二)社会发展层面因素分析

一是社会价值观取向影响工匠精神培育。物质利益驱动的社会价值观不利于工匠精神培育,若社会价值观普遍积极向上,重视创新,社会成员吃苦耐劳,注重个人价值的实现,则有利于工匠精神的培育。二是对工匠的片面认识制约工匠精神的培育。由于长期受到官本位等观念的影响,社会中重脑力、轻体力的观念根深蒂固,工人社会地位、薪酬不高,因此工匠精神的培育存在不小的社会压力。若社会能够从多个角度认识工人的价值,全面合理科学地评价技能人才,形成重视技能、尊重工匠的社会氛围,树立技能出彩、人人能成才的社会观念,将推动工匠精神培育。三是行业发展模式制约。过去几十年的经济发展片面追求发展规模,制造业生产高成本、高投入、高消耗,产品供给过剩,优质产品稀缺。随着传统制造业的转型升级,传统技能人才也需要随之变革。

(三)校企层面因素分析

校企层面培育工匠精神主要取决于双方的合作模式、课程教学与师资、学校和企业文化氛围几个方面。一是校企合作模式的影响。学校专业设置、教学内容设计、课程实施都需要综合考虑企业的人才需求,校企合作过程中要加强企业需求与学校人才供应、教学内容与企业实训内容、企业文化与职业标准的对接。二是课程教学与师资的影响。设置课程内容、规划教学时间、实施具体教学手段都决定培育结果。无论是教师的理论知识丰富度、实践教学能力,还是教师的教学态度、敬业情怀等都将影响学生工匠精神的培育,不仅是学校教师,企业导师也会影响工匠精神的培育效果。三是学校和企业文化氛围的影响。学校中日常言行及习惯养成规范、学习生活制度、校园文化都会对工匠精神培育产生影响。特定的企业文化也会为实训营造一定的氛围,使学生认识到未来职业所需的职业素养,意识到个人、技能、企业的关联价值。

(四)个人特质层面因素分析

个体特质如兴趣爱好、目标理想、学习能力及个体素质都将决定工匠精神的养成,一是兴趣爱好为前提条件。对特定专业、技能的兴趣会激发学生学习的主动性。二是目标理想为动力。三是学习能力。学习能力包括知识、技能等方面的能力,还有记忆、理解、思考能力。四是个体素质。抗挫力强会使学生遇到学习问题时更能坚持下去,自信心强会使学生更具有内在学习动力,自制力强会使学生抵抗住各种外界诱惑,在技能操作中更加专注严谨。

第三节 高端制造领域技能人才工匠精神内涵分析

一、何为工匠精神

工人是以工资为生的工业或手工劳动者,往往不要求具备一定的生产技能。技工需要有一定专长或职业技能。技师则是指技工中的佼佼者,是技能工程师,强调精通某一技能。工匠不同于上述几类人群,指具有工艺专长的匠人,专注于某一领域,对该领域的产品研发或加工过程全身心投入,不仅强调技艺精湛,更强调"精益求精、专注敬业、耐心坚持、一丝不苟、开拓创新"等品质。工匠在制作每件产品时都会心无旁骛、全身心地投入,在产品中融入个人特质,赐予其生命力,即使是最普通的产品,经工匠之手塑造也能拥有独一无二的特质,具备核心竞争力。工匠的概念由来已久,原始社会末期出现第二次社会分工,手工业从农业中分离出来,出现了专门从事手工业生产的群体,称为"匠",并逐渐演化出木匠、石匠、泥水匠、铁匠、铜匠、银匠等,他们均是专攻某一领域技艺精湛的师傅。传统社会纺织、瓷器、建筑等行业的发展都依赖优秀的工匠,赋予了工匠一定的时代内涵。随着时代变迁,社会对工匠的要求也随之改变,内涵也在进一步延伸。

对工匠精神内涵的剖析和层次划分是培育优秀工匠的基础,有利于制定工匠培育的策略。我国学者从不同角度对工匠精神的内涵进行了划分,例如,从哲学思想发展的视角分为精神传授、精神特质与精神境界三个层次;伦理学视角包含对职业的敬重、对技艺的执着和对品质的苛求;中国文化视角下体现为"尚巧"的创造精神、"求精"的工作态度、"道技合一"的人生境界。①除了不同视域下的研究分析以外,学者还将工匠精神的内涵划分为不同的层次,如表11-5所示。

表 11-5　工匠精神的内涵层次划分

层次	内涵						
一	外在表现	工艺精神	技艺层面				
	内在特质	人文精神	精神层面				
二	专业精神	崇尚技艺	精于工	精神传授	思想层面	职业技能	创造精神
	职业态度	执着创新	匠于心	精神特质	行为层面	职业素养	工作态度
	人文素养	价值理性	品于行	精神境界	目标层面	职业理念	人生境界
三	严谨精神	专业品质	制造精神	人格心理	尚美情怀	专业水平	师道精神
	创造精神	职业精神	创造精神	专业技术	求新理念	专业精神	制造精神
	实践精神	职业态度	实践精神	职业精神	求精精神	职业态度	创造精神
	敬业精神	团队精神	创业精神	价值情怀	求卓理想	人文素养	实践精神

二、工匠精神内涵理论模型与基本要素

工匠精神的基本内涵主要包括敬业、专注、精益、创新等,涉及技能和思想两个层面,技能层面强调具备精湛的技术技能,需要达到一定的操作精确度、操作熟练度并具备一定的创造力;思想层面上归纳为严于律己,具备一定的职业态度及价值理性。因此工匠精神内涵的理论模型主要如图11-12所示。

---

① 肖群忠,刘永春.工匠精神及其当代价值[J].湖南社会科学,2015(6):6-10.

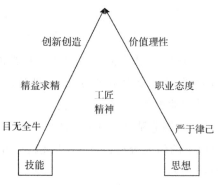

图11-12　工匠精神内涵理论模型

目无全牛要求操作过程中注重细节,为未来操作高端复杂设备奠定基础;精益求精是保持严谨性的同时提高操作精确度;创新创造是在前沿技术熏陶之下尝试技术发明、工具革新、产品创新,形成经常性总结思考的习惯;严于律己要求始终严守操作规范、职业规范及道德规范,守住行业道德底线;职业态度方面需要耐心专注、态度端正,具备一定的理想信念;价值理性方面,要具备一定的责任意识、奉献意识及价值认同,如表11-6所示。

表11-6　工匠精神内涵及基本要素

维度	内涵	基本要素
技能	目无全牛	熟练操作、熟练应用、注重细节
	精益求精	操作精确、操作严谨、精益求精
	创新创造	技能创造、工具更新、产品创新
	严以律己	操作规范、职业规范、道德规范
思想	职业态度	耐心专注、态度端正、理想信念
	价值理性	责任意识、奉献意识、价值认同

第四节　高端制造领域工匠精神培育模式与路径

通过访谈、问卷调查得出工匠精神培育的影响因素,包括社会观念,国家政策,校企实训师资、设施、环境,个人特质差异等。因此,高端制造领域培育工匠精神必须立足国家、学校、企业、个体等多个维度，从技能和思想两个层面入手合理规划培育路径，如图11-13所示。

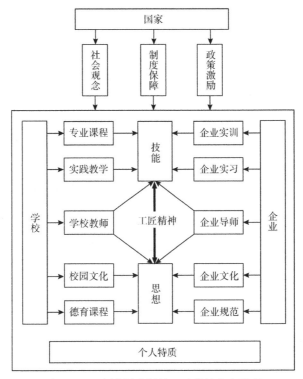

图11-13　高端制造领域工匠精神培育路径

一、高端制造领域工匠精神的培育模式

培育工匠精神的前提是不断提升技能，结合自我效能理论不断内化技能学习过程，达到思想层次的进化，因此，可以通过几个阶段培养工匠精神。工匠精神培育分为五个阶段：训练期、提升期、反思期、创造期、合作期，每个阶段工匠精神的内涵不同，如图11-14所示。培育过程主要依靠项目教学法进行教学，不同项目对应不同层次的培育目标，在建构主义学习理论及做中学理论的指导下培育工匠精神。

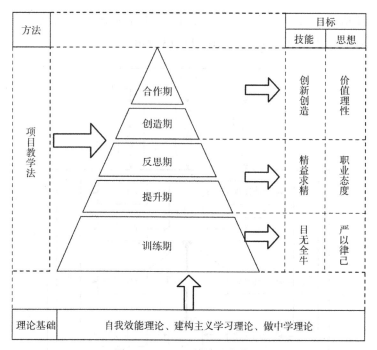

图11-14　工匠精神培育模式

（一）基础阶段：训练期

训练期是培育工匠精神的基础阶段,在这一阶段,需要不断训练各项专业技能,逐步提高技能操作的熟练度,达到目无全牛的境界,为工匠精神的培育打下基础。此外,还需通过技能学习熟悉技能操作的行为规范,遵守道德规范,做到严于律己。技能训练过程可以采用项目式学习方式,项目式学习以学生为中心,强调以项目为主线、教师为引导、学生为主体,项目周期根据需要从一两天到一两周不等,或者持续一个月甚至整个学期。项目可以由个体独立完成,也可以小组合作或者全班共同完成,项目式学习注重学生学习的主体性和自主性,强调从真实情境中寻求答案,主要过程可以分为确立项目、讨论调研、完成创作、成果展示、评价交流,还包括营造教学环境、分组分工等一系列辅助过程。训练期强调认知方面自我效能感的发挥,效能感影响认知过程,包括对所学知识及操作技能的认识、对课程学习目标的设立和学习成果的期待、对技能训练结果的归因判断等。作为工匠精神培育的基础阶段,首先,训练期要调动学生的学习积极性,提升自我效能感,让学生对自己所学技能产生正面认知,积极看待所学的一切。其次,训练过程中学生要正确认识自身能力,选择符合自身能力水平且具有挑战性的目标,树立只要坚持就可以达到目标的信念,高自我效能感会产生高度自信,从而获得对外在环境的控制感,学习态度会更加积极。最后,自我效能感也会影响个体的行为归因模式,不同归因倾向会产生不同学习动机,进而影响学习效率,通过提升自我效能感对自己在技能训练中遇到的困难进行正确归因,可为工匠精神培育打下基础。

(二)进阶阶段:提升期

当学生技能操作熟练度达到一定程度,掌握一定的规范后便进入提升期,该阶段的任务是提高操作精确度,做到精益求精。学生要了解操作精确度至关重要,差之毫厘谬以千里,特别是在精密、高端设备操作过程中,小的误差也许会造成巨大损失,甚至威胁生命安全。例如,化工品密封不足会产生漏液、氧化、变质等问题从而引发重大事故,航天方面密封圈故障可能导致卫星无法进入预定轨道。操作精确度的重要性认知是专业认知的重要部分,简单重复操作也会使产品产生质的飞跃,意识到这一点,学生便可能不再是简单完成布置的任务,而产生一定的学习动机。班杜拉实验曾证实,自我效能感的提升与内在学习动机的增强密切相关,只有学生觉得自己能够胜任学习活动并有能力完成学习任务时,才会产生从事该活动的强烈欲望,该欲望进而转化为学习动机,胜任感越强,信心越足,动机也就越强烈。我国学者的实验研究也表明,学生的自我效能感会通过学习兴趣与动机影响学习成绩,同时,学生带着浓厚的兴趣和强烈的动机投入学习,体验到成功后又会进一步提高学生的自我效能感。

(三)关键阶段:反思期

反思期是工匠精神培育的关键期,要求学生在提升操作精确度的同时端正职业态度,该阶段需要总结过去的学习经历,明确所掌握技能的水平,不断思考以下几方面的问题。首先,清楚地知道自己在做什么。对自己的层次和所处阶段要有清晰的定位,明白学习的意义,提升自我效能感,在技能训练中更有动力。其次,明确能力边界。在对所学技能充分认知的前提下,还要清楚自己的能力边界,在操作项目过程中思考自己所掌握的技能能否突破现有的界限,能够运用到哪些领域,能否与生产实际相联系。思考中也要不断进行心理暗示,提高自我效能感。最后,明确未来规划。对未来有清晰的定位,思考未来从事的行业,要成为怎样的人。

(四)精进阶段:创造期

经过一系列反思,学生要根据自身能力、未来定位在项目中进行创造性学习,能产生鲜明的观点并具备独立思考能力,尝试对常规内容进行改进,在跨领域技能实践中进行知识迁移。教师要充分调动学生的积极性,培养其主动思考的创造性思维,提升其创造意识。创新在很大程度上取决于自主选择,选择什么则与自我效能感相关,班杜拉提出,高效能感者不仅倾向于选择困难任务,而且会在克服困难过程中表现出高度的持久力。实验研究也表明,个体自我效能感越高,越倾向于选择具有挑战性、复杂的任务,并且热衷于工作,希望取得更大的成功。因此,自我效能感与创新呈正相关关系。主动选择有利于激发创造性意识,创造性意识的提升可以依靠校园文化熏陶,如经常播放与专业相关的产品创新、技术创新、工艺创新纪录片等,使学生在接受日常教学的过程中能够时刻了解专业技术前沿,在听、看、学中不断思考技能基础内涵,大胆尝试,完善工艺,创造产品。创造性意识的积累非一日之功,需要长时间的熏陶,具备创造性意识后需要将其付诸实际,将创新工艺融入产品开发过程。

(五)升华阶段:合作期

工匠精神的培育不能仅局限于个体,更需要培育与他人合作沟通的能力,特别是精密仪器和高端设备由无数零部件组成,需要不同专业领域的工匠合作完成任务,所以团队合作尤为重要。合作期产生的团体力量可以内化为更高水平的创造力,使个体形成更高的价值观,并在合作过程中形成责任意识和奉献精神。学生在合作期会遇到前所未有的挑战和个体间的冲突,从而可能会产生焦躁情绪,这也是工匠精神塑造过程中的较大挑战。学生在合作中要学会控制情绪、处理情感,依靠自我效能感克服工作障碍,在困难中保持积极乐观的态度,主动探求解决问题的方法。

二、工匠精神培育的两种路径分析

(一)基于外部环境的工匠精神培育

外部环境保障是工匠精神培育的基础,首先,要转变社会观念。国家引导大众转变根深蒂固的"士农工商""奇技淫巧,君子不为"等传统社会观念,充分发挥新闻媒体的力量,利用舆论的传播力、引导力、影响力和公信力,通过多种方式对大众进行正面价值引导,提升技术工人的待遇和社会地位,营造尊重工人、尊崇技能、热爱劳动的社会氛围。其次,强化制度保障,发挥政策的激励作用,包括但不限于与技术工人相关的知识产权保护、企业管理与考核、技能等级证书等相关制度,在制度保障下为技术工人提供优越的物质条件,提高技术工人的薪酬待遇,使其获得与付出成正比的经济回报,更好地实现自我价值、服务社会。2018年,中共中央办公厅、国务院办公厅印发的《关于提高技术工人待遇的意见》,完善了技术工人的培养、评价、激励及保障等措施,有利于增强技术工人的获得感、自豪感、荣誉感,激发技术工人的工作积极性、主动性、创造性,为工匠精神培育提供了制度保障及政策激励。最后,健全学校各项机制。2019年,人力资源和社会保障部、教育部印发的《关于深化中等职业学校教师职称制度改革的指导意见》规定,文化课教师、专业课教师及实习指导教师也能参与正高职称评定,畅通了教师的职业发展通道,有助于调动教师的教学、科研积极性,从而助力工匠精神培育。

(二)基于课程体系的工匠精神培育

落实工匠精神培育需将工匠精神内涵融入专业课程体系建设中,融入课堂教学目标、教学内容、教学方法、教学评价中。较为重要的是课程教学目标的制定要依据工匠精神的内涵对教学内容进行项目化分类,并合理设计教学目标以落实专业课程中工匠精神的培育。学生要在学习过程中提升自我效能感,间接提升对自我的认识,对技能、专业、行业的认同感、自豪感,逐渐提升思想水平。

对于基于课程体系的工匠精神培育模式的构建,主要理论依据有自我效能理论、建构主义学习理论及做中学理论。

1. 自我效能理论

班杜拉在1977年发表的《自我效能:关于行为变化的综合理论》中首次提出自我效能的概念,自我效能不是个人行为中的固定能力,而是能够综合认知、社会、情绪及行为各方面的亚技能,并组织起来有效综合运用于多种目标实现的生成能力。自我效能感是指个体对成功完成某项工作任务的信念或是对自我能力的感受,需要识别、权衡和整合不同来源的效能信息。效能信息的来源主要有:(1)作为能力指标的动作性掌握经验,即个体对自己实际活动成功与否的感知,是最具影响力的效能信息之一。(2)以榜样成就为中介,通过能力传递及与他人成就比较来改变效能信念的替代经验,即个体能够通过观察他人的行为表现并分析与其之间的行为表现差距来获得关于自我能力的认识。(3)使个体明确自己具备某方面能力的言语说服或其他类似社会影响。(4)人们用以判断个人力量、能力与机能障碍脆弱性的身体及情绪状态。

自我效能感由多种来源,如活动的、替代的、社会的及生理的效能信息整合而成,对这些效能信息进行认知加工则产生了效能信念。效能信念又通过获取成就所要依靠的认知、动机、情感和选择过程来调节人类活动:(1)认知过程。效能信念的高低会影响对所处情境的解释、对预期情况及想象未来的建构类型。自我效能感高的人倾向于将当前情境视为实现目标的机会,他们想象取得成功的场景并为行为表现提供积极的指导;自我效能感低的人则容易设想最终行为失败的场景,将各类不确定的情境视为冒险。(2)动机过程。在动机的认知调节过程中,效能信念起着核心作用。自我效能感通过认知过程发挥主体作用,通常还带有动机的因素。例如,目标的设定便受到个体成就动机水平的制约,效能信念高低不同,对于完成某件事的目标设定、动机强度也将不同。[①]（3）情感过程。自我效能感影响个体的焦虑表现、应激状态及抑郁程度等身心反应过程。自我效能感低的人遇到问题时，会过多地想到个人存在的缺点与不足，并将所面对的问题或潜在的问题看得比实际上更严重。这种想法容易产生心理压力，使其将注意力大多置于最终可能得到的失败和将产生的不利后果上，而不思考如何有效运用其已有能力去实现目标；自我效能感高的人则把更多的注意力和努力集中到情境的具体要求上，充满自信心，积极地看待面临的问题，并被遇到的困难激发出更大的努力。[②]（4）选择过程。个体一般选择自以为能有效应对的环境，规避自我感觉不可能控制的情境，而此类情境因素又反过来影响行为技能及人格发展。[③]

2.建构主义学习理论

建构主义学习理论将学生视为意义的主动建构者，强调学生原有概念、知识、技能、信仰及习惯等会影响其记忆、推理、解决问题、获取新知识的具体方式，影响其对学习内容的理解和内化；强调知识应用的情境性，学生以已有经验为基础来建构对知识新的理解。建构主义学习理论要求教师走出自我中心的误区，尊重学生个体，倡导教学活动中的交往与对话，让学生在具体情境中学习，如现代的情境性教学、支架式教学、项目式教学等教学方法都遵循着该理论。工匠精神培育模式也需融合建构主义学习理论，要求学生在具体的项目情境中，充分发挥学习主动性，让学生成为意义的主动建构者，教师只是从旁指导并适当提供帮助。工匠精神的培育模式需建立在不同的情境之下，每一个项目的实施都要建立在前面项目的基础上，不断向上建构，最终达成工匠精神的培育目标。

3.做中学理论

做中学理论是美国教育家杜威从哲学的认识论出发做出的推论，也是他从教育实践中得出的结论。杜威认为"思维起源于疑难"，人在生活中遭

① 赵呈领.一种整合创客和STEM的教学模型建构研究[J].电化教育研究,2018,39(9):81-87.

② 李彤彤.创客教师专业素质结构研究[J].中国电化教育,2017(6):80-86,142.

③ Sheridan K M, Halverson E R, Litts B, et al. Learning in the making: A comparative case study of three makerspaces[J]. Harvard Educational Review, 2014 (4):505-531.

遇难题才会解决问题,进行思考,这应用在教学上便是"从做中学",教学不应直截了当地灌输知识,而应当引导学生从活动中得到经验及知识。"从做中学"一方面指"从经验中学",学生以已有经验为基础,以丰富和积累经验为目的;另一方面指"从活动中学",学生在学习活动中积累经验,获取知识,并在其中参与、体验、合作、探究。杜威的做中学理论是其教育理论体系中重要的教育思想之一,同时也对其他教学方法有着重要的指导意义。随着社会的发展、教育的发展,人们对做中学的理解不断发生变化,如何做、做什么、如何学、学什么都是需要结合现实进一步探索的内容。在工匠精神的培育中也应该贯彻做中学理论,以项目教学法为依托,强调学生在实际的学习活动、动手操作中积累经验、获取知识,不断满足工匠精神技能层面上的要求并丰富工匠精神的思想内涵。

第十二章　技能数字化趋势下的数字
技能提升

第一节　基于数字化"学习工厂"的技能发展路径

数字化革命正推动制造业向高端化发展,学习工厂作为校企之间有效提升技能匹配度的平台,也在不断演变以适应新的数字化变革。本章以丹麦智能制造平台学习工厂为例,通过分析其创新优势,如重视人的数字化素养和创新能力培养、完善中小企业参与技能提升的项目制度、强化数字技术与技能训练的交叉融合机制等,凸显了跨学科交流、微创新的重要性,以及先进技术与灵活机制相结合的价值。借鉴其创新经验,我国应积极融合企业与产业资源,从推动技能提升数字化行动、构建多主体协同融合体系、挖掘微创新动态项目优势以及完善自适应创新驱动机制等方面加强数字化技能提升平台的建设。

新一轮工业革命和产业变革背景下,数字化"对制造业格局产生了深刻影响,以大数据、物联网、人工智能、云计算等技术为基础、以海量数据互联和应用为核心的数字化制造,正在加快制造业高端化发展的进程。数字化制造是以现代信息网络为主要载体,运用数字化、智能化、网络化技术来提升产品设计、制造和营销效率的全新制造方式,包括数字化设计、数字化工艺、数字化加工、数字化装配、数字化管理等。2010年以来,我国制造业总体规模已持续多年保持世界第一,我国成为全球制造业门类最全的国家,但是,我国制造业的数字化改革还处于起步阶段,各界对数字化创新技术如何促进制造业转型升级还缺乏了解。国家互联网信息办公室的数据报告显示,2020年我国数字经济核心产业增加值占GDP比重仅为7.8%。在此背景下,发挥"教育引擎"的引领作用,深化教育与产业的融合成为我国新的关注焦点,数字化学习工厂应运而生,其目的是培养数字化思维,培育数字化能力,建立起可持续的数字化协同育人与产教协同发展模式。近年来,学习工厂在欧美国家被快速推广,作为深化产教融合、提升职业技能的创新平台,得到了世界范围内的广泛关注,重新定义了新技术革命下产学研合作的发展模式。

一、学习工厂的建构与发展

工学结合模式虽然在发达国家发展较早,但一直处于工具属性阶段,直到1994年,美国国家科学基金会和美国高级研究计划署提供资助,宾夕法尼亚州立大学首创了"学习工厂"的概念,学习工厂也真正进入了公众的视野。该学习工厂自成立以来,已帮助500多个赞助商完成了1800多个项目,将近9000名工科学生参与了这些项目,由此引发了各界的广泛关注。几十年来,学习工厂作为一种有效的工学结合育人模式得到了快速发展,学界对于学习工厂的内涵不断进行探讨。2013年,欧洲学习工厂倡议组织(Initiative on European Learning Factories)将学习工厂定义为,通过体验式学习与问题式学习的教学理念所建构的具备真实工业生产过程的学习环境。国际生产工程科学院针对学习工厂的研究组建了协作工作小组,认为学习工厂包括基于行业标准的真实工作场景、可变的多环节价值链、产品导向的生产学习环境以及集正式学习与非正式学习于一体的教学概念等多种要素。

作为一种新的组织形式,学习工厂主要基于大学与产业合作伙伴的关系,建构与工业生产场景高度匹配的复杂学习环境,使利益共同体从中获益,但最为重要的是,学习工厂旨在促进学生的能力发展,包括创新能力、解决复杂问题的能力、自适应能力等。尤其是随着智能化、数字化与网络化不断与制造业耦合,数字化制造的发展迫切需要深化工业与教育领域的互动。对于教育界来说,制造业技术的数字化使得未来技能发展的复杂性和不确定性迅速增加,而学习工厂则是教育界应对制造业变革所带来冲击的有效路径,主要体现为:(1)允许培训学习在真实的制造环境中进行;(2)学习过程现代化并更接近真实的工业实践;(3)利用新的制造知识与技术以更好地服务工业实践;(4)提升工业实际需求能力来加快促进制造业创新,这种能力主要包括解决问题的能力、创造力与系统思考的能力。[①]学习工厂逐渐走向数字化,数字化学习工厂可将真实工厂中的所有流程、产品和资源映射到数字模型中,通过数字模型来跟踪学习工厂中所有的流程、产品和资源。因此,学习工厂很好地适应了当前制造业的发展趋势,为培养高端技术人才与助推产业发展提供了有效平台。在此背景下,越来越多的学习工厂在全世界,尤其是在欧洲得到了发展,学习工厂现已成为各国发展新技术和探索新技能的重要平台。[②]

二、丹麦学习工厂变革的背景与现状

丹麦虽是欧盟中较小的国家,却拥有相当发达的工业体系,尤其是在生产与研发方面有着悠久的历史。制造业是丹麦经济的重要组成部分。世界银行公布的数据显示,2020年制造业占丹麦GDP的13.9%,表现出了强劲的发展势头。瑞士洛桑国际管理发展研究所发布的《2021全球竞争力指数报告》显示,丹麦全球竞争力位居第三,同时发布的《世界数字化竞争力报告》表明丹麦的数字化竞争力位列第四,尤其以机器人产业表现突出。可以说,丹麦在数字化制造领域表现出了巨大的发展潜力。

早在2010年,欧洲制造业技术平台ManuFuture丹麦分部就发表了题为《制造2025》的合作研究报告,该报告主要确定了丹麦制造业的发展方向:(1)大力发展高效利用新技术开发新产品的制造公司;(2)协调和完善包括企业、大学和研究中心在内的工业生态系统;(3)建设创新工厂,发挥设计和制造能力之间的相互作用;(4)促使灵活价值链集成,加快供应商网络化发展;(5)有效地利用虚拟网络在整个生产过程中聚集资源的功能。为应对新

① Abele E, Metternich J, Tisch M, et al. Learning factories for research, education, and training[J]. Procedia CIRP, 2015 (32): 1−6.

② Mortensen S T, MadSen O. A virtual commissioning learning platform[J]. Procedia Manufacturing, 2018 (23): 93−98.

一轮全球智能制造带来的影响,丹麦政府于2013年启动跨行业创新计划,并于2014年正式成立了丹麦制造学院(Manufacturing Academy of Denmark,MADE),优化丹麦制造业生态系统以提升其核心竞争力。MADE作为一项开放式合作计划,专注于前沿技术,帮助丹麦高端制造领域找出解决方案,旨在整合全国各地的工业和教育体系,在丹麦建立世界顶级制造业。与此同时,MADE于2014年开展了MADE SPIR项目,“智能生产建设”成为其核心。其间,为适应云计算、大数据等新技术的迭代,MADE又于2017年初,以MADE SPIR研究为基础,根据市场新变化及现实条件打造了MADE DIGITAL项目,其核心为“以数字化加快智能制造发展”,更多地关注丹麦制造业所依赖的中小企业与高校间的跨领域合作,更广泛地在行业内推广项目的创新成果。2020年,MADE又推出了代表灵活性(flexibility)、敏捷性(agility)、可持续性(sustainability)和人才(talent)的MADE FAST项目,其旨在帮助丹麦制造企业快速响应新的客户需求,实施新的解决方案,并以高效且可持续的方式提高生产效率。

此外,丹麦政府正积极推动数字化学习工厂建设,加强企业与学校的研究合作以形成新的比较优势。作为丹麦甚至欧洲工程教育的“领头羊”,丹麦技术大学、哥本哈根大学、奥尔堡大学等知名高等学府都基于自身条件加快了数字化学习工厂建设,不断适应新工业发展态势,进一步强化学校与外界的协同关系,优化人才培养体系与产业发展模式。因此,学习工厂在丹麦得到了快速发展,以奥尔堡大学为例,作为一所以工程教育见长的国际顶级大学和高端技术人才培养的重要阵地,奥尔堡大学一直处在工业发展前沿,不断发挥自身优势加强改革创新,并将丹麦未来制造业发展视为己任,积极联合工业界与政府开展项目研究与合作。为更好地适应智能制造所带来的变革影响,奥尔堡大学于2015年正式启动了智能生产项目,主要针对自动化、数字化与新组织形式三方面展开,并于2016年正式建立了“工业4.0学习工厂”,即“AAU智能生产实验室”,进一步强化与外界的合作。该项目启动以来,已有超过150家公司参观了实验室,该实验室现已成为展示制造业如何从数字化智能生产中受益的重要平台。

三、丹麦数字化学习工厂的特征与经验

丹麦数字化学习工厂集成了智能制造、虚拟现实等"工业 4.0"技术,是不同利益相关者在实际生产领域进行有效合作的生态系统,聚焦于研究和创新前沿的制造技术、概念、方法和计划,进一步强化学校与外界的协同合作以适应丹麦制造业的新发展需求。可以说,作为一个集创新、协作、研究和学习于一体的新型平台,数字化学习工厂进一步丰富了场域学习以及产教融合的发展内涵,为数字化、智能化制造发展提供了有力支持。

(一)打破学科领域和课程学习的既定边界

丹麦数字化学习工厂的重要使命是为制造高端化领域提供可持续发展的工程技术创新人才,因此更加注重对人的跨学科交流能力的培养。随着数字技术与制造业的深度融合,技术创新日趋复杂化,制造业需要整合多学科知识体系并设计整体解决方案,丹麦数字化学习工厂可发挥跨学科优势,打破了学校外部行业企业之间、学校内部学科之间的界限,如专门成立由多个主要部门代表牵头的学习工厂指导委员会,联合多个博士学位点,发挥学校基于问题和项目学习的优势,使学习工厂成为多学科交叉的重要场所。丹麦数字化学习工厂创建了一个由技术提供商、技术买家、知识机构和学生组成的知识生态系统,通过拉近各组织物理上的距离,推动知识在各个组织间的流动。具体表现为,丹麦数字化学习工厂为研究所、学校、企业等提供了一个合作研究的平台,将原来不同学科的分散的专业团体、研究人员和学生聚集在同一个实验室中,为交流合作提供了便利。此外,丹麦数字化学习工厂还启动了一系列常态化的研讨会、双向交流会议以及智能生产座谈会等,通过积极吸收跨学科意见和建议不断调整、优化发展模式,学生可接触到不同学科领域在数字化发展过程中的最新进展,企业可以触碰到技术发展的前沿。

数字化学习工厂作为真实生产与教育创新的融合平台,采用了基于项

目的课程设置方式与基于问题的教学模式,[①]实践课程由运行模式、产品开发以及制造系统设计与制造三个相互关联的模块组成,划分为若干单元,课程设计目标在于,让学生既能了解每个领域的课程组织内容,又能学习各项目流程间的协同关系。课程内容围绕真实的生产工作流程设置,由学生自主开展课程学习。在课程开始前,学生会接受数字化操作技术方面的项目培训,指导教师以组织成员或者研讨会顾问的方式参与项目指导。在课程学习过程中,学生会将理论内化为实践策略,如学生在进行产品定制课程单元学习时,需要运用设计理论进行产品设计、模型制作。

(二)发挥中小企业在教学中的作用

为在新一轮工业变革中取得竞争优势,丹麦政府高度重视中小企业的主体作用,MADE主任提到,"未来MADE将提供更多针对中小企业的项目,帮助中小企业实施数字化解决方案,从而确保国内生产力的增长和业务增加"。学习工厂也充分发挥了丹麦中小企业独特的"利基战略"的作用,即专注于某一小而特别的领域,有效提高了本土知识创新能力。据统计,仅AAU智能生产实验室就与30多家企业建立了合作关系,启动了100多个项目,除了丹佛斯、丹麦皇室、乐高、格兰富等行业代表外,还包含诸多活跃在智能生产一线的中小企业。这些中小企业充分发挥自身的优势,除了为学习工厂提供硬软件支持外,较为重要的是稳定的项目来源提供了保障。

中小企业具有规模小、数量多、产品与社会结合度高等特点,能更好地涵盖整个产业链以形成集群效应,与中小企业的合作为学校的项目多样化需求提供了保障,在扩大项目覆盖面、完善项目梯度的同时也拉近了学校与市场的距离。丹麦数字化学习工厂就利用了中小企业在人力资源、制造能力、技术创新和组织管理等方面的高度灵活性,尤其是独特的技术和决策能力,在高精尖技术领域取得了重要突破。中小企业参与下的数字化学习工厂建立了完善的项目梯度制度体系,构建了以学生项目、研究项目和战略合作项目为核心的三大项目模式,并组建了项目负责人制度下的项目领导小

---

① Andersen A, Brunoe T, Nielsen K. Engineering education in changeable and reconfig-urable manufacturing: Using problem-based learning in a learning factory environment[J]. Procedia CIRP, 2019(81): 7–12.

组以推进项目实施。[1]学生可根据教学要求与自身发展需要选择相应项目,提升项目的参与度,使学生真正成为项目的主体。项目化的教研模式进一步拉近了学生与前沿技术的距离,为学生将理论转化为专业实践提供了有效路径。[2]学生通过不同的项目可以了解真实工作环境中系统和流程的复杂性,从而学会以最新方法改善系统和流程。同时,通过具体设备的操作、生产线的调整及团队协作,学生也能提高技术技能之外的交流能力与合作能力,促使学生素质的全面提升。此外,数字化学习工厂也与企业建立了交流机制,不断优化学生项目形式,并通过正式学习、非正式学习和非正规学习等形式融合知识、学习转移和直觉实践,将新技术要求及标准作为教学内容有效整合到项目各个阶段以制定全新的学习计划。丹麦数字化学习工厂的客座讲座经常邀请企业专家分享如何在生产实际中运用所学的知识和技术,而且每学期都有数千名学生与企业开展项目合作,帮助企业解决生产中的实际问题,合作企业同时聘请学生为学生工,协助处理日常工作事务。

(三)推进数字化技术与教育教学的深度融合

丹麦数字化学习工厂会将生产所需的最新技术第一时间引入教学,如增材制造技术、机器人技术、虚拟现实技术等都是数字化学习工厂重要的教学内容,其中虚拟现实技术的应用较为普遍。数字化学习工厂的教学强调数字化技术普及和数字素养提升,为提高学习效率,降低试错成本,更好应对"工业4.0"带来的冲击,制造企业的部分工程师、技术人员和生产人员也被纳入了教学计划。虚拟现实技术利用计算机生成模拟环境,使学生产生身临其境的感觉,主要应用于两个方面,一是虚拟调试应用,二是虚拟仿真教学。

虚拟调试主要用于节约教学成本。前沿技术研发过程中,需要不断加快调试速度以缩短生产周期,传统上,调试阶段占到项目10%—25%的时间,此过程中高达63%的时间又用于调试软件,因此减少调试时间至关重

---

① Schallock B, Rybski C, Jochem R, et al. Learning factory for industry 4.0 to provide future skills beyond technical training[J]. Procedia Manufacturing, 2018(23): 27–32.

② Rybski C, Jochem R. Benefits of a learning factory in the context of lean management for the pharmaceutical industry[J]. Procedia CIRP, 2016(54):31–34.

要。[①]数字化学习工厂的虚拟调试使用了虚拟工厂模型真实控制器,可以对真实制造系统进行完全仿真验证,生产建设和运营计划的全生命周期都可以在学习工厂内完成,效率提升的同时还能帮助合作企业快速识别生产线中的问题并加以改进。数字化学习工厂在精益生产理论的指导下,借助虚拟现实、车间仿真等技术,在生产开始前进行数字仿真、模拟任务或评估替代设计,模拟预测可能的情况,极大地提高了效率,降低了生产成本。

虚拟仿真主要用于变革教学方式。由于场地、设备、资源投入等限制,基于真实企业环境和生产流程的工作现场学习很难实现,数字化学习工厂很好地借助虚拟现实、增强现实、数字孪生等技术,实现企业工厂与学校教学空间(资源)间的互通,将真实动态的生产系统映射到学习环境中,学生能够随时进入企业生产空间,进行复杂动态工作场景下的情境学习,并协助解决随机出现的真实工业问题,提出具体的解决方案。数字化学习工厂格兰富首席数字化工程师亚历山大也表示,"学生可使用学习工厂的虚拟技术模拟真实的生产线并为企业进行初步工作,企业可以进一步掌握生产线情况,生产实施过程将变得更为流畅"。以 AAU 智能制造实验室为例,其运用虚拟调试技术构建了虚拟仿真学习平台,它是由虚拟设备组装而成,学生通过控制代码就可以进行操作和练习,由此教学就分为了两部分,学生先在虚拟仿真学习平台中完成简单任务,然后在真实的学习工厂中进行实际评估。

四、对我国数字化教育及平台建设的启示

数字化学习工厂不是企业在学校的简单复制,而是基于真实的工业制造环境,在强调实践和基于问题学习的教学论观念基础上,为学生提供一种优化的学习过程。学生在真实的项目团队中工作,项目期间学生就是企业的工程人员,在设计及技术上提出新方案,对企业的产品进行改进及创新。[②]数字化学习工厂的使命是通过企业赞助和基于客户需求的设计项目,

---

① Madsen O, Moller C. The AAU smart production laboratory for teaching and research in emerging digital manufacturing technologies[J]. Procedia Manufacturing, 2017(9): 106−112.

② 张竞,梁喜凤,李孝禄.学习工厂:培养适应全球先进制造的卓越人才——美国宾州州立大学工程教育案例[J]. 高等工程教育研究,2018(2):125−128.

为学生提供动手实践的机会,以此将真实的工作场景引入课堂教学。[①]丹麦数字化学习工厂从运行机制、发展策略、改革路径及组织单元多方面入手,加强了学校教育与产业需求间的有效对接,为加快我国数字化教育平台的建设提供了诸多值得借鉴的经验。

(一)重视构建多元主体协同融合体系

数字化学习工厂不仅要建立以学校为组织主体、以企业为利益主体的双主体平台,在此基础上还要兼顾政府、产业、中介、服务等多元利益关系,形成协同融合的多元主体生态体系。不同于引企入校的传统实验室平台,多元主体生态体系更注重创新要素的融入,可以理解为一个具备完善的合作创新支持体系的群落,其内部各个创新主体通过发挥各自的异质性,与其他主体进行协同创新,实现价值创造,并通过数字化技术形成相互依赖和共生演进的网络关系。

国内数字化教育平台要建构多元主体协作机制,首先,要厘清各主体间的多元利益关系,对各主体精准定位。数字化学习工厂的建设涉及核心利益相关者(企业、学校、研究所)、间接利益相关者(政府、行业协会)以及边缘利益相关者。不同的利益相关者应该明确自身定位,核心利益相关者发挥主导作用,间接利益相关者发挥导向功能,边缘利益相关者协同参与,从而建构相应的利益机制,发挥各自的资源优势。其次,要准确衡量多主体内部子系统间的匹配度,找寻共同的利益焦点。数字化学习工厂建立的初衷是集创新、研究、教学于一体,为企业发展创造价值,为学校培育工程技术人才,为社会可持续发展提供创新推动力。基于不同大学的教育优势,数字化学习工厂为企业提供相应的研究与技术支持,利用"大平台小团队"优势更好地为各利益主体服务。因此,多主体的合作要经过充分论证,要提前做好规划、研讨,以利益为中心优化合作机制。最后,要完善稳固资金框架。数字化学习工厂的有效运行离不开政府、社会、学校、企业等多渠道的资金来源,专用性资产能更好地规避竞争风险,也更能体现平台的包容性。因此,要分化政府、企业、研究机构所在传统平台建设中的资金保障压力,多渠道

[①] 赵文平.德国工程教育"学习工厂"模式评介[J].比较教育研究,2017(6):28-34.

引入资金以稳固平台建设。

(二)深入挖掘微创新动态项目优势

有效的项目支持是数字化学习工厂运行的关键,也是培养工程技术人才的有效途径。数字化学习工厂顺应技术发展趋势引入了不同水平、层次及梯度的项目,形成"项目+创新"特色方向,重要的原因之一在于其引入了大中小不同层次企业的项目。数字化变革使得基于项目的合作不能再一味依靠大型企业和集团企业,要借助"互联网+"和虚拟制造的优势,形成中小企业为主体的"微创新"模式。微创新要适应制造高端化发展趋势,项目的引入要注意以下问题。首先,要注重项目的时效性。数字化学习工厂重视为行业与企业解决痛点问题,项目实施紧紧跟随高端制造领域发展趋势,以市场新需求为准,极大提升了项目的时效价值。因此,学校要不断提升教育合作主体与高端制造前沿技术的关联度,使项目更新做到动态化与常态化。其次,要拓宽项目的融资渠道。一是要充分考虑区域经济结构,使项目的引入契合地方产业发展需要;二是要推动中小企业进驻,发挥微创新在技术突破方面的集聚效应。再次,要进行项目的筛选。尤其是要加强与政府的联动,将中小企业的筛选、激励、评价纳入信用体系和政策优惠范畴,规避相应合作风险。此外,项目的实施要紧贴国家战略以及区域发展需求,实现从"量"到"质"的提升转变。最后,要完善项目的责任机制。需要在政校企多主体多层面建立督查机制,重视项目核心负责人的作用,积极借鉴项目责任人制度进行跨学科交流,明确责任划分,确保项目过程能充分调动各方的资源和力量。

(三)积极完善自适应创新驱动机制

数字化学习工厂作为创新型生态体系,其维持可持续性的关键在于强化平台的内部机制建设,提升自适应性。所谓"自适应"就是外界环境要素发生变化,系统组织要根据大数据自动产生预警、分析、调整、反馈等控制过程,筛选最优准则,优化结构变量,结合柔性管理、柔性控制和柔性制造等手段,寻求和匹配行之有效的解决方案。创建平台的自适应创新驱动机制,首先,要建立参考架构模型。数字化学习工厂一直重视组织建设,建立了灵活的组织筹建、组织退出与组织重建体系。可以说,学习工厂的有效运行与统一的框架模型密不可分,因此,我国要积极参考借鉴,建立起符合我国国情的模型架构。其次,要不断增强软硬件设施的灵活性。数字化学习工厂利用模块化与虚拟技术更好地适应了智能化、数字化为制造业带来的变革。因此,要加快硬件设施的迭代更新,发挥模块化建设的优势,除此之外,也要不断优化和升级软件,匹配虚拟现实、增强现实、混合现实、远程交互等技术手段,将创新研究成果及时整合到教育培训与教学计划中,利用好新技术在教学过程中的实际应用。最后,要建立完善的协商评价机制。机制的构建不可能一蹴而就,不断修正的过程需要建立联动的评价体系。因此,要积极开展不同团队与层级间的合作讨论,同时要扩大主体范围,定期针对特定主题进行研讨,根据研究的可扩展面,优化讨论的主题及未来发展的可能性。此外,要重视动态化的效果评价,不断以新的标准和要求更新研究课题,在实践中不断总结经验。

第二节 基于数字化"教学工厂"的技能发展路径

制造高端化趋势下,传统产教融合模式面临转型升级,以应对智能制造的发展需求。数字化"教学工厂"模式作为有效促进产教融合的教学范式,旨在使教学实践与现代工业化进程保持一致。新型"教学工厂"以"知识三角"为基础,贯通研究、创新和教育体系,以数字化系统为载体,以"双向知识循环通道"为桥梁,促进了"人—机器—环境"系统的有效循环,进一步激发了系统思维和创新能力,变革了教学模式和学习方式,优化了多元主体参与。借鉴其先进经验,结合我国产教融合领域现状,本书提出了"1+X"平台建设、跨学科路径融合以及创新驱动要素提升等路径。

新一轮工业革命背景下,加强对高端制造领域的前瞻性布局已成为全球共识,发达国家纷纷出台相应文件与举措推动制造业转型发展,2018年,美国发布《先进制造业美国领导力战略》;2019年,德国发布《德国工业战略2030》,一系列战略举措标志着世界范围的制造业已步入高端化发展阶段,与生产相关的技术、工具和技能都需要紧跟工业发展的步伐。①因此,社会经济发展模式也正从"要素驱动阶段"向"创新驱动阶段"转变,人力资本要素的作用愈发凸显。为了发挥人力资本的潜在优势,政府、学校和企业越来越深刻意识到紧密合作的重要性,并加强了技能人力资源培训和发展方面的深入沟通协作。数智时代的来临也为不同领域的合作创造了条件,尤其是教育领域正在加快传统教育模式的数字化转型,使学校教育更好地匹配劳动力市场的实际需求,逐步以新的范式来适应未来工业的发展。面对制造高端化的发展趋势,数字化"教学工厂"作为深层次的工学结合教育范式也步入了新的发展阶段,有效弥合了教育领域的知识供给与工业领域的技能需求鸿沟,适应了未来制造业的发展性和不确定性。②

一、"教学工厂"的提出与发展

"教学工厂"概念最早起源于医学学科,以"教学医院"(teaching hospital)为典型,高校医学院与实体医院合作运行,旨在把学习与工作环境结合起来为学生提供真实的技能训练与培训,缩小行业所需技能与课堂教学之间的差距。后来这种概念被拓延至其他领域,尤其在制造业领域,为教育界与工业界的融合发挥了至关重要的作用。但从早期制造业"教学工厂"的发展模式来看,其还处于相对简单的"嫁接"状态,依旧以"引企入校"为主,主要强调了真实的工厂环境对技能训练的重要性,具有较浓厚的工具属性。

随着"工业4.0"和数字化科技的发展,技术的快速更迭与高端制造领域的转型使工业生产问题变得日益复杂,进一步拉大了学校教育与工业生产间的距离,尤其是物联网、云计算和大数据等先进技术的快速发展,显著影响了工作流程与工作环境,使得产教两方开展深层次合作交流面临新的问题和挑战,主要体现在三个方面:一是经济结构变革导致工业领域的分工体系出现变化。基于价值链的产品内分工取代了传统的行业分工,技术型分

---

① Kang H S, Lee J Y, Choi S S, et al. Smart manufacturing: Past research, present findings, and future directions[J]. International Journal of Precision Engineering and Manufacturing-Green Technology, 2016(3):111-128.

② Chryssolouris G, Mavrikios D, Rentzos L.The teaching factory: A manufacturing education paradigm[J]. Procedia CIRP, 2016(57):44-48.

工替代了资源型分工,[①]社会分工的变化导致大量的工作岗位重新生成、迁移或者逐渐消失,面向行业或岗位的通用型教育无法适应产业链快速更迭的步伐,面临严峻挑战。二是新兴技术层出不穷。人工智能和大数据等新兴技术正不断与制造业产生耦合,学校教育的前沿研究领域为了应对新技术的变化迭代,加大了对前瞻性基础创新领域的研究投入,但由于知识产权或学术壁垒的限制,工业企业往往无法直接获取教育界的前沿研究成果,导致其无法快速适应技术的进步。三是未来劳动力的技能需求将发生结构性改变。随着制造业进入数智时代,重复性劳作将快速被机器取代,创新、沟通、协作、知识迁移等隐性要素被逐渐放大,企业需要通过先进的教育体系重塑高技能人才队伍,"机器换人"视域下新型劳动力技能形成体系的构建,成为摆在教育界和工业界面前的共同难题。

面对这些问题,推动产学研深度合作以适应创新型工业生态的话题得到世界各国的广泛关注,在欧洲已有超过99%的企业与68%的私营工作部门与大学、公共研究中心进行研究合作,促使先进知识发展。创设先进的制造领域教育框架,为新技术、新业态、新模式、新产业服务已成为社会各界新的目标,"教学工厂"也由此进入了数字化转型的发展期。作为一种可持续发展的教学组织范式,新型数字化"教学工厂"旨在通过平台使教学和培训活动与现代工厂的需求保持一致,畅通前沿研究成果的转化路径。可以说,数字化"教学工厂"已不仅是一种教学组织方式,更发挥了不同关联要素间潜在的协同作用,它代表的是一种全面系统的方法,是积极的自我强化系统。

二、数字化"教学工厂"的创新模式

根据经济学家迈克尔·波特的经济发展四阶段论,"要素推动阶段"后要经历漫长的"投资推动阶段"才能进入"创新推动阶段",逐渐由劳动密集型工业向技术密集型或知识密集型工业转变。数字化"教学工厂"顺应了这一趋势,加快创新升级,将研究和创新纳入平台构建与实施中,形成了以"知识

---

① 何茂春,郑维伟.国际分工体系:中国、全球化与未来世界[J].人民论坛·学术前沿,2016(9):6-13.

三角"为基础的双向创新循环体系,强化工业化项目的参与和引领,注重工业化实践的全流程实现,并在此基础上不断引入人工智能、虚拟现实等前沿科技,以及大数据、物联网等先进的数字化技术元素,始终保持与前沿科技的互动,形成了面向未来愿景的行动学习有效模式和体系框架。

(一)以"知识三角"为基础

研究、教育与创新是知识社会三个基本且相互依赖的驱动因素,三者间的耦合关系被称为"知识三角"(knowledge triangle)。根据知识社会的特点,创新将融入教育的全过程,研究作为教育的起点和创新的载体,将成为知识三角的重要支撑点,纳入知识循环的全过程。为了更好地利用和整合各种任务经验,数字化"教学工厂"提出了一个拓展概念,将"知识三角"的基石整合到一个协调框架中,形成某种形式的编排以及新的合作方式,三者之间相互依赖、相互促进以形成互动性、再生力与协同增值性。

研究活动主要基于工业相关项目展开,关注技术前沿问题。与基础前沿研究不同的是,它更注重知识共创(knowledge cocreation)和解决方案,在技术成果孵化之外,以前沿视角或富有远见的形式整合资源,分解企业、行业及政府提供的具体项目,并传递工业经验和实践知识。创新活动依托于研究、发现的进程,并作为枢纽向产业和教育领域输送价值信息。作为最新研究成果向工业界传递的交付机制,就是要通过产业学习使教育学习的过程经验化,并将其一次性传递到工业领域的核心位置,完成前沿技术的知识转移计划。产业学习和工业化实践是创新活动的重要通道,促使工业界与教育界能够始终走在技术前沿。教育活动则通过前期的工业化项目实践,变革和创新教学培训计划,计划的实施采用团队或任务式管理模式,基于不同的工程项目阶段,计划可以分解为不同子任务,学生可使用现代信息技术解决问题,提出优化方案,以此获取新知识和新技能。

(二)以"双向知识循环通道"为桥梁

"双向知识循环通道"主要包括两种不同的数字化"教学工厂"操作模式,即"从工厂到教室"和"从实验室到工厂","教学工厂"充当了重要的中枢媒介。通过双向知识循环通道,配置必要的现代信息技术并变革相关的教育方法,制造类专业教学与现代工业实践需求可保持一致,同时传递前沿思想和解决方案。

　　"从工厂到教室"操作模式旨在将真实的生产环境转移到教学空间,用实际工作场景取代传统的教学环境,利用工业化项目实施和工业实践过程中的技术需求填充教学活动。利用不同的交流机制与对话方式,实现项目运作与工厂之间的实时互动。数字化"教学工厂"可以采用"一对一"方式,即一个工厂对应一个教室,或者采用"一对多"方式,一个工厂或教室同时与多个教室或工厂产生互动。[1]需要指出的是,"从工厂到教室"并不是简单的工作空间转移,而是通过"研究发现"环节,将工业化项目分解为可操作的教学流程,再通过学生亲手实践实现知识扩散的目的(见图12-1)。"从实验室到工厂"操作模式主要用于交流前沿思想和技术解决方案,并通过创新实践和产业学习深化不同领域的共识,同时将前沿技术从学术界转移到工业界。此外,数字化"教学工厂"中的工业化教学装备可复制加工生产流程,用于现场实验测试和观摩示范演练,既可以加快技术转换与创新,又可提升员工工作能力,帮助其获取最新的制造理念和行业技能。

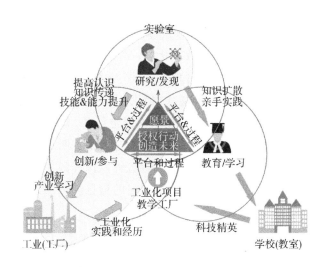

图12-1　数字化"教学工厂"模型及运行框架

---

　　[1] Stavropoulos P, Bikas H, Mourtzis D.Collaborative machine tool design:The teaching factory paradigm[J]. Procedia Manufacturing,2018(23):123−128.

(三)以"数字网络和虚拟技术"为支撑

复制真实的生产环境是数字化"教学工厂"的一个固有概念,数字化"教学工厂"允许直接进入产品生产流程,这就需要创设有效的环境要素。数字化生产时代,数字技术和网络技术服务于工程技术,不但能够实现物理空间向虚拟空间的拓展,还会大大节省教学过程中的人力资源和财力资源,为传统平台所存在的瓶颈问题提供了新的解决视角。特别是在高端制造领域,高度个性化、灵活性与创新性正成为显性需求,数字化"教学工厂"也随之积极优化生产布局,以数字网络构建模块化和虚拟化场景为突破口重塑"教学工厂",通过快速集成机制,弥合行动和反馈之间的差距。

当前,数字化"教学工厂"积极遵循模块化发展方向,以快速建构生产模型和重构生产系统。通过物理设备与设施的模块化,有效打破了传统"教学工厂"的容量限制,在有限的空间范围内不同模块可以进行不同配置,并围绕一个主题提供多种制造工艺组合,这种模块化布局具有示范性特点,工厂与学校都能利用这一优势进行实际演示。[1]此外,模块化也影响了数字化"教学工厂"所提供的课程及学习内容,完整的项目往往被分解成诸多子模块和子任务,使学习与教授的过程有良好的扩展性。与此同时,随着虚拟现实和增强现实等技术不断发展,数字化"教学工厂"也陆续引入该领域的先进技术,提出了新的连接和数据管理方法(云技术)以及嵌入生产的知识共享(虚拟现实和增强现实)的新环境。[2]借助于虚拟技术,学生、研究人员与工程师可以在有限时间内合作完成复杂的制造任务,并利用虚拟调试技术的映射、反馈功能验证新的技术概念,在实践过程中不断重新设计并提出实际解决方案。并且,借助于数字化的连续性,可以保证数字化"教学工厂"实施的任务在产品生命周期内的每个阶段创建的信息都可以无缝地提供给后

---

① Kim D Y, Park J W, Baek S, et al. A modular factory testbed for the rapid reconfiguration of manufacturing systems[J]. Journal of Intelligent Manufacturing, 2019(3):1-20.

② Mourzis D, Vlachou E, Dimitrakopoulos G, et al. Cyber-physical systems and education 4.0—The teaching factory 4.0 concept[J]. Procedia Manuf, 2018(23):129-134.

续阶段,保证阶段信息的可用性。[①]

三、数字化"教学工厂"的价值内涵

从数字化"教学工厂"新的发展特征来看,技术的变革深刻影响着组织平台的运行架构,尤其是在制造高端化趋势下,突出了研究、教育与创新之间的"知识三角"耦合关系,并通过"双向知识循环通道"加强产教内部融合,加深了行业界与教育界之间的相互理解,有效适应了新的技术革命。但也要注意,平台变革背后所产生的溢出效应更值得重视和借鉴。

(一)系统思维与创新能力培养

不同于以往的"引企入校",数字化"教学工厂"着重改变技术技能培养定位,由"教学导向型"技能生成体系向"生产导向型"技能生成体系转变。深入"工业4.0"等智能制造领域开展技能训练,极大改善了未来人才的技能发展过程,现已成为未来制造业新兴技能的重要交付机制。主要体现在四个方面:一是注重跨学科能力与系统思维的培养。不同于传统短期阶段性项目培训,数字化"教学工厂"项目涵盖完整生产链,学生不仅要熟悉技术细节,也要熟悉工序的整合,在执行复杂任务时,能以全生产链思维考虑问题,具备解决工业问题的结构化思维。二是注重创新能力的培养。高端制造领域的快速发展使得创新能力成为竞争的关键,"知识三角"进一步激发了项目参与者的创新潜力,通过工业化项目和全流程生产将认识和行动结合起来,学生可以获得更深层次的项目认知。三是注重软技能的培养。通过与工业实际生产流程的对接,特别是与企业技术工人的接触,学生可以获得真实的生产实践经验,更为重要的是对企业精神、工匠精神、创业精神有更全面的了解,领会沟通、协作、精益求精的重要性并加以继承。四是注重技能的动态调整。数字化"教学工厂"的动态更新能与行业企业的技术发展同步,也进一步提高了学生的参与度,帮助学生实现自我调节与自我激励。

---

① Modoni G E,Caldarola E G,Sacco M,et al. Synchronizing physical and digital factory: Benefits and technical challenges[J]. Procedia CIRP,2019(79):472-477.

(二)教学模式与学习方式变革

当前,以"工业4.0"为代表的智能制造体系的有效推进迫切需要传统教学模式向新的教学范式转变。数字化"教学工厂"适应了技术变革的需求,解决了制造升级带来的技术断层问题,并处理了关键技能提升面临的挑战性问题。一是突出了参与过程的重要性。项目化教学以能力为导向制定学习目标,面向目标评估以实现高质量的能力发展。数字化"教学工厂"借助于实际工业项目,积极开展团队协作,充分调动了学生作为参与主体的能动性,尤其是创新与研究活动的有效融合,激发了学生的内生动力。此外,单元结构化与阶段性的教学体系具有极强的针对性,使得课程体系能与技术前沿保持一致,有助于加快理论与实践之间的转换以及经验的重新建构。二是更好地融合了正式学习、非正式学习与非正规学习。数字化"教学工厂"意识到了默会知识、学习转移和直觉实践在传统教学过程中的缺失,重视交互式培训的重要性,学生与行业直接接触,除了有助于解决现实的工业问题,还能更好地获得沉浸式体验。此外,不同于传统的课堂教学,数字化"教学工厂"往往结合常规的理论讲座及短期实践项目,并借助研讨会、双向会议及主题会议等形式强化技术工人与学生群体的互动沟通,在松散的学习情境中完成有组织、有系统、有目标的学习活动。三是凸显了跨学科优势。制造业价值链数字化要求从根本上以不同的方法来获取知识,并在制造领域内设计整体解决方案。数字化"教学工厂"倡导共同学习,不同的教学人员与工业代表发挥各自优势,打破了学科壁垒与专业界限,也改善了传统"教"与"学"的二元对立关系。

(三)多元主体与人力资本驱动

经济学家门格尔认为人类经济不断成功,经济社会不断发展很大程度是因为知识,特别是在知识经济时代,许多研究都揭示了教育质量与经济增长之间的关系,人力资本之父舒尔茨将教育对经济增长的作用归结为人力资本的提升。数字化"教学工厂"作为教育的新兴载体,整合了多方主体优势,为创新驱动和人力资本发展提供了有力支撑。一是有效适应了"精益生产"和"利基战略"等新的制造业发展模式。未来制造业发展除了发挥大型企业的规模效应,也要把中小企业的"微创新"优势作为重要的突破口。数字化"教学工厂"借助于数字化、模块化和虚拟技术布局,极大缩减了企业创新的实验周期与研发成本,成为验证先进技术的有效工具,进一步增强了中小企业在创新方面的集聚效应。二是借助数字化教学手段提高了人力资本质量,推动了全要素生产率的提升。人是第一生产要素,提升人的知识技能,培养相应产业所需要的劳动者,对于推动产业结构升级,促进经济增长具有重要的作用。三是加快了创新技术的转化。人力资本的提升和网络技术的应用,加快了产教两界的双向知识循环效率,扩大了项目共享空间。数字化"教学工厂"在鼓励内部创新的同时,积极开展基础性研究,不仅带动了外部的产业创新,也加快了技术的更迭与研究成果的转换。

四、数字化"教学工厂"对我国的启示

当前我国正在不断推进产教融合、协同育人模式的构建,国外数字化"教学工厂"实现了主体多元、项目多元以及功能多元的创新探索,有效解决了校企合作过程中存在的主体单一、目标固化、功能简单、组织松散等问题,极大丰富了产教融合的价值内涵,具有极大的借鉴意义。

(一)加快"1+X"平台建设,拓展多级功能

基于"知识三角"的发展逻辑,数字化"教学工厂"建设兼顾了研究性、创新性、教学性等多个特性,例如,卢森堡大学跨学科中心同时兼具研究机构及智能工厂等多个功能,进一步增加了"外部受益性"。数字化"教学工厂"正促使传统"教学导向"的平台发展模式向"生产导向"和"创新导向"转变,使平台功能呈现多级分化。要想解决大型企业和院校"1+1"合作模式的瓶颈问题,就要加快"1+X"平台构建,即以"教学工厂"建设为中心,积极联动多方资源,推动院校与多家中小企业融合共生,形成创新生态网络。

首先,要实现建设主体的多样化。大型企业无疑具备资源优势,但在高端制造领域,传统的产业间分工转变为产业内分工,基于产业集群的中小企业产业链有效弥补了分工断层,所形成的网状结构也强化了"微创新"优势

及集聚效应。产教融合平台建设要立足制造业的发展前沿,发挥大型企业的引领作用与推动中小企业的积极参与,同时要赢得政府和其他社会机构的支持,这样既可以保障平台项目的源头,完善项目建设梯度,增加经费支持,也能扩大项目的涵盖面,深化合作,实现多主体生态位发展。其次,要实现匹配管理,扩展多级功能。大数据时代要利用好智能制造数据集成以增强平台建设的自适性。具体而言,就是要考虑平台与多元主体间的匹配度,若相关主体与平台运行信息不对称,就会增加平台运行的不确定性。因此,必须考虑多元主体在先进技术、学术资源等方面的供给关系,以及企业资源与学校资源的匹配关系。

(二)推进跨学科路径融合,提高复合能力

"工业4.0"时代,跨学科融合对创新工业流程日趋重要,制造高端化体系的建立往往包含多个领域复杂技术的解决方案,如机器人群控智能制造系统,需要运用OPC工业软件建立信息化管理系统,运用总线控制技术实现单元通信,运用机构设计和逻辑编程建立动作流程,更重要的是通过跨学科合作,获得自主学习、沟通交流、团队合作等软技能,提高认知的灵活性,形成跨学科思维。

首先,要明确跨学科学习的重要性,强调综合学习。跨学科学习过程是整体要素融合、补充与综合的过程,当前国内很多产教融合平台主要基于项目合作,现已成为跨学科"知识共享"的容器,具备了跨界融合的条件,但还未步入深度发展阶段。接下来产教融合平台建设的有效推进,要以"跨学科"为起点,联动发展"跨学科+项目""跨学科+课程""跨学科+教学团队"等内容,扩大学科的涵盖面,并结合线上线下、理实一体等学习形式,深化学习体验。其次,要重视跨学科的前沿动态变化。在大数据、物联网、人工智能等新兴技术带动下,未来的研究领域将会更为多元化、宽泛化,跨学科知识领域的"交汇点"也将以网状结构不断呈现、融合和转化。因此,要平衡好"标准化"与"非标准化"学习体系之间的关系,在动态化的跨学科合作中寻求统一标准,并进行必要的论证,进而不断构建跨学科框架。最后,要加强跨学科协调、考核与评价管理。跨学科的有效实施离不开利益相关者之间的协调配合,既需要参与主体内部协调,更需要第三方基于共通的流程规

范,成立相应的协调组、顾问组,或以公开对话的形式从不同学科中寻求共识。例如,奥尔堡大学智能生产实验室就联合学校六大主要职能部门成立了参考指导委员会,用以强化产教融合平台外部对接和内部协调工作,通过内部融合,外部推动,有效提高了跨学科人才的复合能力。

(三)增加创新驱动要素,提升可持续性

为了更好地适应智能化、数字化给制造业高端化带来的变革,数字化"教学工厂"不断加速硬件与软件的更新,也重新调整发展定位以适应新的变化。因此,我国产教融合的深入推进也要优化驱动要素,由外部的政策驱动转向内部的创新要素驱动,建立持续改进机制,提供动态可行的解决方案。

首先,要不断增强软硬件基础设施的灵活性。智能化、数字化与网络化与制造业的不断耦合,使得大规模定制和产品个性化需求要以硬件设施的迭代更新作支撑,高品质的模块化与移动选项成为新的选择。一方面,国内产教融合平台要在物理空间和基础设施等方面紧跟智能工厂发展趋势,以应对不同项目的实施需要,充分发挥智能机器、拓扑网络、人因工程等复杂系统的作用,真正实现"人—机器—环境"系统的有机融合。另一方面,也要不断优化升级系统软件,除了 ERP(企业制造资源计划系统)、MES(制造企业生产过程执行管理系统)、FMS(柔性制造系统)外,个性化定制、远程控制、智能化仓储管理等软件系统层出不穷,具有"内在智能"的传感终端、移动设施、工业系统必将通过软件经由网络实现"万物互联",能否顺应这一趋势,并将需求变化及时整合进教育培训计划,成为反映平台时代性和先进性的重要指标。其次,要建立前沿技术融入机制。制造高端化趋势下,虚拟现实、增强现实、混合现实和增材制造等技术已经成为制造业转型的重要驱动力,将工业流程与技术真正融入日常教学才能更好地突出产教融合建设在育人过程中的主体作用。例如,新加坡南洋理工学院在数字化"教学工厂"中借助增强现实与虚拟现实等技术创新培训模式,更好地适应了智能化、数字化给制造业带来的变革。此外,新兴技术的融入也能助推技术成果转化,有效对接产业需求,为拉动项目、研究、资金二次投入创造条件,有利于新兴技术的动态化、持续化发展。

参考文献

阿特金森,伊泽尔.创新经济学:全球优势竞争[M].王瑞军,译.北京:科学技术文献出版社,2014.

埃里克森.生命周期完成式[M].广梅芳,译.北京:世界图书出版公司,2021.

巴曙松.英国绿色金融实践:演变历程与比较研究[J].行政管理改革,2022(4):105-115.

贝尔.后工业社会的来临——对社会预测的一项探索[M].高铦,等,译.北京:新华出版社,1997.

蔡瑞林,陈万明,陈圻.低成本创新驱动制造业高端化的路径研究[J].科学学研究,2014,32(3):384-391,399.

蔡翼飞,魏后凯,吴利学.我国城市高端制造业综合成本测算及敏感度分析[J].中国工业经济,2010(1):34-44.

陈强,殷之璇.德国科技领域的"三评"实践及其启示[J].德国研究,2021,36(1):4-21,171.

陈玉杰.日本职业技能开发体系发展历程、现状及经验借鉴[J].中国劳动,2020,434(2):44-55.

陈志伟,陈洪捷.德国高校教授薪酬制度的结构特征及激励机制研究[J].教师教育研究,2021,33(1):115-120,128.

董雨,徐伟.英国专利制度发展史及其对我国的借鉴[J].中国高校科技,2019(C1):47-49.

杜传忠,杨志坤.德国工业4.0战略对中国制造业转型升级的借鉴[J].经济与管理研究,2015,36(7):82-87.

杜学文,邱茜茜.高端制造领域技能形成与匹配的隐性逻辑思考[J].职业教育研究,2018(9):9-15.

付保宗.增强产业链供应链自主可控能力亟待破解的堵点和断点[J].经济纵横,2022,436(3):39-46,137.

傅天嫦,叶怡扬,田诗梦.论美国发展高端制造业[J].经济研究导刊,2020(9):179-181.

耿德伟,傅娟.我国制造业高质量发展面临的挑战与对策[J].中国经贸导刊,2021,994(3):50-54.

关晶,石伟平.现代学徒制之"现代性"辨析[J].教育研究,2014(10):97-102.

关晶.职业教育现代学徒制的比较与借鉴[M].湖南:湖南师范大学出版社,2016.

国家教委职教中心研究所.历史与现状:德国双元制职业教育[M].北京:经济科学出版社,1998.

韩雪军,曹晔.教师职业能力标准化:新时代中职教师教育高质量发展的基本路向与行动方略[J].职业技术教育,2022,43(6):20-24.

何克抗.论创客教育与创新教育[J].教育研究,2016(4):12-24.

和震.我国职业教育政策三十年回顾[J].教育发展研究,2009,29(3):32-37.

贺正楚,潘红玉,寻舸,等.高端装备制造企业发展模式变革趋势研究[J].管理世界,2013(10):178-179.

胡鞍钢,周绍杰,任皓.供给侧结构性改革——适应和引领中国经济新常态[J].清华大学学报(哲学社会科学版),2016,31(2):17-22,195.

胡智慧,王溯."科技立国"战略与"诺贝尔奖计划"——日本建设世界科技强国之路[J].中国科学院院刊,2018,33(5):520-526.

黄剑.论创新驱动理念下的供给侧改革[J].中国流通经济,2016,30(5):81-86.

黄群慧,贺俊.中国制造业的核心能力、功能定位与发展战略——兼评《中国制造2025》[J].中国工业经济,2015(6):5-17.

黄群慧.论中国工业的供给侧结构性改革[J].中国工业经济,2016(9):5-23.

黄阳华.德国"工业4.0"计划及其对我国产业创新的启示[J].经济社会体制比较,2015(2):1-10.

贾康.供给侧改革的理论内涵与主要着力点[J].党政论坛(干部文摘),2016(12):8-9.

劳耐尔.国际职业教育科学研究手册[M]赵志群,译.北京:北京师范大学出版社,2014.

李博.基于"产学官合作"的日本实践型高职教育模式[J].教育与职业,2017(13):104-109.

李金华.新工业革命进程中中国先进制造业的格局与调整路径[J].学术论坛,2018,41(2):75-85.

李梦卿,陈竹萍.雇佣环境变化背景下日本不同类型高职院校校企合作特征、发展趋势及启示[J].教育与职业,2021(8):66-72.

李梦卿,杨秋月.技能型人才培养与"工匠精神"培育的关联耦合研究[J].职教论坛,2016(16):21-26.

李秋香,马草原,齐二石,等.中国制造业高质量发展研究:脉络、争鸣与盲区[J].科学学与科学技术管理,2022,43(9):125-145.

李彤彤,王志军,邹蕊,等.创客教师专业素质结构研究[J].中国电化教育,2017(6):80-86,142.

李晓华.中国制造业变革的历史进程[J].新经济导刊,2019,274(03):16-20.

李政."中国制造2025"与职业教育发展观念的转轨[J].中国职业技术教育,2015(33):38-44.

林健,彭林.美国合作教育认证制度分析及其对我国的启示[J].高等工程教育研究,2017(4):52-62.

林健.面向未来的中国新工科建设[J].清华大学教育研究,2017(2):26-35.

刘宝民.落实立德树人的根本任务 培育"劳模精神和工匠精神"[J].中

国职业技术教育,2017(34):18-20.

刘洪银.从学徒到工匠的蜕变:核心素养与工匠精神的养成[J].中国职业技术教育,2017(30):17-21.

刘云,陶斯宇.基础科学优势为创新发展注入新动力——英国成为世界科技强国之路[J].中国科学院院刊,2018,33(5):484-492.

路宝利,杨菲,王亚男.重建与传承:中国"工匠精神"断代工程研究——基于"中国制造2025"[J].职教论坛,2016(34):5-14.

罗春燕.日本工匠精神的意蕴、源起、缺陷与启示[J].职业技术教育,2018,39(18):68-73.

罗尧成,冉玲.我国高技能人才政策沿革、问题及其应对[J].中国职业技术教育,2021(25):47-53.

米静.中国职业教育史研究[M].上海:上海教育出版社,2009.

彭泽益.中国工商行会史料集:下册[M].北京:中华书局,1985.

祁占勇,王佳昕,安莹莹.我国职业教育政策的变迁逻辑与未来走向[J].华东师范大学学报(教育科学版),2018,36(1):104-111,164.

秦铮,孙福全,袁立科.德美日建设世界科技强国的经验及启示[J].科技管理研究,2022,42(12):40-45.

冉云芳,石伟平.德国企业参与学徒制培训的成本收益分析与启示[J].教育研究,2016,37(5):124-131,152.

上海市教育科学研究院,麦可思研究院.2021年中国高等职业教育人才培养质量年度报告[M].北京:社会科学文献出版社,2021.

施晓秋,徐赢颖.工程教育认证与产教融合共同驱动的人才培养体系建设[J].高等工程教育研究,2019(2):33-39,56.

斯米尔.美国制造:国家繁荣为什么离不开制造业[M].李凤海,刘宾龙,译.北京:机械工业出版社,2014(10):172-178.

唐国梅.中国古代匠作制度对工匠精神的影响[D].贵阳:贵州大学,2021.

唐绍芳.19世纪末20世纪初美国教育家群体社会结构特征探析[J].高等教育研究,2014(1):83-90.

唐智彬,石伟平.农村职业教育发展现状及问题分析[J].职业技术教育,

2012,33(28):60-65.

田成博文.基于产业生态系统的高端制造业演化路径研究[D].哈尔滨:哈尔滨工业大学,2019.

王辉耀.国家战略:人才改变世界[M].北京:人民出版社,2010.

王文涛.刍议"工匠精神"培育与高职教育改革[J].高等工程教育研究,2017(1):188-192.

王星.技能形成的多元议题及其跨学科研究[J].职业教育研究,2018(5):1.

王兆义.德国"卓越计划"结构性影响研究——基于应用科学大学的考察[J].比较教育研究,2020,42(2):97-104.

文一.伟大的中国工业革命——发展政治经济学一般原理批判纲要[M].北京:清华大学出版社,2017.

吴爱华,侯永峰.加快发展和建设新工科 主动适应和引领新经济[J].高等工程教育研究,2017(1):1-9.

吴旭君.以职业岗位能力为导向 创建应用型人才培养模式[J].中国高等教育,2014(5):34-36.

吴杨."双一流"大学科研创新评价体系建设的国际视野——基于英国、澳大利亚、日本、韩国的经验与启示[J].科技进步与对策,2018,35(15):126-131.

肖凤翔,安培.日本终身职业能力开发体系:构成、特征、方向及启示[J].教育与职业,2019(5):93-99.

肖凤翔,马良军.高职院校学生职业技能培训程序及原则[J].高等工程教育研究,2011(10):162-167.

肖亚庆.制造强国和网络强国建设扎实推进[N].人民日报,2020-10-09(9).

辛娜.中国高端制造业在全球贸易网络的地位与升级研究[D].南昌:江西财经大学,2019.

徐国庆.智能化时代职业教育人才培养模式的根本转型[J].教育研究,2016(3):72-78.

许竞.试论国家的技能形成体系——政治经济学视角[J].清华大学教

育研究,2010,31(4):29-33.

许晓东,吴昌林.产学关系的形成、障碍与合作模式[J].高等工程教育研究,2008(3):15-20.

杨长春,张潇,何明珂.大变局下全球中高端制造供应链重构趋势及我国对策[J].经济管理,2022,44(5):5-23.

杨伟国,代懋.中国技能短缺治理[M].上海:复旦大学出版社,2011.

叶强.美国教育法典的构成特点与启示[J].湖南师范大学教育科学学报,2022,21(1):41-48.

曾瑜,蒋雨珈,李蓉.中国建设"世界制造业强国"背景下的制造业技能人才研究[J].重庆大学学报(社会科学版),2018,24(5):208-217.

翟海魂.发达国家职业技术教育历史演进[M].上海:上海教育出版社,2008.

张东.制造业发达国家如何培养高技能人才[J].中国人才,2019,551(11):14-16.

张竞,梁喜凤,李孝禄.学习工厂:培养适应全球先进制造的卓越人才——美国宾州州立大学工程教育案例[J].高等工程教育研究,2018(2):125-128.

张帅.美国本科阶段STEM人才培养模式研究[D].北京:北京理工大学,2016.

张旭刚.高职"双创人才"培养与"工匠精神"培育的关联耦合探究[J].职业技术教育,2017,38(13):28-33.

赵呈领,申静洁,蒋志辉.一种整合创客和STEM的教学模型建构研究[J].电化教育研究,2018,39(9):81-87.

赵文平.德国工程教育"学习工厂"模式评介[J].比较教育研究,2017(6):28-34.

赵志群.职业教育与培训学习新概念[M].北京:科学出版社,2003.

赵志群.职业能力研究的新进展[J].职业技术教育,2013(10):5-11.

郑燕林.培育实践智慧:创客教育的本质目标与实施策略探析[J].电化教育研究,2017,38(2):26-33.

中国社会科学院语言研究所词典编辑室编.现代汉语词典[M].北京:商

务印书馆,1993.

周琳,梁宁森.现代学徒制建构的实践症结及对策探析[J].中国高教研究,2016(1):103-106.

周英文.美国中介组织参与职业教育校企合作的研究[D].上海:华东师范大学,2022.

朱海霞.日本企业内职业培训:特点、原因、启示[J].职教通讯,2020(10):107-113.

庄西真.多维视角下的工匠精神:内涵剖析与解读[J].中国高教研究,2017(5):92-97.

庄西真.职业教育供给侧结构性困境的时代表征[J].教育发展研究,2016(9):71-78.

Abele E, Metternich J, Tisch M, et al. Learning factories for research, education, and training[J]. Procedia CIRP, 2015(32): 1-6.

Acemoglu D. Technical change inequality and the labor market[J]. Journal of Economic Literature, 2002, 40(1): 7-72.

Chryssolouris G, Mavrikios D, Rentzos L. The teaching factory: A manufacturing education paradigm[J]. Procedia CIRP, 2016(57):44-48.

Kim D Y, Park J W, Baek S, et al. A modular factory testbed for the rapid reconfiguration of manufacturing systems[J]. Journal of Intelligent Manufacturing, 2019(3):1-20.

Madsen O, Moller C. The AAU smart production laboratory for teaching and research in emerging digital manufacturing technologies[J]. Procedia Manufacturing, 2017(9): 106-112.

Modoni G E, Caldarola E G, Sacco M, et al. Synchronizing physical and digital factory: benefits and technical challenges[J]. Procedia CIRP, 2019(79):472-477.

Rybski C, Jochem R. Benefits of a learning factory in the context of lean management for the pharmaceutical industry[J]. Procedia CIRP, 2016, (54): 31-34.

Schallock B, Rybski C, Jochem R, et al. Learning factory for industry 4.0 to provide future skills beyond technical training[J]. Procedia Manufacturing, 2018（23）: 27-32.

Sheridan K M, Halverson E R, Litts B, et al. Learning in the making: A comparative case study of three makerspaces[J]. Harvard Educational Review, 2014 (4): 505-531.

Sjoer E, Norgaard B, Goossens M. From concept to reality in implementing the Knowledge Triangle[J]. European Journal of Engineering Education, 2016, 41(3):353-368.

Stavropoulos P, Bikas H, Mourtzis D. Collaborative machine tool design: The teaching factory paradigm[J]. Procedia Manufacturing, 2018(23): 123-128.

Wheelwright S C, Clark K B. Revolutionizing Product Development: Quantum Leaps in Speed, Efficiency, and Quality[M]. New York: The Free Press, 1992.

致　谢

在撰写本书的过程中,得到了大量师生的帮助,在此一并表示感谢,包括研究生斯琳芷(第四章)、研究生封时超(第六章)、研究生邱茜茜(第七章)、研究生梁雪(第八章)、研究生徐世东(第九章)、研究生刘祥如(第十章)、副教授徐巧宁与研究生俞雪钰(第十一章)、研究生张迪(第十二章)等。

同时,在进行调研、访谈过程中,也得到了大量企业和职业院校的支持,包括三一重工股份有限公司、吉利汽车集团、华为技术有限公司、浙江中控技术股份有限公司、浙江凯华模具有限公司、浙江金火科技实业有限公司、杭州蓝力电动科技有限公司、杭州富生电器有限公司、唐山钢铁股份有限公司等企业负责人、生产部门负责人或企业员工,还包括江苏理工学院、烟台职业学院、浙江机电职业技术大学、杭州职业技术学院、陕西国防工业职业技术学院、上海城建职业学院、浙江广厦建设职业技术大学、广东机电职业技术学院、台州科技职业学院、浙江省信息工程学校、杭州富阳区职业高级中学、杭州中策职业技术学校等职业院校各级负责人、金牌教练、工匠及部分教师,在此一并表示感谢!

最后,特别感谢浙大出版社宁檬编辑在出版过程中细致入微的工作。